Arnd Lodowicks

Riskantes Fremdkapital in der Unternehmensbewertung

GABLER EDITION WISSENSCHAFT

Arnd Lodowicks

Riskantes Fremdkapital in der Unternehmensbewertung

Bewertung von Insolvenzkosten auf Basis der Discounted-Cashflow-Theorie

Mit einem Geleitwort von Prof. Dr. Dr. h.c. Lutz Kruschwitz

Deutscher Universitäts-Verlag

Bibliografische Information Der Deutschen Nationalbibliothek
Die Deutsche Nationalbibliothek verzeichnet diese Publikation in der Deutschen Nationalbibliografie; detaillierte bibliografische Daten sind im Internet über <http://dnb.d-nb.de> abrufbar.

Dissertation Freie Universität Berlin, 2007

1. Auflage Dezember 2007

Lektorat: Frauke Schindler / Stefanie Brich

Der Deutsche Universitäts-Verlag ist ein Unternehmen von Springer Science+Business Media.
www.duv.de

Umschlaggestaltung: Regine Zimmer, Dipl.-Designerin, Frankfurt/Main
Gedruckt auf säurefreiem und chlorfrei gebleichtem Papier
Printed in Germany

ISBN 978-3-8350-0936-3

Geleitwort

Bei der Bewertung eines Unternehmens spielt die Verschuldungspolitik eine wichtige Rolle. Einerseits steigt der Unternehmenswert aufgrund der steuerlichen Abzugsfähigkeit von Fremdkapitalzinsen bei einer Erhöhung des Verschuldungsgrades an, andererseits kann ein hoher Fremdkapitalbestand auch dazu führen, dass ein Unternehmen Insolvenz anmelden muss. Beide Effekte haben einen gegenläufigen Einfluss auf den Unternehmenswert, weshalb ein optimaler Verschuldungsgrad existieren kann.

In der theoretischen Literatur zur Unternehmensbewertung wird im Allgemeinen davon ausgegangen, dass die Ansprüche der Fremdkapitalgeber sicher sind. Es gibt nur wenige Arbeiten, welche den Einfluss einer Insolvenz auf das operative Geschäft oder die Steuervorteile thematisieren und versuchen, diesen Einfluss modelltheoretisch zu berücksichtigen. In der vorliegenden Arbeit wird gezeigt, wie ein verschuldetes Unternehmen unter Berücksichtigung von Insolvenzrisiken auf Basis der Discounted–Cashflow–Theorie bewertet werden kann.

Um die Auswirkungen einer Insolvenz auf den Unternehmenswert in einem Modell abbilden zu können, muss man sich mit direkten und indirekten Insolvenzkosten beschäftigen. Dabei ist insbesondere auch der insolvenzbedingte Verlust von Steuervorteilen zu berücksichtigen. Der Verfasser der vorliegenden Arbeit nimmt eine sehr gründliche und umfassende Auswertung empirischer Studien zu Insolvenzkosten vor.

Neben der Untersuchung der Folgen einer Insolvenz ist es im Rahmen einer modellanalytischen Studie notwendig, Annahmen darüber zu tre en, unter welchen Voraussetzungen ein Unternehmen Insolvenz anmelden muss. Der Verfasser berücksichtigt sowohl Überschuldung als auch Zahlungsunfähigkeit. Beide Kriterien werden so modelliert, dass Insolvenz eintritt, sobald der Marktwert des unverschuldeten Unternehmens einen bestimmten Wert unterschreitet. Die Insolvenzkriterien werden zunächst allgemein betrachtet und anschließend für sechs Finanzierungspolitiken konkretisiert. Hierbei betrachtet der Verfasser sowohl autonome als auch zustandsabhängige Finanzierungspolitiken und erläutert, wie die jeweiligen Insolvenzkriterien im Detail zu bestimmen sind.

Darauf aufbauend wird gezeigt, wie die Cashflows des verschuldeten Unternehmens mittels am Kapitalmarkt gehandelter Wertpapiere dupliziert werden können. Zentraler Gedankengang des Verfassers ist, dass sich die Insolvenzkosten unter den getro enen Annahmen durch exotische Optionen auf den Marktwert des verschuldeten Unternehmens duplizieren lassen. Hierzu werden Knock–In–Optionen verwendet, die nur dann ausgeübt werden können, wenn der Marktwert des Underlyings eine bestimmte Barriere unterschritten hat. Dieser Ansatz ist in der Literatur bisher nicht thematisiert worden. Es gelingt dem Verfasser, eine Bewertungsgleichung für ein verschuldetes Unternehmen unter Berücksichtigung von Insolvenzkosten herzuleiten.

Abschließend wird eine numerische Analyse des Modells vorgenommen. Es wird analysiert, wie die Marktwerte des verschuldeten Unternehmens, des Tax Shields sowie der Insolvenzkosten auf Parametervariationen (Steuersatz, Insolvenzkosten usw.) reagieren. Dabei zeigt sich, dass Insolvenzrisiken vor allem bei geringen Steuersätzen relevant für die Finanzierungsentscheidung sind.

Angesichts der Tatsache, dass die vorliegende Arbeit ein Thema aufgreift, welches in der Literatur bisher stiefmütterlich behandelt wurde, wünsche ich diesem Werk einen aufmerksamen Leserkreis.

Lutz Kruschwitz

Vorwort

Die vorliegende Arbeit wurde im Sommersemster 2007 vom Fachbereich Wirtschaftswissenschaft der Freien Universität Berlin als Dissertation angenommen. Sie entstand während meiner dortigen Tätigkeit als wissenschaftlicher Mitarbeiter am Institut für Bank– und Finanzwirtschaft. An dieser Stelle möchte ich mich bei all jenen Bedanken, die mich beim Verfassen der Arbeit unterstützt haben.

Ein besonderer Dank gebührt meinem Doktorvater, Herrn Prof. Dr. Dr. h.c. Lutz Kruschwitz. Ihm verdanke ich die Möglichkeit, diese Dissertation in einem anregenden und libertären Umfeld verfasst haben zu dürfen. Er hat mich während der gesamten Zeit mit fachlichen sowie konzeptionellen Ratschlägen unterstützt und stand immer für Diskussionen zur Verfügung. Herzlich danken möchte ich Herrn Prof. Dr. Jochen Hundsdoerfer für seine inhaltlichen Anmerkungen sowie die bereitwillige Übernahme des Zweitgutachtens.

Für ihren Beitrag zum Gelingen der Arbeit möchte ich mich bei Herrn Dr. Rolf Ketzler, Herrn Dr. Reno Basner und Herrn Dipl.–Vw. Simon Renaud bedanken. Sie alle haben die Arbeit gelesen und kritisch kommentiert. Danken möchte ich Frau Dipl.–K . Daniela Lorenz und Herrn Jonathan Bob, die mich maßgeblich bei der Gestaltung der Abbildungen unterstützt haben sowie Herrn Dipl.–Dolm. Sebastian Weyland und Herrn Dipl.–Vw. Wolfram Berner, die sich mit außerordentlicher Sorgfalt der Durchsicht meiner Arbeit gewidmet haben. Verbunden bin ich Frau Dipl.–K . Denitza Kiosseva sowie allen anderen Kolleginnen und Kollegen für ihre Unterstützung während unserer gemeinsamen Zeit am Lehrstuhl.

Des Weiteren bin ich meiner Familie, insbesondere meiner Mutter zu Dank verpflichtet, die mir während der gesamten Zeit meiner Ausbildung mit Rat und Tat zur Seite stand.

Arnd Lodowicks

Inhaltsverzeichnis

Abkürzungsverzeichnis

Abs.	Absatz
AEAO	Anwendungserlass zur Abgabenordnung
AO	Abgabenordnung
APV	Adjusted–Present–Value
BGH	Bundesgerichtshof
ca.	circa
CAPM	Capital Asset Pricing Model
DAX	Deutscher Aktienindex
DCF	Discounted–Cash–Flow
EBIT	Earnings before Interest and Taxes
EBT	Earnings before Taxes
edn	Edition
eds	Editors
et al.	et alii
etc.	et cetera
EU	Europäische Union
f.	folgende
.	fortfolgende
HGB	Handelsgesetzbuch
InsO	Insolvenzordnung
i.S.	im Sinne

Nr.	Nummer
pp.	Pages
Rn.	Randnummer
S.	Seite
vgl.	vergleiche
Vol.	Volume
WACC	Weighted Average Cost of Capital

Symbolverzeichnis

	Anteil der Insolvenzkosten am freien Cashflow
β	Anteil des Liquidationserlöses am freien Cashflow
$\widetilde{B}$	Knock–In–Barriere
$\widetilde{BC}$	Insolvenzkosten
C	Auszahlung eines Cash–or–Nothing–Calls
$\widetilde{C}^{IK}$	Down–and–In–Option zur Duplikation der Insolvenzkosten
$\widetilde{C}^{TS}$	Down–and–In–Option zur Duplikation des Verlustes der Steuervorteile
$\widetilde{D}^{BW}$	Buchwert des Fremdkapitals
$\widetilde{D}^{MW}$	Marktwert des Fremdkapitals
$\widetilde{Div}$	Dividende
dr	Dividendenrendite
$\widetilde{E}$	Marktwert des Eigenkapitals
$\widetilde{EBIT}$	Gewinn vor Zinsen und Steuern
$\widetilde{E}^{BW}$	Buchwert des Eigenkapitals
$\mathcal{F}$	Informationsstand
$\widetilde{FCF}^{l}$	freier Cashflow des verschuldeten Unternehmens
$\widetilde{FCF}^{u}$	freier Cashflow des unverschuldeten Unternehmens
g	erwartete Wachstumsrate des freien Cashflows
$\widetilde{I}$	Zinsen
$\widetilde{id}$	Insolvenzkriterium für Überschuldung
$\widetilde{IK}$	hinreichendes Insolvenzkriterium
$\widetilde{il}$	Insolvenzkriterium für Zahlungsunfähigkeit

k^d	Nominalzinssatz des Fremdkapitals
$\widetilde{KI}$	Knock–In–Call
k^u	Eigenkapitalkosten des unverschuldeten Unternehmens
L	Fremdkapitalquote bei marktwertorientierter Finanzierungspolitik
L^{BW}	Fremdkapitalquote bei buchwertorientierter Finanzierungspolitik
$\widetilde{LQ}$	Liquidationserlös
$\widetilde{M}$	Insolvenzmasse
N	Nullkuponanleihe
$\mathbf{P}$	reales Wahrscheinlichkeitsmaß
$\widetilde{P}$	Rückzahlung an die Fremdkapitalgeber
ϕ	Pfad
$\mathbf{Q}$	risikoneutrales Wahrscheinlichkeitsmaß
$\widetilde{R}$	Tilgung
θ	Anteil der Tilgung an den verfügbaren liquiden Mitteln
r_f	risikofreier Zinssatz
τ	Steuersatz
$\widetilde{Tax}^l$	Steuerschuld des verschuldeten Unternehmens
$\widetilde{Tax}^u$	Steuerschuld des unverschuldeten Unternehmens
$\widetilde{TB}$	Steuervorteil
$\widetilde{U}$	Underlying
$\widetilde{V}^{BC}$	Marktwert der Insolvenzkosten
$\widetilde{V}^{BW,l}$	Buchwert des verschuldeten Unternehmens
$\widetilde{VG}^{BW}$	Verschuldungsgrad zu Buchwerten
$\widetilde{V}^{FCF}$	Marktwert des freien Cashflows

$\widetilde{V}^l$	Marktwert des verschuldeten Unternehmens
$\widetilde{V}^u$	Marktwert des unverschuldeten Unternehmens
$\widetilde{V}^{Tax}$	Marktwert des Tax Shields

1. Einführung

1.1. Problemstellung

Die Theorie der Unternehmensbewertung beschäftigt sich seit langem mit der Problematik, welchen Einfluss die Kapitalstruktur eines Unternehmens auf dessen Wert hat.[1] Zentrale Fragestellung ist, wie sich der Wert eines unverschuldeten Unternehmens von dem Wert eines verschuldeten Unternehmens unterscheidet. Werden die Einflussfaktoren näher analysiert, so können zwei Wertkomponenten isoliert werden.

Zunächst ist die steuerliche Abzugsfähigkeit der Fremdkapitalzinsen zu nennen. Diese führt dazu, dass ein Unternehmen mit steigendem Verschuldungsgrad und hiermit einhergehendem, höherem Zinsaufwand weniger Steuern an den Staat abführen muss. Ein verschuldetes Unternehmen kann daher mehr an seine Kapitalgeber verteilen als ein unverschuldetes. Ceteris paribus steigt der Unternehmenswert mit zunehmender Verschuldung. Der Frage, auf welche Art und Weise dieser Aspekt bei unterschiedlichen Finanzierungspolitiken im Rahmen der Unternehmensbewertung zu berücksichtigen ist, widmen sich zahlreiche wissenschaftliche Beiträge. Viele dieser Beiträge setzten dabei aus Vereinfachungsgründen voraus, dass Zins- und Tilgungszahlungen mit Sicherheit erfolgen. Das Fremdkapital wird somit als nicht ausfallbedroht angesehen.[2]

In der Realität hat ein zunehmender Fremdkapitalbestand aber nicht nur positive Einflüsse. Durch eine Insolvenz entstehen dem Unternehmen zusätzliche Kosten, die sich nach empirischen Studien auf 15% bis 30% des Unternehmenswertes belaufen können.[3] Demzufolge resultiert die zweite hier betrachtete Wertkomponente daraus, dass die Gefahr einer Insolvenz mit zunehmendem Verschuldungsgrad steigt. In der Literatur werden drei Ursachen für Insolvenzkosten diskutiert.[4]

Als erstes sind die direkten Kosten, die durch die Abwicklung des Insolvenzverfahrens entstehen, wie etwa Gerichts–, Anwalts– oder Verwaltungskosten zu nennen.[5] Die zweite Ursache sind Einflüsse, die eine Insolvenz auf das operative Geschäft hat. Diese Einflüsse werden auch als indirekte Insolvenzkosten bezeichnet. Hierunter fallen beispielsweise nicht realisierte

1. Siehe hierzu die grundlegenden Arbeiten von Modigliani & Miller (1958) und Modigliani & Miller (1963).
2. So etwa die Beiträge von Richter (1997), Wallmeier (1999) und Richter & Drukarczyk (2001). Ausnahmen stellen die Beiträge von Homburg, Stephan & Weiß (2004), Kruschwitz, Lodowicks & Löffler (2005) und Rapp (2006) dar.
3. Vgl. Warner (1977), Altman (1984), Reimund, Schwetzler & Zainhofer (2004), Bris, Welch & Zhu (2006) sowie die Ausführungen in Abschnitt 3.4.
4. Vgl. Ang, Chua & McConnell (1982, S. 219).
5. Überblick über die administrativen Kosten, welche durch einen Unternehmensausfall entstehen, geben beispielsweise Warner (1977), Branch (2002) oder Bris et al. (2006).

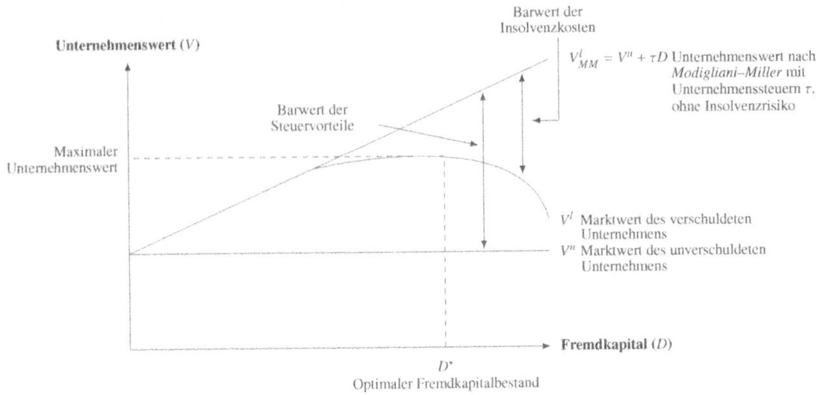

Abbildung 1: Unternehmenswert in Abhängigkeit vom Fremdkapitalbestand nach Ross et al. (2002, S. 432)

Umsätze oder nicht getätigte Investitionen aufgrund gesunkener Erwartungen der Kunden oder des Managements an die zukünftigen Geschäftsentwicklung des Unternehmens.[6] Der Verlust zukünftiger Steuervorteile stellt die dritte mögliche Ursache für Insolvenzkosten dar.[7]

Da mit steigender Verschuldung die Wahrscheinlichkeit zunimmt, dass ein Unternehmen Insolvenz anmelden muss, erhöht sich somit auch der Erwartungswert der Insolvenzkosten.[8] Wird nun die Entwicklung dieser Wertkomponente ebenfalls ceteris paribus betrachtet, so sinkt der an die Kapitalgeber zu verteilende Überschuss und somit auch der Marktwert des Unternehmens.

Die beiden beschriebenen Wertkomponenten haben einen gegenläufigen Einfluss auf den Unternehmenswert. Bei einer Erhöhung des Fremdkapitals steigt sowohl der Barwert der Steuervorteile als auch der Barwert der Insolvenzkosten an.[9] Es liegt nahe, davon auszugehen, dass an dem Punkt, in welchem sich bei marginaler Erhöhung des Verschuldungsgrades die positiven Einflüsse der Steuervorteile und die negativen Einflüsse der Insolvenzkosten genau kompensieren, der Marktwert des Unternehmens maximiert wird.[10] Abbildung 1 verdeutlicht den Zusammenhang zwischen Unternehmenswert und Verschuldungsgrad.

6. Diesem Thema widmen sich unter anderem die Beiträge von Altman (1984), Opler & Titman (1994) oder Reimund et al. (2004).

7. Siehe hierzu die Ausführungen in Brennan & Schwartz (1978).

8. Siehe hierzu beispielsweise Uhrig-Homburg (2001, S. 118) oder Rathgeber & Wallmeier (2005, S.527).

9. Vgl. Kraus & Litzenberger (1973, S. 918), Ross, Westerfield & Ja e (2002, S. 432) oder Copeland, Weston & Shastri (2005, S. 592).

10. Ist der Einfluss einer Wertkomponente besonders hoch, so ist auch ein Randoptimum denkbar, bei welchem sich ein Unternehmen gar nicht beziehungsweise maximal verschuldet.

Ziel dieser Arbeit ist es, ein Modell zur Bewertung eines verschuldeten Unternehmens unter Berücksichtigung von Insolvenzrisiken auf Grundlage der Discounted–Cash–Flow–Theorie (DCF–Theorie) zu entwickeln. Im Mittelpunkt der Arbeit steht die Bestimmung des gesamten Unternehmenswertes. Es wird nicht betrachtet, wie der vorhandene Unternehmenswert auf Eigen– und Fremdkapitalgeber aufzuteilen ist, sondern wie viel an die Kapitalgeber insgesamt verteilt werden kann.

Im Modell werden die Zahlungen des verschuldeten Unternehmens mittels am Kapitalmarkt gehandelter Wertpapiere dupliziert. Es wird gezeigt, dass bei riskantem Fremdkapital sowohl die Insolvenzkosten als auch die Steuervorteile mit Hilfe von Barrier–Optionen auf den Wert des unverschuldeten Unternehmens repliziert werden können.[11] Ist ein Portfolio zusammengestellt, das in Zukunft die gleichen Zahlungen wie das verschuldete Unternehmen erzeugt, so müssen sich auf einem arbitragefreien Kapitalmarkt der Marktwert des Portfolios und der Marktwert des verschuldeten Unternehmens entsprechen.[12] Dann ist es möglich, den Marktwert des verschuldeten Unternehmens mit Hilfe von am Kapitalmarkt gehandelten Wertpapieren zu bestimmen.

1.2. Aufbau der Arbeit

Die Arbeit gliedert sich in sechs Kapitel. Das zweite Kapitel gibt einen Überblick der Literatur, die sich mit Unternehmensbewertung unter Berücksichtigung von Insolvenzrisiken beschäftigt. Im darauf folgenden Kapitel wird ein DCF–Modell entwickelt, indem zunächst grundlegende Annahmen getro en werden. Dieses Annahmen–Set wird dann erweitert, um die Auswirkungen einer Insolvenz zu berücksichtigen. Es wird gezeigt, wie Insolvenzkosten unter diesen Voraussetzungen durch Barrier–Optionen bewertet werden können. Im vierten Kapitel werden mit Hilfe eines Binomialmodells Bewertungsgleichungen für die Komponenten des Duplikationsportfolios des verschuldeten Unternehmens hergeleitet. Das vorletzte Kapitel veranschaulicht die Erkenntnisse anhand numerischer Analysen verschiedener Finanzierungspolitiken. Die Arbeit endet mit einer Zusammenfassung.

11. Der Wert einer Barrier–Option hängt im Gegensatz zu dem einer Standard–Option davon ab, ob der zugrunde liegende Vermögensgegenstand während der Laufzeit der Option einen bestimmten Wert über– oder unterschreitet. Ein umfassender Überblick zum Thema Barrier–Optionen findet sich in Zhang (2002, S. 203).

12. Dieser Zusammenhang wird auch als "Law of one price" bezeichnet. Die erste Darstellung dieses Gesetzes findet sich in Jevons (1871).

2. Literatur

Zu Beginn dieses Kapitels wird auf die grundlegende Literatur zum Thema Unternehmensbewertung bei riskantem Fremdkapital eingegangen. Von Merton (1974) wurde erstmals vorgeschlagen, den Ausfall eines Unternehmens in Abhängigkeit von der Entwicklung des Unternehmenswertes zu modellieren. Arbeiten, die diesen Ansatz verfolgen, werden auch als Strukturmodelle bezeichnet.[13] Da wir bei der Modellierung auf diese Überlegung zurückgreifen werden, stellen wir im zweiten Abschnitt dieses Kapitels die wichtigsten Strukturmodelle vor. In der aktuellen Diskussion zum Thema Unternehmensbewertung bei ausfallgefährdetem Fremdkapital sind insbesondere im deutschsprachigen Raum Verö entlichungen aus dem Bereich der DCF–Theorie erschienen. Diese Arbeiten beschäftigen sich mit der Bewertung von Steuervorteilen bei riskantem Fremdkapital. Der dritte Abschnitt gibt einen Überblick über diese Verö entlichungen. Abschließend werden im vierten Abschnitt weitere Ansätze zur Berücksichtigung von Insolvenzrisiken im Rahmen der Unternehmensbewertung diskutiert.

2.1. Grundlegende Modelle

In ihrem bedeutenden Beitrag zeigen Modigliani & Miller (1958), dass der Unternehmenswert unter Vernachlässigung von Steuern und Insolvenzrisiken unabhängig vom Verschuldungsgrad ist. Modigliani & Miller (1963) erweitern dieses Modell und untersuchen, welchen Einfluss eine einfache Gewinnsteuer auf den Unternehmenswert hat. Das Ergebnis ihrer Analyse ist ein Randoptimum. Es ergibt sich, dass zur Maximierung des Unternehmenswertes soviel Fremdkapital wie möglich aufgenommen werden sollte. Zum Thema Insolvenzrisiken merken die Autoren an, dass der Ausfall eines Unternehmens mit zusätzlichen Kosten verbunden ist und die Berücksichtigung riskanten Fremdkapitals voraussichtlich zu einer Reduzierung des Unternehmenswertes führt.[14] Auch Robichek & Myers (1966) weisen darauf hin, dass die Vernachlässigung einer Insolvenz und der damit verbundenen Kosten zur Überbewertung eines Unternehmens führt. Die Verfasser gehen davon aus, dass dieser Bewertungsfehler mit steigender Verschuldung zunimmt.[15]

13. Vgl. Uhrig-Homburg (2002, S. 28).

14. Bei Modigliani & Miller (1958, S. 274) liest man in Fußnote 18:

> "Once we relax the assumption that all bonds have certain yields, ... there is the possibility that an otherwise sound concern might be forced into liquidation. ... Since reorganization generally involves costs, and because the operation of the firm may be hampered during the period of reorganization with lasting unfavorable e ects on earnings prospects, we might perhaps expect heavily levered companies to sell at a slight discount relative to less heavily indebted companies."

15. Vgl. Robichek & Myers (1966, S. 19).

Die erste Arbeit, in der ein Bewertungsmodell unter Berücksichtigung von Insolvenzrisiken entwickelt wird, ist Stiglitz (1969). In dem Beitrag wird das Modell von Modigliani & Miller (1958) um ausfallgefährdetes Fremdkapital erweitert. Die Analyse erfolgt in einem Einperiodenmodell unter Vernachlässigung von Steuern und Insolvenzkosten. Es ergibt sich, dass der Marktwert des verschuldeten Unternehmens auch im Falle einer möglichen Insolvenz unabhängig vom Verschuldungsgrad ist.[16] Tham & Wonder (2001) analysieren, welchen Einfluss eine Veränderung des Verschuldungsgrades unter diesen Voraussetzungen auf Eigen– und Fremdkapitalkosten hat. Die Eigenkapitalkosten sind unabhängig vom Verschuldungsgrad, wohingegen die Fremdkapitalkosten mit steigendem Fremdkapitalbestand zunehmen.[17] Tham (2002) zeigt, dass die Weighted Average Cost of Capital (WACC) in diesem Fall immer den Eigenkapitalkosten eines unverschuldeten Unternehmens entsprechen.[18]

In Kraus & Litzenberger (1973) wird ein Modell mit zwei Zeitpunkten und unsicherem Fremdkapital entwickelt, in welchem neben Steuervorteilen auch Insolvenzkosten berücksichtigt werden. Die Verfasser kommen zu dem Ergebnis, dass zur Maximierung des Unternehmenswertes, nicht wie bei Modigliani & Miller (1963), soviel Fremdkapital wie möglich aufgenommen werden sollte. Stattdessen hängt der optimale Fremdkapitalbestand von der Höhe der Marktwerte der Steuervorteile und Insolvenzkosten ab. Es wird erstmals modelltheoretisch gezeigt, dass ein Trade–o zwischen Steuervorteilen und Insolvenzkosten besteht.[19]

Brennan & Schwartz (1978) betrachten ein Modell mit Steuervorteilen und Insolvenzkosten. Fokus der Untersuchung ist es, den Einfluss von Insolvenzrisiken auf den Wert des Tax Shields zu ermitteln. Es wird angenommen, dass im Fall einer Insolvenz die gesamten Steuervorteile verloren gehen. Dies führt dazu, dass sich der Marktwert des Tax Shields mit zunehmendem Fremdkapitalbestand reduziert, wenn ein bestimmter Verschuldungsgrad überschritten wird. Im Modell reicht bereits der potentielle Verlust des Tax Shields im Insolvenzfall aus, damit es auch bei Vernachlässigung von Insolvenzkosten nicht optimal ist, sich maximal zu verschulden.[20]

2.2. Strukturmodelle

Strukturmodelle sind dadurch gekennzeichnet, dass der Eintritt einer Insolvenz von der Entwicklung eines exogen modellierten Vermögensgegenstandes abhängt. In der überwiegenden Zahl der Beiträge ist dieser Vermögensgegenstand der Unternehmenswert.[21] Die Entwicklung

16. Vgl. Stiglitz (1969, S. 788) sowie Laitenberger & Lodowicks (2005).
17. Vgl. Tham & Wonder (2001, S. 14).
18. Vgl. Tham (2002, S. 9).
19. Vgl. Kraus & Litzenberger (1973, S. 915).
20. Vgl. Brennan & Schwartz (1978, S. 109).
21. Statt des Unternehmenswertes modellieren Mella-Barral & Perraudin (1997) den Preis des vom Unternehmen hergestellten Produktes beziehungsweise Goldstein, Ju & Leland (2001) den Gewinn vor Zinsen und

des Unternehmenswertes wird meist als zeitstetiger Di usionsprozess modelliert.[22] Eine zentrale Annahme ist allen Strukturmodellen gemein: Ein Unternehmen fällt aus, sobald der Unternehmenswert eine bestimmte Grenze unterschreitet. Unter dieser Voraussetzung lassen sich Insolvenzkosten und riskante Steuervorteile als Derivate auf den Unternehmenswert bewerten.[23]

Merton (1974) entwickelt das erste Strukturmodell. Ziel des Beitrages ist die Bewertung von Unternehmensanleihen unter Berücksichtigung von Insolvenzrisiken. Ein Ausfall tritt ein, wenn der Marktwert des Unternehmens zum Ende der Laufzeit des Kreditvertrages geringer ist als der Rückzahlungsbetrag des Fremdkapitals. Es wird gezeigt, dass ein ausfallbedrohter Zerobond unter diesen Voraussetzungen als Portfolio aus einer risikofreien Anlage und einem leerverkauften europäischen Put auf das verschuldete Unternehmen dupliziert werden kann.[24] Black & Cox (1976) verallgemeinern das Modell von Merton (1974), indem ein Ausfall nicht nur zu einem Zeitpunkt, sondern während der gesamten Laufzeit des Kreditvertrages möglich ist. Es wird angenommen, dass alle Zahlungen an die Fremdkapitalgeber durch Eigenkapitalerhöhungen finanziert werden. Sollten die Eigner nicht bereit sein, weiteres Kapital zur Verfügung zu stellen, so muss das Unternehmen Insolvenz anmelden. Damit unterscheidet sich der Insolvenzauslöser in beiden Ansätzen. Bei Merton (1974) wird die kritische Grenze, welche der Unternehmenswert unterschreiten muss, damit Insolvenz eintritt, exogen vorgegeben. Man spricht in diesem Fall von einem exogenen Insolvenzauslöser. Bei Black & Cox (1976) hingegen hängt der Ausfall des Unternehmens von der Entscheidung der Eigner ab, weshalb der Insolvenzauslöser als endogen bezeichnet wird.[25] In den beiden vorangegangenen Beiträgen ist der Marktwert des verschuldeten Unternehmens unabhängig vom Verschuldungsgrad, da weder Steuervorteile noch Insolvenzkosten berücksichtigt werden.[26]

In Fischer (1988) wird erstmals ein Strukturmodell erstellt, das Insolvenzkosten und Steuervorteile berücksichtigt. Der Autor untersucht, bei welchem Fremdkapitalbestand der Marktwert des Eigenkapitals maximiert wird. Im Modell beinhaltet der Kreditvertrag ein von Seiten der Eigner ausübbares Kündigungsrecht. Für die Eigner kann es lohnend sein, den Kreditvertrag

Steuern (EBIT).

22. In einigen Arbeiten werden zusätzlich Sprünge im Unternehmenswertprozess berücksichtigt. Siehe hierzu beispielsweise Schönbucher (1996).

23. Vgl. Uhrig-Homburg (2001, S. 118). Neben der Herleitung einer Bewertungsgleichung für ein verschuldetes Unternehmen wird in vielen Strukturmodellen der Fokus auf die Bewertung ausfallbedrohter Fremdkapitalansprüche gelegt. Strukturmodelle dienen in diesem Zusammenhang dazu, die von Kreditgebern geforderten Risikoprämien zu erklären. Diese Thematik wird im Folgenden nicht weiter betrachtet.

24. Vgl. Merton (1974, S. 453).

25. Bei Black & Cox (1976, S. 352) steht hierzu:

> "The boundaries [Insolvenzauslöser] may be given exogenously by contract specification or determined endogenously as part of an optimal decision problem."

26. Merton (1974, S. 461) zeigt in einem separaten Abschnitt, dass seine Ergebnisse mit den Resultaten von Modigliani & Miller (1958) übereinstimmen.

vorzeitig aufzulösen, wenn ein Ausfall unmittelbar bevorsteht. Auf diese Weise lassen sich die durch eine Insolvenz verursachten Kosten vermeiden. Die Eigentümer machen jedoch nicht nur bei einer schlechten Entwicklung von ihrem Kündigungsrecht Gebrauch, sondern auch wenn der Unternehmenswert ein bestimmtes Verhältnis zum Fremdkapital übersteigt, um auf diesem Wege höhere Steuervorteile zu erzielen. Nach Kündigung des alten Kreditvertrages wird ein neuer Kredit aufgenommen, der an den aktuellen Unternehmenswert angepasst wird. Da der Kreditvertrag im Zeitablauf verändert wird, spricht man auch von einer dynamischen Kapitalstruktur.[27] Die durch die Rekapitalisierung entstehenden Kosten werden ebenfalls bei der Bewertung berücksichtigt.[28]

Durch Leland (1994) wird das Modell von Black & Cox (1976) um Steuervorteile und Insolvenzkosten erweitert. Die Eigner sind nicht bereit, weiteres Kapital zur Verfügung zu stellen, wenn der Marktwert des Eigenkapitals Null erreicht.[29] Dies ist der Fall, wenn der Marktwert des Fremdkapitals genauso hoch ist wie der Marktwert des Unternehmens, weshalb dieser Insolvenzauslöser auch als Überschuldung interpretiert werden kann. Der Autor geht von einem konstanten Fremdkapitalbestand mit ewiger Laufzeit aus. Es wird gezeigt, wie der Marktwert des verschuldeten Unternehmens in Abhängigkeit vom Kreditbetrag zu maximieren ist. Leland & Toft (1996) erweitern den Ansatz um Dividendenzahlungen und Kreditverträge mit endlicher Laufzeit.

Burkhardt (1995) verwendet exotische Optionen zur Bewertung des Eigenkapitals. Der Verfasser nimmt an, dass die Eigner einen Teil ihrer Ansprüche auf den Unternehmenswert verlieren, wenn dieser einen exogen vorgegebenen Wert unterschreitet. Der Verlust der Eigentümer bei Ausfall kann als Insolvenzkosten interpretiert werden. Da in dem Modell keine Steuern existieren, gibt es keinen Vorteil durch Fremdfinanzierung. Aus diesem Grund sinkt der Marktwert des Eigenkapitals mit zunehmendem Verschuldungsgrad. Zentraler Gedanke des Beitrages ist, dass sich der Marktwert des Eigenkapitals durch eine Down–and–Out–Kaufoption auf den Marktwert des verschuldeten Unternehmens duplizieren lässt.[30]

In dem Beitrag von Mella-Barral & Perraudin (1997) wird ein Unternehmen betrachtet, welches genau ein Produkt herstellt. Es wird angenommen, dass der Preis des Produktes einem zeitstetigen Di usionsprozess folgt und die Produktionskosten fix sind. Zusätzlich wird von einem konstanten Liquidationserlös für das Unternehmen ausgegangen. Im Modell haben die Eigentümer das Recht, das Unternehmen jederzeit ausfallen zu lassen. Es wird gezeigt, wie sich die Eigner in diesem Fall strategisch gegenüber den Gläubigern verhalten können, um den

27. Vgl. Fischer (1988, S. 63) oder Goldstein et al. (2001, S. 483).

28. Siehe hierzu auch die Arbeit von Fischer, Heinkel & Zechner (1989).

29. Vgl. Leland (1994, S. 1221).

30. Eine Down–and–Out–Kaufoption unterscheidet sich von einer Standard–Kaufoption dadurch, dass sie verfällt, sobald der zugrunde liegende Vermögensgegenstand eine bestimmte Barriere berührt oder unterschreitet. Vgl. Burkhardt (1995, S. 35).

Marktwert des Eigenkapitals zu maximieren. Die Verhandlungsmacht der Eigner ist im Modell um so größer, je höher die Insolvenzkosten sind.[31] Mella-Barral (1999) verallgemeinert den Ansatz, indem statt eines konstanten ein zustandsabhängiger Liquidationserlös modelliert wird.

Um Zahlungsunfähigkeit als Insolvenzauslöser in die Strukturmodelle zu integrieren, wird in Uhrig-Homburg (2001) angenommen, dass bei der Emission von Eigenkapital Transaktionskosten anfallen. Das Unternehmen erwirtschaftet einen freien Cashflow, der von der Entwicklung des Unternehmenswertes abhängt.[32] Reicht der freie Cashflow nicht zur Finanzierung der Zinszahlungen, so sind die Eigner nur dann bereit, neues Kapital zur Verfügung zu stellen, wenn der Marktwert des Eigenkapitals unter Berücksichtigung der Kosten der Kapitalerhöhung positiv ist. Aufgrund der Transaktionskosten kann es im Modell zu Situationen kommen, in denen ein Unternehmen zahlungsunfähig ist, ohne gleichzeitig überschuldet zu sein.[33]

Statt des Unternehmenswertes wird in der Arbeit von Goldstein et al. (2001) die Entwicklung des Gewinns vor Steuern und Zinsen (EBIT) als zeitstetiger Di usionsprozess modelliert. Diese Vorgehensweise bietet den Vorteil, dass abweichend zu den vorangegangenen Modellen, eine Erhöhung des Steuersatzes zu einer Reduzierung des Marktwertes des unverschuldeten Unternehmens führt. Grund hierfür ist, dass nicht nur die Steuervorteile, sondern die gesamten Steuerzahlungen an die Finanzbehörde betrachtet werden. Bei einer Steuererhöhung steigt nicht nur der Wert des Tax Shields, sondern auch der Anteil des Staates am Gewinn vor Steuern und Zinsen. Für die Kapitalgeber verbleibt somit weniger. Die Verfasser gehen von Kreditverträgen mit unendlicher Laufzeit aus. Ammann & Genser (2004) erweitern den Ansatz um endliche Fremdkapitalverträge. Ross (2005) zeigt, wie mit Hilfe des Modells von Goldstein et al. (2001) Kapitalkosten ermittelt werden können.

2.3. Modelle zur Bewertung von Steuervorteilen mit Insolvenzrisiko

Die in diesem Abschnitt behandelte Literatur beschäftigt sich mit der Bewertung der Steuervorteile bei ausfallgefährdetem Fremdkapital. Alle Beiträge basieren auf der DCF–Theorie und unterscheiden sich insbesondere durch Annahmen bezüglich der Besteuerung im Insolvenzfall. Keines der betrachteten Modelle berücksichtigt direkte oder indirekte Insolvenzkosten.

Sick (1990) setzt sich mit der Frage auseinander, wie riskante Steuervorteile bei einer marktwertorientierten Finanzierungspolitik und riskanten Krediten zu bewerten sind. Der Autor erweitert für diesen Fall das Modell von Miles & Ezzell (1980) um ausfallgefährdetes Fremdkapi-

31. Vgl. Mella-Barral & Perraudin (1997, S. 551).

32. Bei Uhrig-Homburg (2001, S. 99) wird der Unternehmenswert als zeitstetiger Di usionsprozess mit einer stetigen Dividendenzahlungen modelliert. Die Dividendenzahlung wird als freier Cashflow interpretiert.

33. Vgl. Uhrig-Homburg (2001, S. 123).

tal.[34] Es wird angenommen, dass die Steuervorteile im Insolvenzfall nicht vollständig realisiert werden können.[35] Der Autor leitet eine Gleichung für die WACC in Abhängigkeit von den Kapitalkosten eines unverschuldeten Unternehmens her. Diese Gleichung entspricht der von Miles & Ezzell (1980) vorgeschlagenen Anpassungsgleichung.[36] Die Einbeziehung von Insolvenzrisiken hat im Modell keinen Einfluss auf den Marktwert des verschuldeten Unternehmens.

Auch in Homburg et al. (2004) wird der Einfluss von Insolvenzrisiken auf den Wert des Tax Shields bei einer marktwertorientierten Finanzierungspolitik untersucht.[37] Im Insolvenzfall kann nur der anteilige Steuervorteil in Höhe der Insolvenzquote realisiert werden. Tritt keine Insolvenz ein, so können aufgrund des über dem risikofreien Zinssatz liegenden Nominalzinssatzes höhere Steuervorteile erzielt werden als im Fall ohne Insolvenzrisiken.[38] Es wird eine Anpassungsgleichung für die gewichteten durchschnittlichen Kapitalkosten (WACC) hergeleitet. Diese unterscheidet sich von der durch Sick (1990) vorgeschlagenen Gleichung an zwei Stellen. Sowohl bei der Ermittlung der Höhe der Steuervorteile als auch bei ihrer Diskontierung wird der Nominalzinssatz des Fremdkapitals statt des risikofreien Zinssatzes verwendet.[39] Bei Homburg et al. (2004) steigt der Marktwert des Tax Shields durch die Berücksichtigung von Insolvenzrisiken an, weshalb der Unternehmenswert bei insolvenzbedrohten Krediten höher ist als bei sicherem Fremdkapital.[40]

Der Beitrag von Kruschwitz et al. (2005) betrachtet, wie der Marktwert des Tax Shields insolvenzbedrohter Unternehmen zu ermitteln ist, ohne eine bestimmte Finanzierungspolitik vorauszusetzen. Im Modell verfügen Eigen– und Fremdkapitalgeber über die gleichen Informationen. Die Gläubiger fordern in diesem Fall einen über dem risikofreien Zinssatz liegenden Nominalzinssatz als Kompensation für ihr Ausfallrisiko. Im Insolvenzfall wird der Schuldenerlass durch die Gläubiger als Sanierungsgewinn aufgefasst, der voll zu versteuern ist. Unter diesen

34. In Miles & Ezzell (1980) wird der Ausdruck "cost of debt" für die Fremdkapitalkosten verwendet. In der Literatur wird davon ausgegangen, dass die Fremdkapitalkosten in dem Beitrag von Miles & Ezzell (1980) dem risikolosen Zinssatz entsprechen. Siehe hierzu Löffler (2004, S. 936), Wallmeier (1999, S. 1476) oder Homburg et al. (2004, S. 278).

35. Siehe hierzu Annahme vier bei Sick (1990, S. 1434).

36. Vgl. Sick (1990, S. 1442).

37. Zum Thema marktwertorientierte Finanzierungspolitik vergleiche Abschnitt 3.5.4.2.1.

38. Homburg et al. (2004, S. 280) ermitteln den Nominalzinssatz nicht endogen, sondern geben ihn exogen vor. Die Verfasser argumentieren, dass der Nominalzinssatz aufgrund ihrer Annahmen im Zeitablauf konstant ist, ohne diese Behauptung zu beweisen. Es ist deshalb nicht eindeutig, ob ihre Ergebnisse modelltheoretisch korrekt sind. Auch Kruschwitz et al. (2005, S. 228) weisen auf diese Problematik hin.

39. Vgl. Homburg et al. (2004, S. 286).

40. In dem abschließenden Beispiel unterläuft den Autoren der Fehler, Insolvenzkosten zu berücksichtigen, die sich nicht nur auf die Steuervorteile, sondern auch auf das operative Geschäft beziehen. Homburg et al. (2004, S. 288) nehmen an, dass bei Insolvenz der gesamte freie Cashflow des verschuldeten Unternehmens verloren geht. Die Anwendung der modifizierten gewichteten Kapitalkosten auf dieses Beispiel führt zwangsläufig zu einer Fehlbewertung.

Voraussetzungen gleichen sich die Steuervorteile durch den höheren Nominalzinssatz und die Steuernachteile durch Versteuerung des Sanierungsgewinns im Erwartungswert genau aus. Ergebnis der Analyse ist, dass Insolvenzrisiken keinen Einfluss auf die Bewertungsgleichung eines verschuldeten Unternehmens haben.[41] Die Autoren beschränken sich nicht auf eine bestimmte Finanzierungspolitik, weisen aber darauf hin, dass die Schwierigkeit bei der Berücksichtigung von Insolvenzrisiken in ihrem Modell insbesondere in der Realisierbarkeit der vom Unternehmen verfolgten Finanzierungspolitik liegt.

Drukarczyk & Schüler (2006) beschäftigten sich mit der Bewertung sanierungsbedürftiger Unternehmen mit Fokus auf die Fortführungsentscheidung. Der Beitrag geht auch im Insolvenzfall von sicheren Steuervorteilen aus. Betrachtet werden zwei Modelle, in denen die Fremdkapitalgeber unterschiedlich gut informiert sind. In einem Fall antizipieren die Gläubiger das Insolvenzrisiko, im anderen Fall nicht. Aufgrund der höheren Steuervorteile ergibt sich ein höherer Unternehmenswert, wenn die Kreditgeber vollständig informiert sind. In beiden Fällen werden Bewertungsgleichungen für das Adjusted–Present–Value–Verfahren (APV–Verfahren), das Flow–To–Equity–Verfahren und das WACC–Verfahren hergeleitet. Die Autoren weisen darauf hin, dass die Vernachlässigung von Insolvenzkosten im Modell zu Fehlentscheidungen führen kann.[42]

Rapp (2006) geht von einem wertorientiert finanzierten Unternehmen aus und erweitert für diesen Fall das Modell von Miles & Ezzell (1980) um ausfallgefährdetes Fremdkapital. Der Autor nimmt an, dass bei Ausfall des Fremdkapitals alle Steuervorteile realisiert werden können. Es wird eine Relation zwischen den Eigenkapitalkosten eines unverschuldeten und den Eigenkapitalkosten eines verschuldeten Unternehmens hergeleitet. Das Ergebnis ist, abweichend zur Arbeit von Homburg et al. (2004), dass der Marktwert der Steuervorteile mittels des risikofreien Zinssatzes statt des Nominalzinssatzes des Fremdkapitals zu diskontieren ist.[43] Da ausfallgefährdetes Fremdkapital höher verzinst wird als sichere Kredite, ist der Marktwert eines verschuldeten Unternehmens ohne Insolvenzrisiko im Modell geringer als der Marktwert eines verschuldeten Unternehmens mit Insolvenzrisiko.[44]

2.4. Sonstige Modelle

Die Verö entlichungen von Cohen (2004) und Cohen (2005) beschäftigen sich mit der Ermittlung der gewichteten Kapitalkosten (WACC) bei riskantem Fremdkapital. Ausgangspunkt der Analyse ist die Bewertungsgleichung des Modells von Modigliani & Miller (1963). Es wird von

41. Vgl. Kruschwitz et al. (2005, S. 229).
42. Vgl. Drukarczyk & Schüler (2006, S. 732).
43. Vgl. Rapp (2006, S. 790).
44. Rapp (2006, S. 803) merkt an, dass im Modell der E ekt der Insolvenzgefahr zu einer Umverteilung zwischen Fiskus und Anteilseignern zugunsten letzterer führt.

konstantem Fremdkapital mit ewiger Laufzeit ausgegangen. Die Kreditzinsen sind exogen vorgegeben. Zur Ermittlung des Marktwertes des Fremdkapitals nimmt der Autor an, dass die vertraglich vereinbarten Zinszahlungen an die Gläubiger mit Sicherheit geleistet werden können. Es wird somit implizit von sicherem Fremdkapital ausgegangen, was der Fragestellung der Arbeit widerspricht.[45] Will man dieser Vorgehensweise folgen, so kann gezeigt werden, dass die gewichteten Kapitalkosten (WACC) bei einem bestimmten Verschuldungsgrad minimal werden. Dabei hängt die Entwicklung der gewichteten Kapitalkosten im Modell insbesondere von den exogen vorgegebenen Kreditzinsen ab.[46]

Weckbach (2004) argumentiert, dass es bei insolvenzbedrohten Unternehmen zu einem stetig zunehmenden Wertverfall kommen kann, der letztendlich zum Ausfall des Unternehmens führt. Es wird davon ausgegangen, dass eine zunehmende Insolvenzwahrscheinlichkeit negative Auswirkungen auf das operative Geschäft eines Unternehmens hat. Die Verschlechterung des operativen Geschäftes führt ihrerseits wiederum dazu, dass die Insolvenzwahrscheinlichkeit steigt und sich der Wertverfall fortsetzt.[47] Im Beitrag wird der Marktwert des Eigenkapitals mit Hilfe eines Portfolios aus Kauf- und Verkaufsoptionen auf das verschuldete Unternehmen dupliziert. Mittels des Duplikationsportfolios wird eine Risikoprämie für die Eigenkapitalkosten des verschuldeten Unternehmens bestimmt. An dem Modell ist zu kritisieren, dass sich der Autor nicht, wie bei einem Duplikationsportfolio üblich, mit zukünftigen Zahlungen beschäftigt. Vielmehr wird die Wertentwicklung des Eigenkapitals ad hoc vorgegeben und dann ein Portfolio mit einer ähnlichen Wertentwicklung zusammengestellt.[48]

In der Arbeit von Almeida & Philippon (2005) steht die Bewertung der Insolvenzkosten im Mittelpunkt. Es werden zwei unterschiedliche Vorgehensweisen zur Ermittlung des Marktwertes der Insolvenzkosten vorgeschlagen. Im ersten Fall werden die risikoneutralen Ausfallwahrscheinlichkeiten über am Markt gehandelte Unternehmensanleihen bestimmt. Mittels empirischer Studien zur Höhe der Insolvenzkosten werden die risikoneutralen Erwartungswerte gebildet und mit dem risikolosen Zinssatz diskontiert. Beim zweiten Ansatz werden die erwarte-

---

45. Vgl. Cohen (2004, S. 6).

46. Cohen (2004, S. 5) merkt zur Ermittlung der Fremdkapitalzinsen an:

> "For our purposes, and for the sake of conciseness, we shall treat the course that converts debt, or leverage, into cost of debt, ..., as simply a black box, and assume the relationship between the two is readily and available."

47. Weckbach (2004, S. 61) bezeichnet diesen Zusammenhang als Negativspirale.

48. Weckbach (2004, S. 13) schreibt zur Herleitung der Auszahlung an die Eigenkapitalgeber:

> "Wenn man nun die Theorie und Empirie des Financial Distress sowie die realen Gegebenheiten in der Praxis betrachtet, kann man feststellen, dass im Financial Distress vor dem e ektiven Ausfall der Unternehmung betriebswirtschaftliche Mechanismen ablaufen, die einen beschleunigten Wertverfall verursachen und somit eine in Abbildung 2.3 skizzierte Payo -Struktur nahe legen."

ten Insolvenzkosten unter Verwendung historischer Ausfallwahrscheinlichkeiten berechnet. Die Autoren zeigen, dass Unternehmensausfälle bei negativen Marktentwicklungen wahrscheinlicher sind als bei positiven. Insolvenzkosten weisen deshalb ein hohes systematisches Risiko auf.[49] Aufbauend auf dieser Überlegung werden mittels des Capital Asset Pricing Models (CAPM) Diskontierungssätze für die auf Grundlage der historischen Wahrscheinlichkeiten erwarteten Insolvenzkosten hergeleitet.[50] Die Verfasser kommen zu dem Ergebnis, dass ihr Modell in der Lage ist, am Markt beobachtete Kapitalstrukturen zu erklären.[51]

Damodaran (2006) stellt dar, wie Insolvenzrisiken in die DCF–Verfahren integriert werden können. Es wird vorgeschlagen, für jeden Zeitpunkt sowohl die Insolvenzwahrscheinlichkeit als auch den Cashflow im Falle einer Insolvenz separat zu ermitteln und bei der Kalkulation der erwarteten Cashflows zu berücksichtigen. Zur Bestimmung der Eigenkapitalkosten bei Ausfallrisiko werden zwei Alternativen aufgezeigt. Die erste Alternative bezieht sich auf das CAPM. Der Autor empfiehlt, nicht die Regressionsbetas des verschuldeten Unternehmens zu verwenden. Stattdessen sollte zunächst das Beta eines unverschuldeten Unternehmens aus der gleichen Branche wie der des zu bewertenden Unternehmens über börsennotierte Wettbewerber ermittelt werden. Aus diesem Beta ist dann, mittels der Anpassungsgleichung von Modigliani & Miller (1963), das Beta des verschuldeten Unternehmens zu berechnen. Damodaran (2006) gibt keine modelltheoretische Erklärung für dieses Vorgehen. Er begründet den Vorschlag einzig damit, dass ein auf diese Weise ermitteltes Beta größer sein sollte als das alternative Regressionsbeta.[52] Als zweite Variante zur Kalkulation der Eigenkapitalkosten bei Ausfallrisiko schlägt der Verfasser vor, die CAPM–Renditegleichung um einen weiteren Risikofaktor für Insolvenz zu erweitern. Erklärungen zur Ermittlung dieses Risikofaktors sowie zur Integration in die Renditegleichung bleibt der Autor schuldig. Zur Bestimmung der Fremdkapitalkosten wird auf am Markt notierte Unternehmensanleihen mit vergleichbarem Rating verwiesen.

49. Vgl. Almeida & Philippon (2005, S. 22).

50. Für Erläuterungen zum CAPM siehe beispielsweise Ross et al. (2002, S. 242) oder Kruschwitz (2004, S. 169).

51. Hierzu werden die durch das Modell ermittelten Marktwerte der Insolvenzkosten mit empirischen Ergebnissen zu Marktwerten des Tax Shields aus einer Studien von Graham (2000) verglichen.

52. Bei Damodaran (2006, S. 13) liest man:

> "Instead of using regression betas, we could use the bottom–up unlevered beta and the current market debt to equity ratio of the firm. . . . , this will lead to levered betas that are significantly higher than regression betas."

3. Modellierung

In diesem Kapitel werden zunächst Annahmen getro en, die zu einer Bewertungsgleichung für ein unverschuldetes Unternehmen führen. Im Anschluss wird das Annahmen–Set erweitert, um Verschuldung zu berücksichtigen, wobei besonderes Augenmerk auf die Bewertung der Steuervorteile und Insolvenzkosten gelegt wird. Ziel des Modells ist die Herleitung einer Bewertungsgleichung für ein verschuldetes Unternehmen, das einem Insolvenzrisiko ausgesetzt ist.

3.1. Unverschuldetes Unternehmen

Obwohl in der Finanzierungstheorie häufig zeitstetige Modelle verwendet werden, wird in der Literatur zur Unternehmensbewertung traditionell auf zeitdiskrete Modelle zurückgegri en.[53] Diese Vorgehensweise ist darauf zurückzuführen, dass die Darstellung zeitstetiger gegenüber zeitdiskreten Modellen mathematisch anspruchsvoller ist, ohne in der Regel zu zusätzlichen ökonomischen Erkenntnissen zu führen.[54] Diese Arbeit folgt der Tradition der Unternehmensbewertung und betrachtet eine zeitdiskrete Welt. Der Zeithorizont ist endlich und wird durch T begrenzt. Es existieren $t = 1, \dots, T$ äquidistante Zeitpunkte.

In jedem Zeitpunkt können verschiedene Umweltzustände $j = 1, \dots, J$ eintreten, so dass Unsicherheit bezüglich der Zukunft besteht. Stellt ein Wert aus heutiger Sicht eine Zufallsvariable dar, so wird er in dieser Arbeit mit einer Tilde versehen. Zur Entwicklung des Modells müssen die Eigenschaften des zugrunde liegenden Kapitalmarktes näher erläutert werden.

Annahme 1 (Arbitragefreiheit) *Der Kapitalmarkt ist vollkommen und arbitragefrei. Investoren können für beliebige Laufzeiten zum risikofreien Zinssatz r_f Kredite aufnehmen oder Mittel anlegen.*

Es existieren keine Marktfriktionen im Sinne von Handelsbeschränkungen oder Transaktionskosten. Alle börsennotierten Wertpapiere sind beliebig teilbar und Leerverkäufe sind zulässig.[55] Die Marktteilnehmer agieren als Preisnehmer, und es ist nicht möglich, am Kapitalmarkt risikolose Gewinne zu erzielen.[56] Um die Untersuchung möglichst übersichtlich zu gestalten, un-

[53] Stellvertretend für die Vielzahl der Beiträge zum Thema Unternehmensbewertung, die mit diskreter Zeit arbeiten, seien Modigliani & Miller (1958), Miles & Ezzell (1980), Wallmeier (1999), Drukarczyk (2003*b*) und Kruschwitz & Löffler (2006) genannt. Arbeiten, die sowohl zeitdiskrete als auch zeitstetige Modelle betrachten, sind beispielsweise Löffler (2004) sowie Wilhelm (2005*b*).

[54] Diese Argumentation findet sich auch bei Kruschwitz & Löffler (2006, S. 8).

[55] Erläuterungen zu Leerverkäufen findet man bei Jarrow & Turnbull (2000, S. 3) oder Hull (2006, S. 99 f.).

[56] Zu dem skizzierten Kapitalmarkt vergleiche beispielsweise Kruschwitz (2004, S. 41 .).

terstellen wir für alle Laufzeiten den gleichen risikofreien Zinssatz r_f und damit eine flache Zinskurve.

Im Rahmen der Analyse werden zwei Unternehmen betrachtet, die sich nur dadurch unterscheiden, dass ein Unternehmen völlig eigenfinanziert ist, während das andere Unternehmen teilweise fremdfinanziert ist. Beide Unternehmen werden in der Rechtsform einer Kapitalgesellschaft betrieben. Wir beschäftigen uns zunächst mit dem unverschuldeten Unternehmen und untersuchen in den Abschnitten 3.2 und 3.3, wie Fremdfinanzierung in das Modell zu integrieren ist.

Der Marktwert des unverschuldeten Unternehmens wird mit dem Symbol $\widetilde{V}_t^u$ und der des verschuldeten mit $\widetilde{V}_t^l$ bezeichnet. Der aus dem operativen Geschäft des Unternehmens generierte Zahlungsüberschuss nach Steuern im Zeitpunkt t wird im Sinne von Jensen (1986) als freier Cashflow definiert und mit $\widetilde{FCF}_t^u$ beziehungsweise $\widetilde{FCF}_t^l$ bezeichnet.[57] Der Einfachheit halber werden die Termini freier Cashflow und Cashflow im Folgenden synonym verwendet.

Annahme 2 (Duplikation) *Die freien Cashflows aus dem operativen Geschäft des unverschuldeten Unternehmens können durch am Kapitalmarkt gehandelte Wertpapiere dupliziert werden.*

Mit Annahme 2 liegen die Cashflows des unverschuldeten Unternehmens im Spanningbereich des Kapitalmarktes.[58] Es ist möglich, ein Duplikationsportfolio aus verschiedenen Wertpapieren zusammenzustellen, welches in Zukunft dieselben Zahlungen generiert wie das unverschuldete Unternehmen. Für einen Investor gibt es zwei Möglichkeiten, Ansprüche auf die zukünftigen Cashflows des unverschuldeten Unternehmens zu erwerben. Entweder er kauft das beschriebene Portfolio oder er erwirbt Anteile des unverschuldeten Unternehmens. Sollten beide Möglichkeiten zu unterschiedlichen Preisen durchführbar sein, so könnte der Investor die Preisdi erenz ausnutzen, um einen risikolosen Gewinn zu erzielen. Eine solche Strategie ist jedoch nur realisierbar, falls die Anteile des unverschuldeten Unternehmens auch problemlos handelbar, dass heißt, börsennotiert sind. Ist dies der Fall, so muss wegen Annahme 1 der Wert des unverschuldeten Unternehmens dem Wert des Duplikationsportfolios entsprechen.[59] Im Modell werden

57. Jensen (1986, S. 323) schreibt hierzu:

> "Free Cashflow is cashflow in excess of that required to fund all projects that have positive net present value when discounted at the relevant cost of capital."

58. Vgl. Rapp (2006, S. 775).

59. Bei Merton (1977, S. 247) liest man hierzu:

> "The connection between the portfolio strategy and Asset #2 (Unternehmenswert) is that if Asset #2 exists (gehandelt wird), then the price of Asset #2 must equal $F[V(t), t]$ (Wert des Duplikationsportfolios), or else, there will be an opportunity for intertemporal arbitrage."

die Zahlungen des verschuldeten Unternehmen mittels eines Portfolios dupliziert, das auch Anteile des unverschuldeten Unternehmens enthält. Um zur Bewertung des verschuldeten Unternehmens die Arbitragetheorie zu verwenden, müssen wir dementsprechend unterstellen, dass Wertpapiere an der Börse notiert sind, welche die Zahlungsansprüche der Kapitalgeber beider Unternehmen verbriefen.

Annahme 3 (Handelbarkeit der Unternehmensanteile) *Am Kapitalmarkt werden die verbrieften Zahlungsansprüche der Kapitalgeber des unverschuldeten und des verschuldeten Unternehmens gehandelt.*

Dass Anteile des verschuldeten und des unverschuldeten Unternehmens parallel am Kapitalmarkt gelistet sind, ist nicht realitätsnah. Es handelt sich aber um eine zwingende Voraussetzung, ohne die ein Wertzusammenhang zwischen Duplikationsportfolio und Unternehmenswert nicht hergestellt werden kann.[60]

Annahme 4 (Finanzierungs– und Investitionspolitik) *Finanzierungs– und Investitionsentscheidungen sind voneinander unabhängig.*

Die vorstehende Annahme impliziert, dass Manager, unabhängig vom Verschuldungsgrad, die gleichen Entscheidungen bezüglich des operativen Geschäfts tre en. Beide Unternehmen verfolgen somit die gleiche Geschäftspolitik. Es werden die gleichen Investitionen getätigt, dieselbe Absatz– und Produktpolitik verfolgt und identische Mittel für Forschung und Entwicklung aufgewendet. Dementsprechend sind die aus dem operativen Geschäft beider Unternehmen stammenden Ein– und Auszahlungen ihrer Höhe nach identisch und denselben Risiken ausgesetzt.[61]

Mit Ausnahme von Abschnitt 3.5.4.2.2, in welchem eine Dividende in Höhe des Gewinns ausgeschüttet wird, gehen wir davon aus, dass die Unternehmensleitung eine Politik der Vollausschüttung verfolgt. Vollausschüttung bedeutet, dass in jedem Zeitpunkt die gesamten verfügbaren liquiden Mittel nach Durchführung aller geplanten Investitionen an die Kapitalgeber ausgeschüttet werden. Ausschüttungsbarrieren existieren nicht.[62]

---

60. Vgl. zu dieser Diskussion auch die Anmerkungen bei Leland (1994, S. 1217), Rapp (2005, S. 4) oder Kruschwitz, Löffler & Scholze (2006, S. 8).

61. Bei Modigliani & Miller (1958, S. 267) wird diese Annahme implizit getro en, indem davon ausgegangen wird, dass die Rückflüsse aus dem operativen Geschäft für Unternehmen in derselben Risikoklasse, unabhängig von der Finanzierung, immer identisch sind.

62. Wie Wallmeier (1999, S. 1474) schreibt, handelt es sich bei diesen Voraussetzungen zur Ausschüttung des freien Cashflows um Standardannahmen der Unternehmensbewertung. Die Arbeit von Wiese (2006) untersucht, wie verschiedene Ausschüttungspolitiken im Rahmen der Unternehmensbewertung zu berücksichtigen sind.

Die zeitliche Entwicklung der Informationsstruktur wird durch eine aufsteigende Folge von σ–Algebren $\mathcal{F}_0 \subseteq \mathcal{F}_1 \subseteq \ldots \subseteq \mathcal{F}_T$, auch Filtration genannt, abgebildet.[63] Der Informationsstand, den man aus heutiger Sicht im Zeitpunkt t zu besitzen glaubt, wird durch $\mathcal{F}_t$ dargestellt. Investoren orientieren sich mit Hilfe subjektiver Wahrscheinlichkeiten an bedingten Erwartungen der Form $E[\cdot|\mathcal{F}_t]$.[64]

Annahme 5 (Information) *Die am Kapitalmarkt agierenden Investoren haben den gleichen Informationsstand.*

Hierbei handelt es sich um eine Standardannahme neoklassischer Modelle. Es ist nicht unproblematisch zu unterstellen, dass Fremd– und Eigenkapitalgeber über denselben Informationsstand verfügen.[65] Der Vorstand eines Unternehmens sollte in der Regel mehr und bessere Informationen besitzen als seine Kreditgeber.[66] Die Kreditgeber sind sich ihres Informationsdefizites bewusst und versuchen dies durch höhere Nominalzinsen oder Haftungsklauseln in den Finanzierungsverträgen zu kompensieren.

Es stellt sich die Frage, wie dieser geringere Informationsstand zu modellieren ist.[67] Welche Informationen besitzen die Finanziers? Auf welche Daten des Unternehmens haben sie Zugri ? Eine Annahme, die Informationsasymmetrie zwischen verschiedenen Kapitalgebern berücksichtigt, führt neben einer komplexeren Struktur des Modells auch zu einem zusätzlichen Bedarf an Inputparametern. In dieser Arbeit beschränken wir uns deshalb, der neoklassischen Tradition folgend, aus Vereinfachungsgründen darauf, dass Eigen– und Fremdkapitalgeber homogene Informationen besitzen.

Soll der Marktwert eines Unternehmens ermittelt werden, ist die Lebensdauer des zu bewertenden Unternehmens zu analysieren. Problematisch ist in diesem Zusammenhang, ob ein Unternehmen ewig leben kann, und wenn ja, wie diese Eigenschaft im Rahmen der DCF–Verfahren zu berücksichtigen ist.[68] Um Probleme bei der Bewertung ewig lebender Unternehmen zu ver-

63. Erläuterungen zur Modellierung von Informationen auf Kapitalmärkten finden sich bei Sandmann (2001, S. 103) oder Shreve (2004*b*, S. 49 .).

64. Eine Einführung zum Thema bedingte Erwartungen findet sich bei Kruschwitz & Löffler (2006). Einen Überblick zu den Eigenschaften bedingter Erwartungen gibt Williams (1991).

65. Schon Modigliani & Miller (1958, S. 292) weisen in ihrer Arbeit darauf hin, dass eine asymmetrische Informationsverteilung zwischen Investoren in der Realität zu erwarten ist.

66. Es wird im Folgenden vereinfachend davon ausgegangen, dass Eigner und Vorstand Entscheidungen einmütig tre en.

67. Es gibt eine Vielzahl von Arbeiten die berücksichtigen, dass Informationen unter Kapitalgebern und Kapitalnehmern asymmetrisch verteilt sind. Einen Überblick bietet beispielsweise der Beitrag von Schmid Klein, O'Brien & Peters (2002, S. 292).

68. In der deutschsprachigen Literatur zur Unternehmensbewertung hat es zu diesem Sachverhalt einen regen Disput gegeben. In diesem Zusammenhang sind die Arbeiten von Kruschwitz & Löffler (1998), Matschke & Hering (1999), Siegel (2000), Blaufus (2002) und Kruschwitz & Löffler (2003*b*) zu nennen. Eine umfangreiche

meiden, wird im Allgemeinen unterstellt, dass der Unternehmenswert im Zeitpunkt T null beträgt. Diese Bedingung wird als Transversalität bezeichnet.[69] Wir begrenzen die Lebensdauer des Unternehmens durch die folgende Annahme.

Annahme 6 (Lebensdauer) *Nach dem Zeitpunkt T fallen keine weiteren Cashflows an. Verpflichtungen aus dem operativen Geschäft können nicht zu einer Insolvenz führen. Der Fortführungswert eines unverschuldeten Unternehmens übersteigt den Liquidationswert in allen Zeitpunkten.*

Da der Unternehmenswert nur von den zukünftigen Cashflows abhängt, folgt aus dem ersten Teil von Annahme 6, dass

$$\widetilde{V}_T^u = 0 \tag{1}$$

ist.

Der zweite Teil von Annahme 6 stellt sicher, dass ein Unternehmen nur durch Fremdfinanzierung in die Insolvenz geraten kann.[70] Ein unverschuldetes Unternehmen kann seinen Verbindlichkeiten, sei es gegenüber Lieferanten oder dem Staat, immer nachkommen. Weiterhin schließt Annahme 6 aus, dass es vor dem Zeitpunkt T zu einer Schließung des Unternehmens kommt, da es sich nie lohnt, das operative Geschäft einzustellen, um das Unternehmen zu zerschlagen.[71] Damit Zustände, in denen sich eine Zerschlagung des Unternehmens lohnt, berücksichtigen werden können, muss der Liquidationswert exogen modelliert werden.[72] Da dies nicht die Fragestellung der vorliegenden Arbeit ist, wird hierauf verzichtet.

Wir haben nun alle notwendigen Annahmen getro en, um uns mit der Herleitung einer Bewertungsgleichung für ein unverschuldetes Unternehmen beschäftigen zu können. Der Wert eines Unternehmens lässt sich in Abhängigkeit von den zukünftigen Cashflows entweder mittels der risikoneutralen oder der realen Wahrscheinlichkeiten ermitteln.[73] Im Folgenden sollen beide Konzepte kurz verdeutlicht werden.

Wird das reale Wahrscheinlichkeitsmaß $\mathbf{P}$ zur Bildung der Erwartungswerte der zukünftigen Cashflows verwendet, so werden diese mit den unternehmensspezifischen Kapitalkosten dis-

Arbeit, die sich unter anderem mit der Bewertung ewig lebender Unternehmen beschäftigt, wurde von Lobe (2006) vorgelegt.

69. Analysen der Transversalitätsbedingung finden sich bei Michel (1982) und Michel (1990). Anmerkungen zu ihrer Verwendung im Rahmen der DCF–Verfahren machen Kruschwitz & Löffler (2003*b*, S. 1402) sowie Spremann (2004, S. 89).

70. Erläuterungen zum Thema Insolvenz finden sich in den Abschnitten 3.3 bis 3.5.

71. Vgl. Rapp (2006, S. 779).

72. Für Arbeiten, die den Liquidationswert exogen modellieren, siehe Vila & Schary (1995), Mella-Barral & Perraudin (1997) sowie Mella-Barral (1999).

73. Für einen umfassenden Überblick zur Verwendung der beiden Ansätze im Rahmen der Unternehmensbewertung wird auf Schultze (2003) verwiesen.

kontiert. Die Kapitalkosten des unverschuldeten Unternehmens sind durch $\widetilde{k}_t^u$ gegeben. Der Begri der Kapitalkosten wird hier nach Kruschwitz & Löffler (2006) mit

$$\widetilde{k}_t^u = \frac{E[\widetilde{FCF}_{t+1}^u + \widetilde{V}_{t+1}^u | \mathcal{F}_t]}{\widetilde{V}_t^u} \quad 1 \tag{2}$$

im Sinne bedingter erwarteter Renditen verwendet.[74] Wie der vorstehenden Definition zu entnehmen ist, sind die Kapitalkosten von der aus heutiger Sicht im Zeitpunkt t voraussichtlich verfügbaren Information abhängig. Wird mit der vorgeschlagenen Kapitalkostendefinition gearbeitet, so sind die Kapitalkostensätze Zufallsvariablen. Durch die Verwendung stochastischer Kapitalkosten wird die Anwendung der DCF–Verfahren jedoch wesentlich aufwändiger, weshalb wir in dieser Arbeit dem Vorgehen von Kruschwitz & Löffler (2006) folgen und von deterministischen Kapitalkosten ausgehen.[75] Darüber hinaus wird aus Vereinfachungsgründen unterstellt, dass sie als konstant angesehen werden können. Durch Umformen von Gleichung (2) erhält man

$$\begin{aligned}
\widetilde{V}_t^u &= \frac{E[\widetilde{FCF}_{t+1}^u + \widetilde{V}_{t+1}^u | \mathcal{F}_t]}{1 + k^u} \\
&= \frac{E[\widetilde{FCF}_{t+1}^u | \mathcal{F}_t]}{1 + k^u} + \frac{E[\widetilde{V}_{t+1}^u | \mathcal{F}_t]}{1 + k^u} .
\end{aligned}$$

Der Unternehmenswert im Zeitpunkt t besteht aus den Barwerten zukünftiger Zahlungsansprüche. Diese Zahlungsansprüche können in zwei Komponenten aufgeteilt werden. Im Zeitpunkt $t + 1$ erhalten die Kapitalgeber eine Zahlung in Höhe des Cashflows und können über $\widetilde{V}_{t+1}^u$ verfügen. Der Unternehmenswert im Zeitpunkt $t + 1$ besteht mit Term (2) wiederum aus dem Barwert zukünftiger Zahlungsansprüche, so dass wir

$$\widetilde{V}_t^u = \frac{E[\widetilde{FCF}_{t+1}^u | \mathcal{F}_t]}{1 + k^u} + \frac{E\left[\frac{E[\widetilde{FCF}_{t+2}^u + \widetilde{V}_{t+2}^u | \mathcal{F}_{t+1}]}{1+k^u} | \mathcal{F}_t\right]}{1 + k^u}$$

erhalten. Aufgrund der Rechenregeln für bedingte Erwartungen gilt[76]

$$E[E[\widetilde{FCF}_s^u | \mathcal{F}_{t+1}] | \mathcal{F}_t] = E[\widetilde{FCF}_s^u | \mathcal{F}_t] .$$

74. Für eine Diskussion zum Begri der Kapitalkosten vergleiche Löffler (2002), Laitenberger (2006) sowie Kruschwitz & Löffler (2006, S. 22).

75. Rapp (2005) hält die Annahme deterministischer Kapitalkosten für eine nicht notwendige, aber weitreichende Einschränkung und zeigt, wie im Falle stochastischer Kapitalkosten vorzugehen ist. Nachteilig bei diesem Vorgehen ist jedoch, dass die Kenntnis aller zukünftigen Cashflow–Realisationen zwingende Voraussetzung ist. Wilhelm (2004) untersucht, unter welchen Voraussetzungen eine Definition von Kapitalkosten als bedingte erwartete Rendite in der Unternehmensbewertung sinnvoll ist. Dabei verzichtet der Verfasser auf die Annahme deterministischer Kapitalkosten und verweist in Wilhelm (2005*a*) darauf, dass die Verwendung stochastischer Kapitalkosten "... keine konzeptionellen, sondern nur Datenprobleme aufwirft".

76. Diese Eigenschaft bedingter Erwartung wird als "Tower Property" bezeichnet. Siehe hierzu Williams (1991, S. 88).

Für den Unternehmenswert kann folglich auch

$$\widetilde{V}_t^u = \frac{E[\widetilde{FCF}_{t+1}^u|\mathcal{F}_t]}{1+k^u} + \frac{E[\widetilde{FCF}_{t+2}^u|\mathcal{F}_t]}{(1+k^u)^2} + \frac{E[\widetilde{V}_{t+2}^u|\mathcal{F}_t]}{(1+k^u)^2}$$

geschrieben werden. Dieses Vorgehen wird bis zum Zeitpunkt T wiederholt. Da der Unternehmenswert im Zeitpunkt T mit Annahme 6 (Lebensdauer) gleich Null ist, ergibt sich der Marktwert des Unternehmens im Zeitpunkt t aus der Summe aller mit k^u diskontierten bedingten Erwartungswerte der bis T anfallenden Cashflows. Dieser Zusammenhang lässt sich formal durch

$$\widetilde{V}_t^u = \sum_{s=t+1}^{T} \frac{E[\widetilde{FCF}_s^u|\mathcal{F}_t]}{(1+k^u)^{s-t}} \tag{3}$$

darstellen.

Mit Annahme 1 (Arbitragefreiheit) existiert in dem skizzierten Kapitalmarkt ein risikoneutrales Wahrscheinlichkeitsmaß **Q**.[77] Unter diesen Voraussetzungen gilt der Fundamentalsatz der Preistheorie, nach dem sich der Unternehmenswert im Zeitpunkt t durch

$$\widetilde{V}_t^u = \frac{E_Q[\widetilde{FCF}_{t+1}^u + \widetilde{V}_{t+1}^u|\mathcal{F}_t]}{1+r_f} \tag{4}$$

ermitteln lässt. Diese Gleichung kann unter Berücksichtigung der Rechenregeln für bedingte Erwartungen weiter zu

$$\begin{aligned}\widetilde{V}_t^u &= \frac{E_Q[\widetilde{FCF}_{t+1}^u|\mathcal{F}_t]}{1+r_f} + \frac{E_Q\left[\frac{E_Q[\widetilde{FCF}_{t+2}^u+\widetilde{V}_{t+2}^u|\mathcal{F}_{t+1}]}{1+r_f}|\mathcal{F}_t\right]}{1+r_f} \\ &= \frac{E_Q[\widetilde{FCF}_{t+1}^u|\mathcal{F}_t]}{1+r_f} + \frac{E_Q[\widetilde{FCF}_{t+2}^u|\mathcal{F}_t]}{(1+r_f)^2} + \frac{E_Q[\widetilde{V}_{t+2}^u|\mathcal{F}_t]}{(1+r_f)^2}\end{aligned}$$

umgeformt werden. Die Wiederholung dieses Vorgehens führt unter Berücksichtigung von $\widetilde{V}_T^u = 0$ zu

$$\widetilde{V}_t^u = \sum_{s=t+1}^{T} \frac{E_Q[\widetilde{FCF}_s^u|\mathcal{F}_t]}{(1+r_f)^{s-t}}. \tag{5}$$

Zum Schluss dieses Abschnitts betrachten wir die Entwicklung der Cashflows, wozu wir folgende Annahme tre en.

Annahme 7 (Entwicklung der Cashflows) *Der bedingte Erwartungswert des freien Cashflows des unverschuldeten Unternehmens in $t+1$ hängt mit dem Cashflow des Zeitpunktes t über eine deterministische Wachstumsrate g_t zusammen*

$$E[\widetilde{FCF}_{t+1}^u|\mathcal{F}_t] = (1+g_t)\widetilde{FCF}_t^u.$$

77. Zum Konzept der risikoneutralen Wahrscheinlichkeiten vergleiche Beja (1971), Harrison & Kreps (1979) und Back & Pliska (1991).

Hinter Annahme 7 steckt das Konzept schwach autoregressiver Cashflows.[78] Dabei wird unterstellt, dass sich die Cashflows gemäß

$$\widetilde{FCF}^u_{t+1} = (1+g_t)\widetilde{FCF}^u_t + \widetilde{\epsilon}_{t+1} \tag{6}$$

entwickeln. Die Störterme $\widetilde{\epsilon}_{t+1}$ in Gleichung (6) haben einen Erwartungswert von Null und sind paarweise unkorreliert. Der Term "schwach" bedeutet in diesem Zusammenhang, dass die Wachstumsraten im Zeitablauf variieren können. Aufgrund der Rechenregeln für bedingte Erwartungen resultiert aus Annahme 7[79]

$$\begin{aligned} E[\widetilde{FCF}^u_{t+2}|\mathcal{F}_t] &= E[E[\widetilde{FCF}^u_{t+2}|\mathcal{F}_{t+1}]|\mathcal{F}_t] \\ &= E[\widetilde{FCF}^u_{t+1}(1+g_{t+1})|\mathcal{F}_t] \\ &= (1+g_t)(1+g_{t+1})\widetilde{FCF}^u_t\,. \end{aligned}$$

Wie aus der letzten Gleichung hervorgeht, lässt sich Bewertungsgleichung (3) mittels der Wachstumsraten der Cashflows in der Form

$$\begin{aligned} \widetilde{V}^u_t &= \widetilde{FCF}^u_t \sum_{s=t+1}^{T} \frac{(1+g_t)\dots(1+g_{s-1})}{(1+k^u)^{s-t}} \\ &= \widetilde{FCF}^u_t \sum_{s=t+1}^{T} \frac{\prod_{\delta=t}^{s-1}(1+g_\delta)}{(1+k^u)^{s-t}} \end{aligned} \tag{7}$$

darstellen.

Da wir von deterministischen Kapitalkosten sowie autoregressiven Cashflows ausgehen, kann auch der Marktwert jedes einzelnen Cashflows auf zwei Wegen ermittelt werden. Entweder wird der Erwartungswert der Cashflows unter dem realen Wahrscheinlichkeitsmaß gebildet und mit den Eigenkapitalkosten diskontiert oder es werden die risikoneutralen Wahrscheinlichkeiten verwendet und mit dem risikofreien Zinssatz diskontiert. Im Zeitpunkt t bezeichnen wir den Wert eines Cashflows, der im Zeitpunkt s anfällt, mit $\widetilde{V}_t^{FCF_s}$. Formal ist dieser Zusammenhang durch

$$\widetilde{V}_t^{FCF_s} = \frac{E[\widetilde{FCF}^u_s|\mathcal{F}_t]}{(1+k^u)^{s-t}} \tag{8}$$

beziehungsweise

$$\widetilde{V}_t^{FCF_s} = \frac{E_Q[\widetilde{FCF}^u_s|\mathcal{F}_t]}{(1+r_f)^{s-t}} \tag{9}$$

78. Für Erläuterungen zum Thema autoregressive Cashflows wird auf Laitenberger & Löffler (2006) beziehungsweise Kruschwitz & Löffler (2006, S. 38 .) verwiesen.

79. Vgl. Williams (1991, S. 88).

gegeben. Für den Beweis der beiden vorstehenden Gleichungen wird auf Kruschwitz & Löffler (2006) verwiesen.[80] Weiterhin bedingt Annahme 7, wie aus Gleichung (7) hervorgeht, die Existenz einer deterministischen Dividendenrendite.[81] Die Dividendenrendite eines unverschuldeten Unternehmens wird mit dr_t bezeichnet und in der Form

$$dr_t = \left(\sum_{s=t+1}^{T} \frac{\prod_{\delta=t}^{s-1}(1 + g_\delta)}{(1 + k^u)^{s-t}} \right)^{-1} \tag{10}$$

definiert. Wird die Dividendenrendite in (7) eingesetzt, so ergibt sich der Unternehmenswert durch

$$\widetilde{V}_t^u = \frac{\widetilde{FCF}_t^u}{dr_t}. \tag{11}$$

Gleichung (11) ist auch als Gordon–Shapiro Formel bekannt.[82] Zur Bewertung eines Unternehmens müssen neben dem Cashflow somit entweder dessen Wachstumsraten und Kapitalkosten oder dessen Dividendenrenditen bekannt sein.

3.2. Außenfinanzierung ohne Insolvenzrisiko

In diesem Abschnitt vernachlässigen wir zunächst Insolvenzrisiken. Wir untersuchen, wie sich ein Unternehmen im Modell über externe Kapitalgeber finanzieren kann und wie sich diese Finanzierung auf den Unternehmenswert auswirkt. Die Ergebnisse der Analyse werden später in Abschnitt 3.5 zur Modellierung der Insolvenzauslöser verwendet. Im Rahmen der Außenfinanzierung kann ein Unternehmen auf Eigen– oder Fremdkapital zurückgreifen.[83]

3.2.1. Eigenkapital

Stellen die Eigner einem Unternehmen frisches Kapital zur Verfügung, so gibt es grundsätzlich zwei Möglichkeiten zu dessen Verwendung. Die erste Variante ist, den Emissionserlös für neue Investitionsprojekte zu nutzen. Aufgrund von Annahme 4 (Gleiche Investitionspolitik) ist dies im Modell jedoch nicht möglich. Andernfalls könnten Investitions– und Finanzierungsentscheidungen nicht getrennt voneinander analysiert werden. Auch eine Investition in Kassenhaltung ist ausgeschlossen. Die Alternative besteht darin, die zusätzlichen finanziellen Mittel an die Kapitalgeber zu verteilen. Da eine außerordentliche Tilgung aufgrund von Annahme 8 (Irreversibler Finanzierungsvertrag) nicht möglich ist, bleibt zur Verwendung des Emissionserlöses keine Alternative zur Ausschüttung an die Eigner. Damit hat eine Eigenkapitalerhöhung unter

80. Vgl. Kruschwitz & Löffler (2006, S. 39).
81. Vgl. Kruschwitz & Löffler (2006, S. 41).
82. Vgl. Gordon & Shapiro (1956, S. 105) oder Williams (1964, S. 77 f.).
83. Hybride Finanzierungstitel, wie Wandelanleihen oder Genussscheine, werden vernachlässigt.

den getro enen Annahmen, bei Vernachlässigung eines Insolvenzrisikos, keinen Einfluss auf den Unternehmenswert.[84] Dieser wird neben der Investitionspolitik einzig durch den Kreditvertrag bestimmt, wie wir im nächsten Abschnitt zeigen werden.[85]

3.2.2. Fremdkapital

Die Beziehung zwischen Unternehmen und Kreditgebern wird in einem Finanzierungsvertrag geregelt. In diesem Vertrag werden neben der Höhe des Nominalzinssatzes und der Laufzeit des Kredits auch die vereinbarten Tilgungsbeträge festgehalten. Der Finanzierungsvertrag wird durch folgende Annahme skizziert.

Annahme 8 (Finanzierungsvertrag) *Der Finanzierungspolitik des verschuldeten Unternehmens liegt ein Finanzierungsvertrag mit den folgenden Eigenschaften zugrunde:*

- *Der Finanzierungsvertrag wird im Zeitpunkt $t = 0$ festgelegt und kann nicht nachverhandelt werden.*
- *Die vereinbarten Tilgungsbeträge können entweder deterministisch oder zustandsabhängig sein.*
- *Der Kredit wird zu pari begeben und hat einen konstanten Nominalzinssatz k^d.*
- *Die Zins- und Tilgungszahlungen an die Fremdkapitalgeber erfolgen nachschüssig in den Zeitpunkten $t = 1, \ldots, T$.*
- *Der gesamte Kreditbetrag muss bis zum Zeitpunkt T vollständig getilgt werden.*
- *Der Finanzierungsvertrag umfasst alle Verbindlichkeiten des Unternehmens.*

Wie aus Annahme 8 hervorgeht, werden die Konditionen des Vertrages einmalig im Zeitpunkt $t = 0$ vereinbart und Nachverhandlungen explizit ausgeschlossen. Nachverhandlungen auszuschließen ist nicht realitätsnah.[86] Wer jedoch Nachverhandlungen des Finanzierungsvertrages berücksichtigen will, muss Informationen darüber besitzen, wann und insbesondere wie neue Konditionen festgelegt werden. Wir sind der Meinung, dass es mindestens eine ebenso starke Annahme ist, dieses Wissen vorauszusetzen, wie Nachverhandlungen auszuschließen. Aus diesem Grunde unterstellen wir, dass der Finanzierungsvertrag irreversibel ist.

84. Arbeiten, welche die steuerlichen Einflüsse von Eigenkapitalerhöhungen berücksichtigen, sind beispielsweise Husmann, Kruschwitz & Löffler (2002) sowie Hundsdoerfer, Kruschwitz & Lorenz (2006).

85. Siehe hierzu Miller & Modigliani (1961) und Modigliani & Miller (1963).

86. Arbeiten, die analog zu Annahme 8 einen irreversiblen Finanzierungsvertrag unterstellen, sind unter anderem Leland (1994), Uhrig-Homburg (2001) sowie Ammann & Genser (2004).

Weiterhin müssen Zinszahlungen und Tilgungsleistungen nicht deterministisch sein, sondern können sich an zustandsabhängigen Größen, wie etwa dem Unternehmenswert, orientieren. Werden deterministische Fremdkapitalbestände vorgegeben, so spricht man von einer autonomen Finanzierung.[87] Im Modell werden neben autonomen somit auch zustandsabhängige Finanzierungspolitiken eingeschlossen.[88]

Da der Kredit zu pari begeben wird, erhält der Schuldner im Zeitpunkt $t = 0$ den Nominalbetrag des Kredits ausgezahlt. Als Symbol für die Tilgungszahlungen wird $\widetilde{R}_t$ verwendet. Für jeden Kredit ist zwischen Buch– und Marktwert zu unterscheiden. Der Buchwert des Fremdkapitals wird mit $\widetilde{D}_t^{BW}$ sowie der Marktwert des Fremdkapitals mit $\widetilde{D}_t^{MW}$ bezeichnet. Im Allgemeinen besteht der Buchwert des Fremdkapitals aus den Verpflichtungen gegenüber Kreditgebern sowie den Rückstellungen des Unternehmens. Betrachten wir zunächst die Rückstellungen.

Bei Rückstellungen ist ebenfalls zwischen Buch– und Marktwerten zu unterscheiden. Die Veränderung der Rückstellungen in Buchwerten folgt gesetzlichen Vorgaben, wie beispielsweise bei Pensionsrückstellungen. Die Buchwerte der Rückstellungen zu modellieren ist unproblematisch.[89] Zur Bestimmung des Marktwertes von Rückstellungen hingegen müssen die Preise bekannt sein, die Investoren am Kapitalmarkt bereit sind, für Wertpapiere zu bezahlen, welche die mit Rückstellungen verbundenen Ansprüche verbriefen. Solche Wertpapiere existieren am Kapitalmarkt jedoch nicht. Aus diesem Grunde ist es nicht möglich, den Marktwert von Rückstellungen zu bestimmen. Um Probleme bei der Modellierung von Rückstellungen zu vermeiden, wird in der vorliegenden Arbeit vereinfachend angenommen, dass keine Rückstellungen gebildet werden.[90]

Annahme 9 (Rückstellungen) *Das unverschuldete und das verschuldete Unternehmen bilden keine Rückstellungen.*

Damit wird der Buchwert des Fremdkapitals nur durch den Finanzierungsvertrag beeinflusst. Der Kredit wird bei Abschluss des Finanzierungsvertrages in den Büchern des Unternehmens passiviert. Für die Höhe der Bilanzierung ist der vertraglich vereinbarte Rückzahlungsbetrag relevant.[91] Der Buchwert des Fremdkapitals entspricht der aus dem Finanzierungsvertrag resultierenden Restschuld, die im Zeitpunkt $t = 0$ gleich dem Nominalbetrag ist. In allen Zeitpunkt

87. Vgl. Richter & Drukarczyk (2001, S. 630) oder Kruschwitz & Löffler (2006, S. 61).

88. Einen Überblick zu verschiedenen Finanzierungspolitiken findet man bei Hachmeister (1996) oder Kruschwitz & Löffler (2003*a*).

89. Zur Berücksichtigung von Rückstellungen im Rahmen der Unternehmensbewertung vergleiche beispielsweise Schwetzler (1998), Schwetzler (2004) und Drukarczyk (2003*b*). Für Arbeiten, die ein Rechnungslegungssystem im Rahmen der Unternehmensbewertung modellieren, siehe Scholze (2006) sowie Kruschwitz et al. (2006).

90. Diese Annahme findet sich beispielsweise auch bei Essler, Kruschwitz & Löffler (2004) und Kruschwitz & Löffler (2006).

91. Bei Coenenberg (2005, S. 383) liest man zum Thema Bilanzierung des Fremdkapitals:

$t = 1, \ldots, T$ wird der Rückzahlungsbetrag ermittelt, indem vom Buchwert in $t = 0$ die kumulierten Tilgungszahlungen subtrahiert werden

$$\widetilde{D}_t^{BW,S} = D_0^{BW} - \sum_{s=1}^{t-1} \widetilde{R}_s . \tag{12}$$

Der Marktwert hingegen orientiert sich an der Zukunft und ermittelt sich aus den erwarteten Zahlungen an die Fremdkapitalgeber. Die Zahlung, welche die Finanziers in einem Zeitpunkt t aufgrund des Finanzierungsvertrages erhalten, wird als Rückzahlung bezeichnet und mit dem Symbol $\widetilde{P}_t$ dargestellt. Da wir auch zustandsabhängige Finanzierungspolitiken zulassen, können die Rückzahlungen an die Fremdkapitalgeber auch unter Vernachlässigung von Insolvenzrisiken unsicher sein. Für den Marktwert des Fremdkapitals gilt unter Verwendung der risikoneutralen Wahrscheinlichkeiten

$$\widetilde{D}_t^{MW,S} = \sum_{s=t+1}^{T} \frac{E_Q[\widetilde{P}_s^S | \mathcal{F}_t]}{(1+r_f)^{s-t}} .$$

Der hochgestellte Index S zeigt an, dass es sich um eine Betrachtung unter Vernachlässigung von Insolvenzrisiken handelt. In dem hier betrachteten Fall entspricht die Summe aus vertraglich vereinbarten Zins- und Tilgungszahlungen den Rückzahlungen an die Fremdkapitalgeber $\widetilde{P}_t^S = \widetilde{I}_t + \widetilde{R}_t$, so dass wir

$$\widetilde{D}_t^{MW,S} = \sum_{s=t+1}^{T} \frac{E_Q[\widetilde{I}_t + \widetilde{R}_t | \mathcal{F}_t]}{(1+r_f)^{s-t}} \tag{13}$$

erhalten.

Im Zeitpunkt $t = 0$ werden die Konditionen des Finanzierungsvertrages so festgelegt, dass Nominalbetrag und Marktwert des Fremdkapitals identisch sind. Da wir unterstellen, dass der Nominalbetrag in den Büchern passiviert wird, müssen sich auch Markt- und Buchwert des Fremdkapitals bei Abschluss des Kreditvertrages entsprechen

$$\widetilde{D}_0^{MW,S} = \widetilde{D}_0^{BW,S} .$$

Es kann gezeigt werden, dass Markt- und Buchwerte unter Vernachlässigung eines Insolvenzrisikos während der gesamten Laufzeit des Kreditvertrages übereinstimmen.[92] Unter Vernachlässigung von Ausfallrisiken sind Buch- und Marktwert des Fremdkapitals somit in allen Zeitpunkten $t = 0, \ldots, T$ identisch

$$\widetilde{D}_t^{MW,S} = \widetilde{D}_t^{BW,S} . \tag{14}$$

"Verbindlichkeiten sind in der Handelsbilanz grundsätzlich mit dem Rückzahlungsbetrag zu bewerten (§ 253 Abs. S. 2 HGB). Rückzahlungsbetrag ist der Geldbetrag, der zur Tilgung der Verbindlichkeit aufgewendet werden muss."

92. Der Beweis findet sich in Anhang A.

Nachdem wir uns mit dem Finanzierungsvertrag beschäftigt haben, untersuchen wir, welchen Einfluss Fremdfinanzierung auf den Unternehmenswert hat, wenn keine Insolvenzrisiken existieren. Eine Möglichkeit, den Marktwert eines verschuldeten Unternehmens zu ermitteln, besteht darin den Marktwert eines unverschuldeten Unternehmens, um die durch Fremdfinanzierung verursachten Einflüsse zu ergänzen. Dieser Ansatz wird als APV–Verfahren bezeichnet.[93] Betrachten wir dazu, welche Unterschiede zwischen einem verschuldeten und einem unverschuldeten Unternehmen bestehen. Wie oben ausgeführt wurde, verfolgen beide Unternehmen die gleiche Investitionspolitik, so dass unter Vernachlässigung eines Insolvenzrisikos einzig steuerliche Einflüsse zu abweichenden Cashflows führen können.

Annahme 10 (Steuern) *Auf Unternehmensebene wird eine lineare Gewinnsteuer auf das operative Ergebnis vor Steuern (EBT) erhoben. Der Steuersatz τ ist deterministisch und zeitlich konstant. Fremdkapitalzinsen mindern die Bemessungsgrundlage in vollem Umfang. Im Falle einer negativen Bemessungsgrundlage erfolgt eine Steuererstattung.*

Es gibt keine weiteren Steuern auf Unternehmens– oder Anteilseignerebene. Die Vernachlässigung privater Steuern stellt eine Vereinfachung dar, die in der Literatur zur Unternehmensbewertung üblich ist.[94] In dieser Arbeit ist die Berücksichtigung des Insolvenzrisikos und nicht die exakte Modellierung des Steuersystems vorrangiges Ziel. Deshalb wird aus Vereinfachungsgründen von der Einbeziehung privater Steuern abgesehen.

Wir bezeichnen die Steuerschuld eines Unternehmens mit $\widetilde{Tax}_t$, das operative Ergebnis vor Zinsen und Steuern mit $\widetilde{EBIT}_t$ und die Zinszahlungen mit $\widetilde{I}_t$. Die Steuerschuld des unverschuldeten Unternehmens kann mittels

$$\widetilde{Tax}_t^u = \tau \widetilde{EBIT}_t,$$

die des verschuldeten Unternehmens unter Berücksichtigung der Zinszahlungen durch

$$\widetilde{Tax}_t^l = \tau(\widetilde{EBIT}_t \quad \widetilde{I}_t)$$

93. Das APV–Verfahren ist auf Myers (1974, S. 1) zurückzuführen. Weitere Quellen zu diesem Ansatz sind beispielsweise Langenkämper (2000, S. 54) oder Drukarczyk (2003*c*, S. 215). Kruschwitz & Löffler (2003*a*) stellen einen Vergleich verschiedener Bewertungskonzepte und ihrer Anwendungsvoraussetzungen im Rahmen der DCF–Verfahren an. Die Autoren kommen zu dem Ergebnis, dass die Verwendung des APV–Verfahrens nur im Fall einer Finanzierungspolitik mit deterministischen Fremdkapitalbeständen sinnvoll ist.

94. Grundlegende Quellen, die sich mit der Integration persönlicher Steuern in die Unternehmensbewertung beschäftigen, sind unter anderem Johansson (1969) und De Angelo & Masulis (1980). Arbeiten zum Thema Unternehmensbewertung, die keine privaten Steuern berücksichtigen, sind beispielsweise Uhrig-Homburg (2001), Homburg et al. (2004), Koller, Goedhart & Wessels (2005), Kruschwitz et al. (2005), Rapp (2006) und Drukarczyk & Schüler (2006). Einen Überblick, wie private Steuern in der Unternehmensbewertung zu berücksichtigen sind, gibt der Beitrag von Richter (2004).

ermittelt werden. Die aus einer geringeren Steuerschuld resultierenden Zahlungen werden mit dem Symbol $\widetilde{TB}_t$ bezeichnet. Für den Steuervorteil gilt

$$\begin{aligned} \widetilde{TB}_t^S &= \widetilde{Tax}_t^u - \widetilde{Tax}_t^l \\ &= \tau \widetilde{I}_t . \end{aligned} \tag{15}$$

Da Fremdkapitalzinsen die Bemessungsgrundlage mindern, muss ein Unternehmen umso weniger Steuern zahlen, je stärker es verschuldet ist. Das Unternehmen erhält im Falle einer negativen Bemessungsgrundlage einen Verlustausgleich von der Finanzbehörde, so dass der Steuervorteil immer sofort realisiert werden kann.[95] Die zeitliche Umverteilung von Steuervorteilen, wie beispielsweise durch Verlustvorträge, wird nicht berücksichtigt.[96]

Im Folgenden werden die freien Cashflows des verschuldeten Unternehmens untersucht. Neben den Zahlungen aus dem operativen Geschäft müssen auch die Zinszahlungen berücksichtigt werden, da sie Einfluss auf die Steuerschuld haben. Um die Zinszahlungen zu ermitteln, benötigen wir den von den Fremdkapitalgebern geforderten Nominalzins k^d. Da es sich bei dem Cashflow um den Zahlungsüberschuss nach Steuern handelt, gilt mit Gleichung (15) der Zusammenhang

$$\widetilde{FCF}_t^{l,S} = \widetilde{FCF}_t^u + \tau k^d \widetilde{D}_{t-1}^{BW,S} . \tag{16}$$

Aufgrund der Annahmen 1 (Vollständigkeit des Kapitalmarktes) sowie 21 (Arbitragefreiheit) liegen auch die Cashflows des verschuldeten Unternehmens im Spanningbereich des Kapitalmarktes.[97] Der Barwert der Steuervorteile durch Fremdfinanzierung wird im Allgemeinen als Tax Shield bezeichnet. Für den Marktwert des Tax Shields im Zeitpunkt t wird das Symbol $\widetilde{V}_t^{Tax}$ verwendet. Da Insolvenzrisiken zunächst nicht berücksichtigt werden, können die Steuervorteile unter den getroffenen Annahmen in allen zukünftigen Zeitpunkten in vollem Umfang realisiert werden. In diesem Falle ist

$$\begin{aligned} \widetilde{V}_t^{Tax,S} &= \sum_{s=t+1}^{T} \frac{E_Q[\widetilde{TB}_s^S | \mathcal{F}_t]}{(1+r_f)^{s-t}} \\ &= \sum_{s=t+1}^{T} \frac{\tau k^d E_Q[\widetilde{D}_{s-1}^{BW,S} | \mathcal{F}_t]}{(1+r_f)^{s-t}} \end{aligned} \tag{17}$$

95. Auch wenn es sich hierbei nicht um eine realitätsnahe Annahme handelt, so ist sie in der Literatur doch Standard. Man findet diese Annahme beispielsweise bei Modigliani & Miller (1963), Fischer et al. (1989), Goldstein et al. (2001) oder Kruschwitz & Löffler (2006). Uhrig-Homburg (2001) hingegen unterstellt, dass die Bemessungsgrundlage immer zur Verrechnung der Steuervorteile ausreicht. Siehe zu diesem Thema auch die Anmerkungen in Fußnote 109.

96. Für Modelle zur Berücksichtigung von Verlustvorträgen im Rahmen der Unternehmensbewertung vergleiche Schüler (2003), Drukarczyk (2004) sowie Streitferdt (2004).

97. Vgl. Rapp (2006, S. 777).

der Marktwert des Tax Shields unter Vernachlässigung von Ausfallrisiken im Zeitpunkt t. Für den Marktwert des verschuldeten Unternehmens gilt nach Gleichung (5) unter Verwendung von (16)

$$
\begin{aligned}
\widetilde{V}_t^{l,S} &= \sum_{s=t+1}^{T} \frac{E_Q[\widetilde{FCF}_s^{l,S} | \mathcal{F}_t]}{(1+r_f)^{s-t}} \\
&= \sum_{s=t+1}^{T} \frac{E_Q[\widetilde{FCF}_s^{u} + \tau k^d \widetilde{D}_{s-1}^{BW,S} | \mathcal{F}_t]}{(1+r_f)^{s-t}} \\
&= \sum_{s=t+1}^{T} \frac{E_Q[\widetilde{FCF}_s^{u} | \mathcal{F}_t]}{(1+r_f)^{s-t}} + \sum_{s=t+1}^{T} \frac{\tau k^d E_Q[\widetilde{D}_{s-1}^{BW,S} | \mathcal{F}_t]}{(1+r_f)^{s-t}} .
\end{aligned}
$$

Mittels Gleichung (17) kann dies auch in der Form

$$\widetilde{V}_t^{l,S} = \widetilde{V}_t^{u} + \widetilde{V}_t^{Tax,S} \tag{18}$$

geschrieben werden.[98]

Da sich der Unternehmenswert als Barwert der freien Cashflows ergibt und diese an die Eigen– und Fremdkapitalgeber verteilt werden, muss auf einem arbitragefreien Kapitalmarkt für die Summe der Marktwerte des Eigen– und Fremdkapitals $\widetilde{V}_t^{l,S} = \widetilde{E}_t^{l,S} + \widetilde{D}_t^{MW,S}$ gelten. Dieser Zusammenhang kann unter Verwendung von Gleichung (14) auch mit dem Buchwert des Fremdkapitals beschrieben werden

$$\widetilde{V}_t^{l,S} = \widetilde{E}_t^{l,S} + \widetilde{D}_t^{BW,S} . \tag{19}$$

In diesem Abschnitt wurde gezeigt, wie ein verschuldetes Unternehmen unter Berücksichtigung einer einfachen Gewinnsteuer und unter Vernachlässigung von Insolvenzrisiken zu bewerten ist. Der Marktwert des verschuldeten Unternehmens setzt sich in diesem Fall aus dem Marktwert des unverschuldeten Unternehmens zuzüglich des Marktwertes des Tax Shields zusammen. Weiteres Ergebnis ist, dass sich Markt– und Buchwert des Fremdkapitals in allen Zeitpunkten entsprechen, wenn keine Insolvenzrisiken existieren. Dieser Zusammenhang gilt unabhängig davon, ob eine autonome oder eine stochastische Finanzierungspolitik verfolgt wird. Im nächsten Abschnitt erweitern wir die bisherigen Überlegungen um den Aspekt der Insolvenz.

98. Diese Gleichung findet sich heute in vielen Lehrbüchern zur Finanzierungstheorie, wie etwa in Copeland et al. (2005, S. 562) oder Ross et al. (2002, S. 410).

3.3. Außenfinanzierung mit Insolvenzrisiko

3.3.1. Eigenkapital

Die Berücksichtigung von Insolvenzrisiken kann im Modell dazu führen, dass die Eigner ihr eingesetztes Kapital verlieren.[99] Damit es nicht zu Situationen kommen kann, in denen die Eigentümer verpflichtet sind, weitere finanzielle Mittel zur Verfügung zu stellen, gehen wir davon aus, dass das Unternehmen in der Rechtsform einer Kapitalgesellschaft betrieben wird. In diesem Fall ist die Haftung der Eigentümer auf ihre Einlagen beschränkt.[100]

Annahme 11 (Keine Privathaftung) *Privathaftung ist ausgeschlossen.*

Mit Annahme 11 können die Eigner nicht gezwungen werden, frisches Kapital zur Verfügung zu stellen. Nun kann es, abweichend zum vorangegangen Abschnitt, unter Berücksichtigung von Insolvenzrisiken aber zu Situationen kommen, in denen eine Eigenkapitalerhöhung den Unternehmenswert erhöht. Dies ist dann der Fall, wenn der Emissionserlös dazu verwendet wird, eine Insolvenz und die hiermit verbundenen Kosten zu vermeiden.[101] Bei dieser Konstellation sind die Eigner freiwillig bereit, dem Unternehmen weiteres Kapital zu überlassen. In Abschnitt 3.5.2 werden wir die Möglichkeit einer Eigenkapitalerhöhung im Rahmen der Abwendung von Zahlungsunfähigkeit eingehend diskutieren.

3.3.2. Fremdkapital

Im Folgenden werden wir uns damit beschäftigen, wie eine Insolvenz im Finanzierungsvertrag berücksichtigt werden kann. Es wird untersucht, welchen Einfluss der Eintritt einer Insolvenz auf den Kreditvertrag hat und auf welche Weise die Fremdkapitalgeber den Nominalzins unter Berücksichtigung von Insolvenzrisiken festlegen.

Die Gläubiger sind aufgrund von Annahme 5 (Information) ebenso gut informiert wie die Unternehmensleitung und wissen deshalb, dass sie möglicherweise nicht in allen zukünftigen Zuständen die vertraglich vereinbarten Zahlungen erhalten. Was aber bekommen die Finanziers, wenn ihr Schuldner Insolvenz anmeldet? Zur Beantwortung dieser Frage müssen wir zunächst klarstellen, was Insolvenz bedeutet. Wir nähern uns dem Thema von der juristischen Seite.

Wird im Modell von einer Insolvenz oder dem Ausfall eines Unternehmens gesprochen, so ist immer Insolvenz im Sinne der seit dem 1. Januar 1999 in Deutschland geltenden Insolvenzordnung (InsO) gemeint. In der Insolvenzordnung sind Auslösung und Ablauf einer Insolvenz

[99] Siehe hierzu die Ausführungen auf Seite 49.
[100] Vgl. Bigus & Eger (2004).
[101] Zu dieser Überlegung siehe Fischer (1988, S. 70).

geregelt.[102] Meldet ein Unternehmen Insolvenz an, so werden die Ansprüche der Gläubiger aus dem Vermögen des Schuldners befriedigt. Alle im Falle einer Insolvenz zu verteilenden Vermögenswerte werden nach § 35 InsO als Insolvenzmasse bezeichnet. Dort liest man als Legaldefinition der Insolvenzmasse:

> "Das Insolvenzverfahren erfasst das gesamte Vermögen, das dem Schuldner zur Zeit der Erö nung des Verfahrens gehört und das er während des Verfahrens erlangt."

Die Insolvenzmasse wird mit dem Symbol $\widetilde{M}_t$ bezeichnet. Um im Modell etwas über die Höhe der Insolvenzmasse sowie die Aufteilung zwischen Gläubigern und Eignern aussagen zu können, benötigen wir weitere Annahmen. Da hierzu eine eingehende Betrachtung des Ablaufs einer Insolvenz notwendig ist, werden wir diese Annahmen erst in Abschnitt 3.5 tre en. In der dort vorgenommenen Analyse wird sich herausstellen, dass die Fremdkapitalgeber im Insolvenzfall die gesamte Insolvenzmasse erhalten, während die Eigenkapitalgeber leer ausgehen.[103]

Weiterhin muss im Kreditvertrag eine Regelung für den Fall vereinbart werden, dass das verschuldete Unternehmen Insolvenz anmeldet.

Annahme 12 (Finanzierungsvertrag bei Insolvenz) *Im Falle einer Insolvenz wird der Finanzierungsvertrag aufgelöst. Das insolvente Unternehmen kann sich nicht erneut verschulden.*

Betrachten wir zunächst den ersten Teil von Annahme 12. Durch die Auflösung des Kreditvertrages verzichten die Fremdkapitalgeber auf alle nicht durch die Insolvenzmasse befriedigten Forderungen. Da die Insolvenzmasse alle Vermögensgegenstände des insolventen Unternehmens umfasst und Privathaftung ausgeschlossen wurde, sind alle verfügbaren Vermögenswerte berücksichtigt. Es besteht demnach keine Alternative zum Forderungsverzicht. Da die Fremdkapitalgeber annahmegemäß vollständig informiert sind, kommt der bedingte Forderungsverzicht für sie auch nicht überraschend und wurde bereits in ihrem ursprünglichen Kalkül berücksichtigt.

Im zweiten Teil der Annahme wird ausgeschlossen, dass ein insolventes Unternehmen einen neuen Finanzierungsvertrag abschließen kann. Obwohl diese Prämisse unrealistisch ist, wird sie oft in der Literatur verwendet.[104] Wir tre en diese Annahme aus dem gleichen Grunde, aus

102. Ausführliche Erläuterungen zur Insolvenzordnung geben Eickmann, Flessner, Irschlinger, Kirchhof, Kreft, Landfermann, Wolfgang & Stephan (2005) oder Wimmer (2006). Eine ökonomische Analyse der Insolvenzordnung findet sich bei Drukarczyk & Schüler (2000), Bigus & Eger (2004) sowie Drukarczyk (2002).

103. Siehe hierzu die Anmerkungen bei Dangl & Zechner (2004, S. 189) sowie die Ausführungen auf Seite 49. Woraus sich die Insolvenzmasse im Einzelnen zusammensetzt, wird auf den Seiten 52 sowie 57 genauer untersucht.

104. Die Annahme wird in vielen Modellen implizit durch den Totalverlust des Tax Shields bei Insolvenz getro en. So etwa bei Brennan & Schwartz (1978, S. 104), Leland (1994, S. 1220) und Uhrig-Homburg (2001, S. 120).

dem wir Nachverhandlungen des Kreditvertrages ausschließen. Ohne diese Annahme müssten wir unterstellen, dass schon heute alle zukünftigen Finanzierungsverträge bekannt sind. Vor dem Hintergrund, dass ein Unternehmen mehrmals insolvent werden kann, bedeutet dies einen erheblichen Bedarf an zusätzlicher Information. Wir haben uns deshalb dazu entschlossen, die Neuverschuldung eines einmal in die Insolvenz geratenen Unternehmens auszuschließen.

Fassen wir die bisherigen Überlegungen zusammen. Bezeichnet $t = f$ den Zeitpunkt der Insolvenz, dann sind die Rückzahlungen an die Kreditgeber in den Zeitpunkten $t = 1, \ldots, T$ durch

$$\widetilde{P}_t = \begin{cases} 0 & \text{wenn } f \in \{1, \ldots, t-1\} \\ \widetilde{M}_t & \text{wenn } f = t \\ \widetilde{I}_t + \widetilde{R}_t & \text{sonst} \end{cases} \tag{20}$$

gegeben. Die vorstehende Gleichung ist wie folgt zu lesen. Die erste Zeile der rechten Seite gibt an, dass die Finanziers keine Zahlungen mehr erhalten, wenn das Unternehmen bereits in der Vergangenheit ausgefallen ist. Dass den Fremdkapitalgebern bei Anmeldung der Insolvenz die Insolvenzmasse zusteht, wird in der zweite Zeile berücksichtigt. Hat ein Unternehmen keine Insolvenz angemeldet, so erhalten die Gläubiger die vereinbarten Zins– und Tilgungszahlungen, welche in der letzten Zeile stehen.

Da die Finanziers wissen, dass sie im Falle einer Insolvenz Verluste erleiden, fordern sie für die Übernahme dieses Risikos eine Kompensation in Form höherer Zinszahlungen.[105] Die Verhandlungen zwischen Unternehmensleitung und Fremdkapitalgeber laufen wie folgt ab:

Zunächst treten die Manager mit konkreten Vorstellungen über den Kreditbetrag und die Rückzahlungsmodalitäten an die Fremdkapitalgeber heran. Die Gläubiger legen dann fest, zu welchem Nominalzinssatz sie bereit sind, sich auf die vorgeschlagenen Konditionen einzulassen. Um den erforderlichen Nominalzinssatz zu bestimmen, orientieren sich die Finanziers an den erwarteten Rückzahlungen der Kreditnehmer aus Gleichung (20). Bei Abschluss des Finanzierungsvertrages wird der Nominalzins von den Finanziers so gewählt, dass sich Markt– und Buchwert des Kredits im Zeitpunkt $t = 0$ entsprechen.[106] Der Nominalzinssatz ergibt sich mit Hilfe von Gleichung (20) in Abhängigkeit vom vorgegebenen Nominalbetrag durch

$$D_0^{BW} = D_0^{MW} = \sum_{s=1}^{T} \frac{E_Q[\widetilde{P}_s]}{(1 + r_f)^s} . \tag{21}$$

Da wir von einer Pari–Begebung ausgehen, muss der Nominalzinssatz bei Ausfallrisiko immer größer sein als der risikofreie Zinssatz ($k^d > r_f$).[107]

Nachfolgend soll das Vorgehen zur Ermittlung des Nominalzinssatzes anhand eines einfachen Beispiels kurz illustriert werden. Es wird von einer zweiperiodigen Welt ausgegangen, in der

105. Vgl. Weiss (1990, S. 299).

106. Dieses Vorgehen findet sich auch bei Drukarczyk & Schüler (2006, S. 726).

107. Vgl. Uhrig-Homburg (2001, S. 106).

von einem Zeitpunkt zum nächsten immer zwei unterschiedliche Entwicklungen vorkommen können. Im Zeitpunkt $t = 2$ sind damit vier verschiedene Zustände möglich. In einem dieser Zustände soll das betrachtete Unternehmen Insolvenz anmelden müssen. Die aus dem Kreditvertrag resultierenden Zahlungen sind in Abbildung 2 dargestellt. Der risikofreie Zinssatz ist konstant und beträgt $r_f = 5\%$. Wir nehmen an, dass die risikoneutralen Wahrscheinlichkeiten für beide Entwicklungen gleich sind ($q = 50\%$).

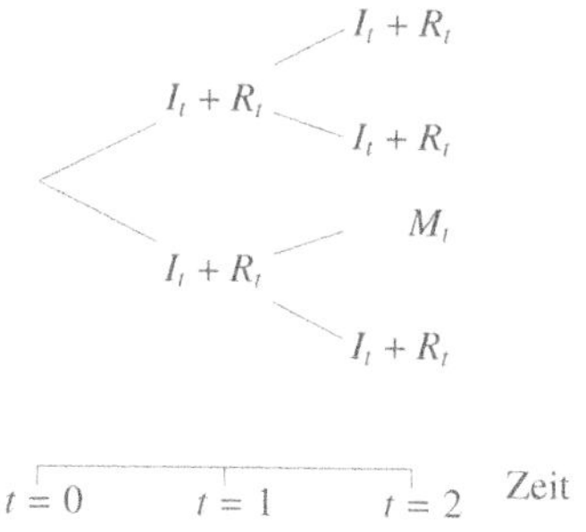

Abbildung 2: Zahlungen an die Fremdkapitalgeber

Der Kredit soll einen Nominalbetrag von 1000 haben und in zwei gleichen Raten getilgt werden. Sollte das Unternehmen Insolvenz anmelden, so gehen wir davon aus, dass keine Insolvenzmasse vorhanden ist ($M_2 = 0$). Bei Ausfall erleiden die Fremdkapitalgeber damit einen Totalverlust. Abgesehen vom Nominalzinssatz sind alle Parameter des Finanzierungsvertrages festgelegt. Die Kreditgeber stützen sich bei ihrer Entscheidung auf Gleichung (21). Für das Beispiel gilt der Zusammenhang

$$\begin{aligned} D_0^{BW} &= \frac{P_1}{1 + r_f} + \frac{E_Q[\widetilde{P}_2]}{(1 + r_f)^2} \\ &= \frac{k^d D_0^{BW} + R_1}{1 + r_f} + \frac{((1\quad q)^2 + q)(1 + k^d)D_1^{BW} + (1\quad q)qM_2}{(1 + r_f)^2} . \end{aligned}$$

Auflösen nach k^d und Einsetzen der Werte ergibt den gesuchten Zinssatz

$$\begin{aligned} k^d &= \frac{D_0^{BW}(1 + r_f)^2 \quad (1 + r_f)R_1 \quad ((1\quad q)^2 + q)D_1^{BW} \quad (1\quad q)qM_2}{(1 + r_f)D_0^{BW} + ((1\quad q)^2 + q)D_1^{BW}} \\ &= 14{,}21\% . \end{aligned}$$

Für komplexere Szenarien als das hier beschriebene Beispiel muss bei der Ermittlung des Nominalzinssatzes auf Näherungsverfahren zurückgegri en werden.

Analog zum Vorgehen in Abschnitt 3.2 wird nach Zustandekommen des Finanzierungsvertrages der zugehörige Buchwert in der Bilanz des verschuldeten Unternehmens passiviert. Unter Berücksichtigung von Insolvenzrisiken ist der Buchwert in den Zeitpunkten $t = 1, \ldots, T$ durch

$$\widetilde{D}_t^{BW} = \begin{cases} 0 & \text{wenn } f \in \{1, \ldots, t\} \\ D_0^{BW} - \sum_{s=1}^{t-1} \widetilde{R}_s & \text{sonst} \end{cases} \tag{22}$$

gegeben. Abweichend von den Überlegungen des vorangegangenen Abschnitts werden sich Markt- und Buchwert des Fremdkapitals unter Berücksichtigung von Ausfallrisiken im Zeitablauf unterscheiden.[108] Solange das verschuldete Unternehmen keine Insolvenz beantragt, ermittelt sich der Buchwert des Fremdkapitals aus Zahlungen vergangener Zeitpunkte und ist als Restschuld zu interpretieren, wohingegen sich der Marktwert an den zukünftig erwarteten Zahlungen orientiert. Sollte sich das Unternehmen in Zukunft gut (schlecht) entwickeln, so weichen die vertraglich vereinbarten und die erwarteten Zahlungen voneinander ab, was dazu führt, dass der Marktwert des Fremdkapitals über (unter) seinem Buchwert liegen wird. Dieser Zusammenhang ist darauf zurückzuführen, dass die im Finanzierungsvertrag festgelegten Konditionen nicht in Abhängigkeit von der Entwicklung des Unternehmens angepasst werden. Bei einer positiven (negativen) Entwicklung sind die Konditionen besser (schlechter), als wenn neu verhandelt würde. Abbildung 3 verdeutlicht den Zusammenhang für das vorangegangene Beispiel.

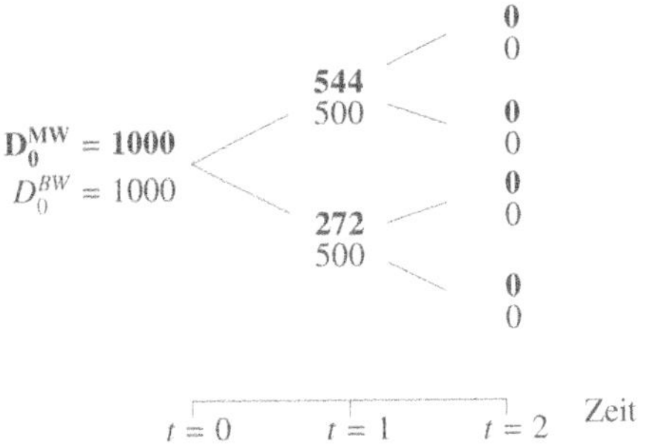

Abbildung 3: Markt- und Buchwert des Fremdkapitals

3.4. Insolvenzkosten

Bevor wir uns damit auseinander setzen, unter welchen Bedingungen eine Insolvenz eintritt, werden wir in diesem Abschnitt zunächst genauer untersuchen, welche Auswirkungen der Ausfall eines Unternehmens hat. Diese Reihenfolge ist notwendig, da wir zur Bestimmung der

[108] Vgl. Rapp (2006, S. 778).

Insolvenzauslöser auf die Ergebnisse der Überlegungen zu Insolvenzkosten zurückgreifen werden. Um den Einfluss einer Insolvenz auf den Unternehmenswert zu analysieren, muss man sich mit den folgenden beiden Fragestellungen beschäftigen.

1. Wie unterscheiden sich die Steuerzahlungen eines verschuldeten und eines unverschuldeten Unternehmens unter Berücksichtigung einer Insolvenz?
2. Welchen Einfluss hat die Insolvenz auf das operative Geschäft?

3.4.1. Steuervorteile bei Insolvenz

In Abschnitt 3.2 wird das Tax Shield unter Vernachlässigung eines Insolvenzrisikos bewertet. Dort wird davon ausgegangen, dass die Abzugsfähigkeit der Fremdkapitalzinsen, auch im Falle einer negativen Bemessungsgrundlage, in jedem Zeitpunkt unmittelbar zu Zahlungen in Höhe der Steuervorteile führt.[109]

Grundsätzlich entspricht der Marktwert des Tax Shields der Summe der Barwerte der erwarteten Steuervorteile. Zur Bewertung des Tax Shields bei Insolvenzrisiko muss dementsprechend bekannt sein, wie die Steuervorteile durch eine Insolvenz beeinflusst werden.[110]

Annahme 13 (Steuervorteil bei Insolvenz) *Der Steuervorteil im Zeitpunkt der Insolvenz ($t = f$) kann in vollem Umfang realisiert werden. Sanierungsgewinne sind nicht zu versteuern.*

Im Falle einer Insolvenz ist es möglich, dass die liquiden Mittel nicht ausreichen, um die fälligen Zinsen zu begleichen. Der erste Teil von Annahme 13 impliziert, dass im Insolvenzfall nicht die tatsächliche Zinszahlung, sondern der Zinsanspruch der Fremdkapitalgeber für eine Reduzierung der Steuerschuld ausschlaggebend ist.[111] Es wird somit keine Rangordnung der Gläubigeransprüche im Insolvenzfall benötigt.[112]

109. Abweichend hierzu betrachten Goldstein et al. (2001, S. 496) unter Berücksichtigung eines Insolvenzrisikos auch den Fall, dass es bei einer negativen Bemessungsgrundlage nicht zu einer Steuererstattung durch die Finanzbehörde kommt. Die Autoren modellieren einen anteiligen Verlust des Tax Shields, bevor das betrachtete Unternehmen Insolvenz anmeldet. Begründet wird dieses Vorgehen mit der Überlegung, dass sich bei einer negativen Entwicklung des Unternehmensergebnisses nicht alle Steuervorteile realisieren lassen. Allerdings wird damit implizit unterstellt, dass ein konstanter Anteil aller zukünftigen Steuervorteile verloren geht. Gerade vor dem Hintergrund, dass sich das operative Geschäft auch wieder erholen kann und keine Insolvenz eintreten muss, überzeugt dies nicht. Bezüglich der Bestimmung des Zeitpunktes des Verlustes der Steuervorteile schweigen sich die Verfasser aus.

110. Eine der ersten Arbeiten, die sich mit einem insolvenzbedingten Verlust von Steuervorteilen beschäftigt, ist Brennan & Schwartz (1978).

111. Vgl. Rapp (2006, S. 776).

112. Bei Kruschwitz et al. (2005, S. 227) rangieren die Steueransprüche im Insolvenzfall vor den Ansprüche der

Betrachten wir den zweiten Teil von Annahme 13. Eine Insolvenz kann dazu führen, dass ein Unternehmen nicht das gesamte Fremdkapital zurückzahlen kann. Da der Finanzierungsvertrag wegen Annahme 12 (Finanzierungsvertrag bei Insolvenz) aufgehoben wird und keine Privathaftung besteht, verzichten die Gläubiger nach der Insolvenz auf alle noch o enen Ansprüche. Dieser Verzicht der Finanziers wird als Sanierungsgewinn bezeichnet und ist nicht zu versteuern.[113]

Mit Annahme 13 ist der Wert des Tax Shields auch im Insolvenzfall einzig von den zukünftigen Fremdkapitalbeständen und den zugehörigen Zinszahlungen abhängig. Eine Veränderung des Barwertes des Tax Shields bei Ausfall kann dementsprechend nur aus einer insolvenzbedingten Veränderung der Finanzierungspolitik folgen. In Abschnitt 3.3 wurde der Einfluss einer Insolvenz auf die Finanzierungspolitik durch Annahme 12 bereits festgelegt. Diese besagt, dass der Kreditvertrag im Insolvenzfall aufgehoben und das Unternehmen unverschuldet fortgeführt wird.[114]

Analog zum Vorgehen in Abschnitt 3.2, ergibt sich der Wert des Tax Shields aus den zukünftigen Steuervorteilen. Wird das risikoneutrale Wahrscheinlichkeitsmaß verwendet, sind die Steuervorteile mit dem risikolosen Zinssatz zu diskontieren

$$\widetilde{V}_t^{Tax} = \sum_{s=t+1}^{T} \frac{E_Q[\widetilde{TB}_s|\mathcal{F}_t]}{(1+r_f)^{s\ t}}. \tag{23}$$

Welche Steuervorteile in Zukunft realisiert werden können, hängt davon ab, ob in der Vergangenheit eine Insolvenz eingetreten ist oder nicht. In allen Zeitpunkten $t = 1, \ldots, T$ gilt der Zusammenhang

$$\widetilde{TB}_t = \begin{cases} 0 & \text{wenn } f \in \{1, \ldots, t\quad 1\} \\ \tau k^d \widetilde{D}_{t\ 1}^{BW,S} & \text{sonst} \end{cases}. \tag{24}$$

Aus den Annahmen 12 und 13 folgt ein vollständiger Verlust des Tax Shields im Insolvenzfall.

Kreditgeber. Homburg et al. (2004, S. 283) unterstellen eine einheitliche Insolvenzquote für alle Gläubiger.

113. In einem Schreiben des Bundesministerium für Finanzen vom 27. März 2003 wird der Erlass einer auf einen Sanierungsgewinn anfallenden Steuerschuld geregelt. Dort liest man:

> "Die Erhebung der Steuer auf einen nach Ausschöpfen der ertragssteuerlichen Verlustverrechnungsmöglichkeiten verbleibenden Sanierungsgewinn i. S. der Rn. 3 bis 5 bedeutet für den Steuerpflichtigen aus sachlichen Billigkeitsgründen eine erhebliche Härte. Die entsprechende Steuer ist daher auf Antrag des Steuerpflichtigen nach § 163 AO abweichend festzusetzen (Satz 3 .) und nach § 222 AO mit dem Ziel des späteren Erlasses (§ 227 AO) zunächst unter Widerrufsvorbehalt ab Fälligkeit (AEAO zu § 240 Nr. 6a) zu stunden (vgl. Rn. 9 bis 11)."

Auch Homburg et al. (2004, S. 280) und Drukarczyk & Schüler (2006, S. 718) verzichten, unter Berufung auf das Schreiben des Bundesministerium für Finanzen, auf die Berücksichtigung eines Sanierungsgewinns. Für ein Modell mit Besteuerung des Sanierungsgewinns vergleiche Kruschwitz et al. (2005).

114. Vgl. hierzu die Ausführungen auf Seite 31.

Ein Großteil der Beiträge, die sich mit Steuervorteilen und riskantem Fremdkapital beschäftigen, arbeitet nach der gleichen Vorgehensweise.[115]

3.4.2. Direkte Insolvenzkosten

Nachdem wir uns damit beschäftigt haben, wie die Steuervorteile durch eine Insolvenz beeinflusst werden, diskutieren wir im Folgenden insolvenzbedingte Kosten.[116] Schauen wir uns zunächst die Kosten an, welche unmittelbar durch die Abwicklung der Insolvenz entstehen können.

3.4.2.1. Definition

Wenn ein Insolvenzverfahren erö net wird, setzt ein Gericht im Allgemeinen übergangsweise einen Insolvenzverwalter ein, um einen objektiven Ablauf des Verfahrens sicherzustellen.[117] Weiterhin kommt es im Zuge des Insolvenzverfahrens zu einer Umverteilung von Vermögenswerten zu Lasten der Eigentümer und zu Gunsten der Fremdkapitalgeber. Da es hierbei oft zu Auseinandersetzungen zwischen Gläubigern und Eignern kommt, müssen zur Abwicklung des Insolvenzverfahrens neben Gerichten meist Anwälte und Gutachter hinzugezogen werden.[118]

All diese Verwaltungs–, Beratungs–, Gerichts– und Anwaltskosten, die im Zusammenhang mit der Verwaltung des Insolvenzverfahrens durch das Unternehmen getragen werden müssen, werden als direkte Insolvenzkosten bezeichnet.[119]

3.4.2.2. Empirische Zusammenhänge

Die direkten Kosten fallen mit Erö nung des Insolvenzverfahrens an. Ihre Ermittlung stellt keine größeren Probleme dar, da Informationen zur ihrer Höhe im Allgemeinen ö entlich zugänglich sind.[120] In der Insolvenzordnung gibt es Vorschriften zu direkten Insolvenzkosten.

---

115. Diese Annahme findet sich bei Brennan & Schwartz (1978), Leland (1994) und Uhrig-Homburg (2001). Anders jedoch bleiben bei Rapp (2006) und Kruschwitz et al. (2005) die Steuervorteile in vollem Umfang erhalten, was in erster Linie aus der Annahme der Beibehaltung der ursprünglichen Finanzierungspolitik resultiert.

116. Einen Überblick zum Thema Insolvenzkosten gibt die Arbeit von Branch (2002).

117. Siehe hierzu § 21 Abs. 2 Zi er 1 InsO, § 27 Abs. 1 InsO oder § 57 InsO. Ausführliche Erläuterungen finden sich in Drukarczyk (2003*a*), Eickmann et al. (2005) oder Wimmer (2006).

118. Vgl. beispielsweise Drukarczyk (2003*a*, S. 534) oder Bigus & Eger (2004, S. 194).

119. Diese Definition der direkten Insolvenzkosten ist weit verbreitet und findet sich unter anderem bei Warner (1977, S. 338), Altman (1984, S. 1070) oder Ross et al. (2002, S. 4256). Abweichend hierzu zählen Haugen & Senbet (1978, S. 385) auch die Aberkennung von Verlustvorträgen zu den direkten Kosten.

120. Vgl. Warner (1977), Lubben (2000), Reimund et al. (2004, S. 4) sowie Bris et al. (2006, S. 4).

Dabei werden die Kosten nach verschiedenen Eigenschaften (Empfänger, Entstehung etc.) strukturiert und teilweise ihrer Höhe nach festgelegt.[121]

Ein Teil der direkten Insolvenzkosten ist davon abhängig, welche Größe ein Unternehmen aufweist. Je größer und komplexer die Struktur ist, desto länger werden Insolvenzverwalter und Wirtschaftsprüfer brauchen, um alle für die Abwicklung der Insolvenz notwendigen Informationen zu sammeln und aufzubereiten. Auch Anwalts- und Gerichtskosten steigen mit zunehmendem Zeitaufwand und Streitwert an. Unterstellt man, dass der Marktwert ein Indikator für die Größe des Unternehmens ist, so fallen die direkten Kosten tendenziell umso höher aus, je höher der Marktwert eines Unternehmens ist.[122] Ihre Bedeutung nimmt jedoch mit zunehmender Größe des Unternehmens immer stärker ab.[123]

Es existieren einige empirische Studien, die auf direkte Insolvenzkosten fokussieren. Die in diesen Untersuchungen verwendeten Daten stammen jedoch fast ausschließlich von amerikanischen Unternehmen.[124] Unseres Wissens nach existieren lediglich zwei Arbeiten, die sich nicht auf Amerika beziehen. Für Deutschland gibt es eine Erhebung von Gessner, Rhode, Strate & Ziegert (1978), welche sich mit der bis zum 1. Januar 1999 gültigen Konkursordnung beschäftigt und daher nicht aktuell ist. Die zweite Arbeit ist Thorburn (2000). In diesem Beitrag wird das schwedischen System zur Abwicklung ausgefallener Unternehmen analysiert. Tabelle 1 gibt einen Überblick zu den empirischen Untersuchungen bezüglich direkter Insolvenzkosten.

Fasst man die Ergebnisse der Untersuchungen zusammen, so erhält man für die direkten Insolvenzkosten Mittelwerte zwischen 5,3% bis 8,4% des Marktwertes beziehungsweise zwischen 1,8% bis 5,6% des Buchwertes des Unternehmens. Wird der Median betrachtet, ergeben sich Verwaltungskosten der Insolvenz in Höhe von 1,7% bis 3,5% für Marktwerte respektive 0,9% bis 3,9% für Buchwerte. Dass der Mittelwert systematisch über dem Median liegt, deutet auf Ausreißer nach oben hin, bei denen die direkten Insolvenzkosten wesentlich höher sind als im Durchschnitt. Obwohl die den verschiedenen Erhebungen zugrunde liegenden Daten aus ei-

121. Siehe hierzu § 54 InsO (Kosten des Insolvenzverfahrens), § 63 InsO (Insolvenzverwalter), § 73 InsO (Gläubigerausschuss), § 171 InsO (Verwertungskosten), § 269 InsO (Überwachung des Insolvenzplanes), § 293 InsO (Treuhänder) und § 310 InsO (Kostenerstattung).

122. Vgl. Betker (1997) sowie Lubben (2000).

123. So schreibt Warner (1977, S. 345) in seiner Untersuchung zu Insolvenzkosten:

> "This evidence suggests that there are substantial fixed costs associated with the railroad bankruptcy process and hence economies of scale with respect to bankruptcy costs."

Auch Betker (1997, S. 59), Reimund et al. (2004, S. 5) sowie Copeland et al. (2005, S. 593) stützen diese Hypothese. Weiss (1990) hingegen kann diesen Zusammenhang nicht bestätigen.

124. Während in Deutschland die Insolvenzordnung regelt, wie bei Unternehmensausfällen zu verfahren ist, kommt diese Aufgabe in Amerika dem seit 1978 gültigen "Bankruptcy Code" zu. Für einen Überblick zum amerikanischen "Bankruptcy Code" vergleiche White (1983, S. 478–479) oder Ross et al. (2002, S. 854–866). Ausführlicher ist die Darstellung in Altman (1993).

	Untersuchungs-gegenstand	**Anzahl der Ausfälle**	**Zeitraum**	**Mittelwert/ Median**	**Bezugsgröße**
Warner (1977)	Ausfälle amerikanischer börsennotierter Eisenbahngesellschaften	11	1933–1958	5,3%/k.A.	Marktwert des Unternehmens bei Ausfall
Gessner et al. (1978)	Konkurse deutscher Unternehmen	ca. 450	1970–1975	3,7%/k.A.	Buchwert der Vermögens-gegenstände bei Ausfall
Altman (1984)	Ausfälle amerikanischer börsennotierter Unternehmen	18	1970–1978	6,2%/3,5%	Marktwert des Unternehmens bei Ausfall
Ang et al. (1982)	Ausfälle amerikanischer Unternehmen im Bundesstaat Oklahoma	55	1963–1979	7,5%/1,7%	Marktwert der Vermögens-gegenstände bei Ausfall
Weiss (1990)	Ausfälle amerikanischer börsennotierter Unternehmen	31	1980–1986	3,1%/ 2,6%	Summe aus Buchwert des Fremdkapitals und Markt-wert des Eigenkapitals zu Ende des letzten Geschäfts-jahres vor Ausfall
Tashjian et al. (1996)	Ausfälle amerikanischer börsennotierter Unternehmen	39	1986–1993	1,9%/1,45%	Buchwert der Vermögens-gegenstände bei Ausfall
Betker (1997)	Ausfälle amerikanischer börsennotierter Unternehmen	152	1986–1993	3,3%/2,8%	Buchwert der Vermögens-gegenstände bei Ausfall
Lubben (2000)	Ausfälle amerikanischer Unternehmen	22	1994	1,8%/0,9%	Buchwert der Vermögens-gegenstände bei Ausfall
Thorburn (2000)	Ausfälle schwedischer Unternehmen	263	1988–1991	5,6%/3,9%	Buchwert der Vermögens-gegenstände bei Ausfall
Bris et al. (2006)	Ausfälle amerikanischer Unternehmen in den Bundesstaaten Arizona und New York	286	1995–2001	8,4%/2,4%	Marktwert des Unternehmens bei Ausfall

Tabelle 1: Empirische Untersuchungen zu direkten Insolvenzkosten

nem sehr großen Zeitraum (1933–2001) sowie unterschiedlichen Ländern stammen (Amerika, Deutschland und Schweden), liegen die Resultate doch nahe beieinander. Die geringen Abweichungen sprechen dafür, dass sich direkte Insolvenzkosten gut prognostizieren lassen.

3.4.2.3. Modellierung

Die empirischen Ergebnisse deuten darauf hin, dass die Kosten der Verwaltung des Insolvenzverfahrens im Allgemeinen weniger als 5% des Marktwertes des Unternehmens im Zeitpunkt des Ausfalls betragen. In der Literatur wird die vorherrschende Meinung vertreten, dass direkte Insolvenzkosten vernachlässigbar sind.[125] Dieser Meinung folgend, werden direkte Insolvenzkosten in der vorliegenden Arbeit nicht berücksichtigt.

3.4.3. Indirekte Insolvenzkosten

Meldet ein Unternehmen Insolvenz an, so wird dies im Allgemeinen nicht ohne Auswirkungen auf das operative Geschäft bleiben. Die hierdurch entstehenden Kosten sind Thema der nachfolgenden Ausführungen.

3.4.3.1. Definition

Die Stakeholder (Mitarbeiter, Lieferanten, Kunden etc.) eines verschuldeten Unternehmens sind dem Risiko ausgesetzt, dass eine Insolvenz negative Konsequenzen für ihre zukünftigen Geschäftsbeziehungen haben kann. Aus diesem Grunde entschließen sie sich, ihre Zusammenarbeit mit dem betro enen Unternehmen zu reduzieren oder zu beenden, falls eine Insolvenz eintritt oder sie diese für wahrscheinlich halten. Die durch diesen Vertrauensverlust ausgelöste Entwicklung führt zu Verlusten im operativen Geschäft, die eine Reduzierung des Unternehmenswertes zur Folge haben. Diese Verluste werden im Allgemeinen als indirekte Insolvenzkosten bezeichnet.[126] Im Folgenden werden verschiedene Ursachen betrachtet, die zur Entstehung indirekter Insolvenzkosten führen können.

Zunächst sind E ekte zu nennen, die zu Umsatzeinbußen führen. Marktanteile gehen verloren, weil Kunden befürchten, dass bei Ausfall die vertraglich zugesagten Leistungen nicht mehr eingehalten werden könnten. Qualifizierte Mitarbeiter verlassen das Unternehmen, um der Entlas-

---

125. Vgl. die Beiträge von Warner (1977), Weiss (1990), Betker (1997) oder Lubben (2000). Drukarczyk & Schüler (2006, S. 734) halten die direkten Insolvenzkosten für wenig bedeutend und bezi ern sie mit 1%–2% vom Marktwert des Unternehmens vor Insolvenz. Zum Stellenwert der direkten Insolvenzkosten resümieren Rathgeber & Wallmeier (2005, S. 526):

> "Dabei sind die direkten Insolvenzkosten ... klein im Verhältnis zum Marktwert des Vermögens, während die indirekten Kosten im Allgemeinen stark ins Gewicht fallen."

126. Warner (1977) spricht in diesem Zusammenhang von "lost opportunities".

sung zuvorzukommen, weshalb Projekte nicht wie geplant umgesetzt werden können. Aufgrund einer schlechten Liquiditätssituation kann es geschehen, dass Investitionen nicht durchgeführt werden können oder Anlagen veräußert werden müssen.[127] In der Literatur werden Umsatzverluste als Hauptursache für die Existenz von indirekten Insolvenzkosten angesehen.[128] Tabelle 2 stellt die Ursachen insolvenzbedingter Umsatzverluste bei Opler & Titman (1994) dar. Die Autoren gehen von drei Gründen für rückläufige Umsätze im Rahmen einer Insolvenz aus.[129]

Explanation of Performance Decline	Explanation	Explanation Predicts Loss of Sales Revenue?	Explanation Predicts Decline in Firm Value?	Other Predictions
Customer driven	Customers and stakeholders abandon the firm	Yes	Yes	Performance decline worse for firms with specialized products
Competitor driven	Competitors reduce prices to gain market share	Yes	Yes	Performance decline worse in concentrated industries
Manager driven	Mangers efficiently downsize by cutting poorly performing assets	Yes	No	Performance decline may be related to firm size

Tabelle 2: Überblick möglicher Ursachen für Umsatzverluste insolvenzbedrohter Unternehmen nach Opler & Titman (1994, S. 1018)

Neben dem Ausbleiben zukünftiger Umsätze kann eine Vielzahl weiterer Probleme auftreten. So können sich beispielsweise erhöhte Finanzierungskosten auf operativer Ebene einstellen, weil Lieferanten und Kunden ihre Zahlungspolitik ändern.[130] Managementkapazitäten können zum Nachteil für das operative Geschäft durch die Insolvenz gebunden werden.[131] Die Veräußerung von Vermögensgegenständen kann aufgrund einer schlechten Verhandlungsposition nur zu einem niedrigen Wert erfolgen.[132] Cutler & Summers (1988) untersuchen die Insolvenz des amerikanischen Ölunternehmens Texaco aus dem Jahre 1987 und beschreiben dort beispielhaft die Ursachen indirekter Insolvenzkosten.[133]

127. Die Arbeiten von Myers (1977, S. 155) und Chen & Merville (1999, S. 288) argumentieren, dass Unternehmen in finanziell kritischen Situationen dazu neigen, Projekte mit positivem Barwert nicht durchzuführen.

128. So beispielsweise in den Studien von Altman (1984), Opler & Titman (1994), Chen & Merville (1999) oder Reimund et al. (2004).

129. Nur kunden– und wettbewerbsinduzierte Umsatzverluste führen bei Opler & Titman (1994, S. 1018) auch zu einer Verringerung des Unternehmenswertes. Sind Umsatzverluste auf Entscheidungen des Managements zurückzuführen, wird hingegen unterstellt, dass unprofitable Projekte eingestellt werden. Die letzte Überlegung widerspricht den Ausführungen von Myers (1977, S. 155) und Chen & Merville (1999, S. 288).

130. Vgl. Pulvino (1998).

131. Vgl. Branch (2002, S. 43).

132. Vgl. Pulvino (1998).

133. Vgl. Cutler & Summers (1988, S. 167).

> "By creating uncertainty about Texaco's long term viability, making it difficult for Texaco to obtain credit, and distracting Texaco's management. ... Some suppliers had demanded cash payments before performance or insisted on secured forms of repayment. Others halted crude shipments temporarily or canceled them entirely. A number of banks had also refused to enter into, or placed restrictions on, Texaco's use of exchange–rate future contracts. ... The increasing deterioration of Texaco's credit and financial condition has made it more and more difficult, with each passing day, for Texaco to continue to finance and operate its business."

3.4.3.2. Empirische Zusammenhänge

Der Zeitpunkt des Auftretens indirekter Insolvenzkosten ist nicht eindeutig. Die Stakeholder können sich schon bei einer schlechten Entwicklung, die tendenziell zu einer Insolvenz führen könnte, vom Unternehmen trennen. Es ist somit möglich, dass Firmen mit einer hohen Insolvenzwahrscheinlichkeit, indirekte Ausfallkosten zu tragen haben unabhängig davon, ob sie letzten Endes ausfallen oder nicht.[134] Das Auftreten indirekter Insolvenzkosten vor Ausfall des Unternehmens verstärkt die negative Entwicklung und erhöht damit seinerseits die Ausfallwahrscheinlichkeit.[135]

Bezüglich der Höhe indirekter Insolvenzkosten ist davon auszugehen, dass diese überwiegend von den Eigenschaften der relevanten Branche bestimmt wird. Wie aus Tabelle 2 ersichtlich ist, nehmen Opler & Titman (1994) an, dass in Branchen mit einer hohen Konzentration sowie mit stark individualisierten Produkten tendenziell mit höheren Insolvenzkosten zu rechnen ist.[136] Die Studie von Altman (1984) kommt zu unterschiedlichen Insolvenzkosten in Abhängigkeit von der betrachteten Branche.[137]

Im Gegensatz zu direkten Insolvenzkosten existieren nur wenige Untersuchungen zur Höhe indirekter Insolvenzkosten. Diese Arbeiten beziehen sich mit einer Ausnahme, die sich mit Deutschland beschäftigt, alle auf amerikanische Unternehmen. Tabelle 3 fasst die relevanten Studien zusammen.

Indirekte Insolvenzkosten können aus einer Reihe unterschiedlicher Ursachen sowie zu verschiedenen Zeitpunkten entstehen. Sie sind deshalb ihrer Natur nach nur schwer zu quantifizieren.[138] Dementsprechend liegen die Ergebnisse der Studien in Tabelle 3 weit auseinander.

---

134. Vgl. beispielsweise Altman (1984, S. 1071) oder Chen & Merville (1999, S. 277). Die Studien von Opler & Titman (1994) sowie Reimund et al. (2004) beschäftigen sich explizit mit der Ermittlung von indirekten Insolvenzkosten, die vor dem Ausfall des Unternehmens entstehen.

135. Weckbach (2004, S. 61) beschreibt diesen Kreislauf ausführlich.

136. Vgl. Opler & Titman (1994, S. 1017).

137. Vgl. Altman (1984, S. 1074). Ähnliche Ergebnisse findet man bei Reimund et al. (2004).

138. Bei Warner (1977, S. 56) liest man:

> "The indirect costs of bankruptcy are mainly lost opportunities, they are inevitably difficult, if not

	Untersuchungs-gegenstand	Anzahl der Beobachtungen	Zeitraum	Mittelwert/ Median	Bezugsgröße
Altman (1984)	Ausfälle amerikanischer börsennotierter Unternehmen	18	1970–1978	10,5%/7,3%	Marktwert des Unternehmens bei Ausfall
Cutler & Summers (1988)	Ausfall des amerikanischen Unternehmens Texaco	1	1987	ca. 30%/k.A.	Marktwert des Unternehmens drei Jahre vor Ausfall
Andrade & Kaplan (1998)	Ausfälle amerikanischer börsennotierter Unternehmen	31	1980–1989	9,8%/24,3%	Summe aus Buchwert des Fremdkapitals und Marktwert des Eigenkapitals zu Ende des letzten Geschäftsjahres vor Ausfall
Cays (2001)	Ausfälle amerikanischer Unternehmen	16	1992–2000	25,8%/k.A.	Summe aus Buchwert des Fremdkapitals und Marktwert des Eigenkapitals zu Ende des letzten Geschäftsjahres vor Ausfall
Reimund et al. (2004)	Analystenprognosen deutscher börsennotierter Unternehmen des DAX100	46	1999–2010 (basierend auf Analystenprognosen)	28,6%/44,1%	Marktwert des Unternehmens im Jahr 1999
Bris et al. (2006)	Ausfälle amerikanischer Unternehmen in den Bundesstaaten Arizona und New York	286	1995–2001	-1,2%/24%	Abnahme des Buchwertes der Vermögensgegenstände während des Insolvenzverfahrens

Tabelle 3: Empirische Untersuchungen zu indirekten Insolvenzkosten

Wir wollen diesen Zusammenhang durch den Vergleich zweier Studien verdeutlichen. Reimund et al. (2004) ermitteln durchschnittliche indirekte Insolvenzkosten in Höhe von 28,6% des Marktwertes des Unternehmens. Die Studie von Bris et al. (2006) hingegen kommt zum dem Resultat, dass der Buchwert der Vermögensgegenstände während des Insolvenzverfahrens um 1,2% zunimmt. Diese starken Abweichungen sind in erster Linie auf die unterschiedlichen Ansätze der Untersuchungen bezüglich Definition und Enstehungszeitpunkt indirekter Insolvenzkosten zurückzuführen. So arbeiten beispielsweise Reimund et al. (2004) mit Analystenprognosen und berücksichtigen dabei die Erwartungen des Marktes. Es spielt keine Rolle, ob die betrachteten Unternehmen wirklich ausfallen.[139] Bris et al. (2006) hingegen verwenden Daten, welche der Schuldner zu Verfahrenserö nung auf dem Insolvenzantrag vermerkt. Dabei weisen sie darauf hin, dass beim Ausfüllen des Insolvenzantrages Wahlrechte für den Schuldner bestehen, was zu einer Verzerrung der Ergebnisse führt.[140]

Unabhängig von den Problemen bei der Messung indirekter Insolvenzkosten kommt die theoretische und empirische Literatur zu dem Ergebnis, dass indirekte Insolvenzkosten, im Gegensatz zu direkten Insolvenzkosten, einen erheblichen Einfluss auf den Unternehmenswert haben.[141]

3.4.3.3. Modellierung

Aus Vereinfachungsgründen werden wir einzig die im Zeitpunkt des Ausfalls auftretenden indirekten Insolvenzkosten berücksichtigen. Die durch indirekte Insolvenzkosten verursachten Zahlungen bezeichnen wir mit $\widetilde{BC}_t$. Der Marktwert aller zukünftigen Insolvenzkosten wird mit $\widetilde{V}_t^{BC}$ dargestellt. Die Insolvenzkosten führen in Form einer Verschlechterung des operativen Geschäftes zu geringeren zukünftigen Cashflows. Um diesen E ekt im Modell zu berücksichtigen, werden wir eine systematische Veränderung annehmen. Im Folgenden gehen wir davon aus, dass sich im Falle einer Insolvenz alle zukünftigen Cashflows um den gleichen Anteil verringern.

Annahme 14 (Insolvenzkosten) *Die im Zeitpunkt $t = f$ auftretenden Insolvenzkosten $\widetilde{BC}_t$ reduzieren die zukünftigen freien Cashflows ohne Steuervorteile ($\widetilde{FCF}_t^u\ \forall\ t > f$) um den gleichen Anteil* $\in [0, 1[$*, so dass in allen Zeitpunkten $t = 1, \ldots, T$*

$$\widetilde{BC}_t = \begin{cases} \ \widetilde{FCF}_t^u & \text{wenn } f \in \{1, \ldots, t \quad 1\} \\ 0 & \text{sonst} \end{cases} \tag{25}$$

impossible to measure."

Auch Altman (1984, S. 1079), Reimund et al. (2004, S. 2) und Bris et al. (2006, S. 8) vertreten diese Meinung.

139. Vgl. Reimund et al. (2004, S. 18).

140. Vgl. Bris et al. (2006, S. 12).

141. Siehe hierzu beispielsweise Altman (1984, S. 1071), Chen & Merville (1999, S. 277), Branch (2002, S. 29) oder Ross et al. (2002, S. 426).

gilt. Auch unter Berücksichtigung von Insolvenzkosten übertri t der Fortführungs– den Liquidationswert in allen Zeitpunkten.

Annahme 14 impliziert, dass die Unternehmensleitung auch nach einer Insolvenz das Risiko ihrer Investitionspolitik beibehält, da sich nur die Höhe der Cashflows, nicht aber ihre Verteilung ändert.[142] Abbildung 4 veranschaulicht den Einfluss der Insolvenzkosten auf die Cashflows anhand eines Binomialmodells. Die Insolvenz tritt im Zeitpunkt $t+1$ bei einer Abwärtsbewegung des Cashflows ein. Die fett gekennzeichneten Zustände in den Zeitpunkten $t+2$ und $t+3$ berücksichtigen indirekte Insolvenzkosten.

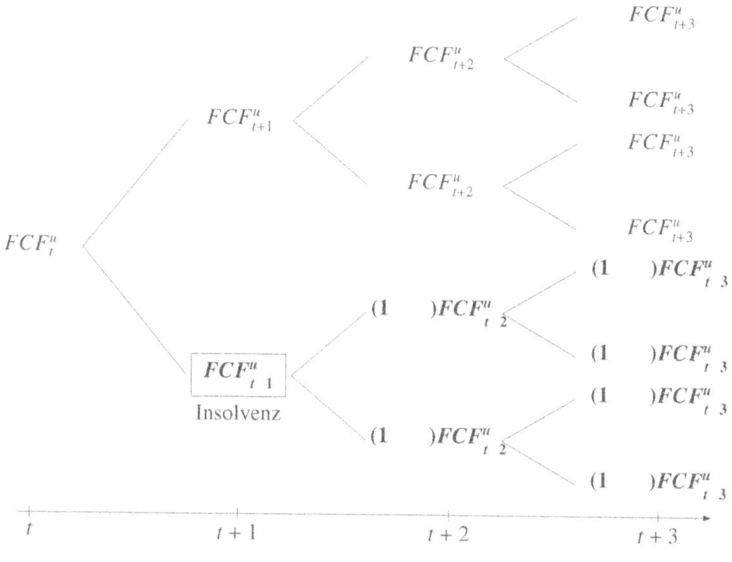

Abbildung 4: Auswirkung einer Insolvenz auf die Cashflows ohne Steuervorteile

Weiterhin folgt aus Annahme 14, dass die Entstehung der Insolvenzkosten einen dauerhaften Einfluss auf den Wert des Unternehmens hat. Ein Kunde, der aufgrund einer Insolvenz abwandert, kehrt bei einer guten Geschäftsentwicklung somit später nicht zum Unternehmen zurück.

142. Bhagat, Moyen & Suh (2005, S. 450) zeigen in einer empirischen Untersuchung, dass sich das Investitionsverhalten insolvenzgefährdeter Unternehmen nicht ändert, solange sie ein positives operatives Ergebnis aufweisen. Bei Drukarczyk (2002, S. 454) liest man hierzu:

> "Die zentrale Aufgabe eines Insolvenzen bewältigenden Regelsystems ist es, ... die Beteiligten nach Eintritt der Insolvenz so handeln zu lassen, als träfe ein (rationaler) Investor die Entscheidung."

Der Parameter kann in Abhängigkeit von den erwarteten Ausfallkosten gewählt werden, um branchenspezifische Insolvenzkosten zu berücksichtigten.[143] Mit Annahme 14 können wir unter Verwendung der risikoneutralen Wahrscheinlichkeiten für den Marktwert der Insolvenzkosten bei $f \in \{1, \dots, t\}$

$$\begin{aligned} \widetilde{V}_t^{BC} &= \sum_{s=t+1}^{T} \frac{E_Q[\widetilde{BC}_t|\mathcal{F}_t]}{(1+r_f)^{s\ t}} \\ &= \sum_{s=t+1}^{T} \frac{E_Q[\ \widetilde{FCF}_t^u|\mathcal{F}_t]}{(1+r_f)^{s\ t}} \\ &= \widetilde{V}_t^u \end{aligned} \qquad (26)$$

schreiben.

Abschließend benötigen wir eine Annahme, um den Einfluss der Insolvenz auf das verschuldete Unternehmen zu begrenzen und Brancheneinflüsse zu vermeiden.

Annahme 15 (Kapitalkosten bei Insolvenz) *Der Ausfall des verschuldeten Unternehmens hat keinen Einfluss auf die Cashflows und die Kapitalkosten des unverschuldeten Unternehmens.*

Damit ist das operative Geschäft eines unverschuldeten Unternehmens unabhängig vom Ausfall eines Wettbewerbers. Diese Annahme stellt sicher, dass das operative Risiko der Branche durch eine Insolvenz nicht verändert wird.

Entgegen dieser Überlegung sehen Opler & Titman (1994) einen möglichen Grund für insolvenzbedingte Umsatzverluste gerade in einem verstärkten Konkurrenzkampf.[144] Auch existieren einige empirische Untersuchungen, die in der Lage sind, einen positiven E ekt zwischen der Ankündigung einer Insolvenz und Steigerungen der Unternehmenswerte der Wettbewerber aufzuzeigen.[145] Unseres Wissens existiert bisher kein Modell, das einen Zusammenhang zwischen dem Ausfall eines Unternehmens und Wertveränderungen seiner Wettbewerber modelliert. Aus Vereinfachungsgründen wird in dieser Arbeit von Annahme 15 ausgegangen.

3.5. Insolvenzkriterien

Wir betrachten zunächst die rechtlichen Aspekte der Insolvenz. Wann ein Unternehmen Insolvenz anmelden muss, wird in Deutschland durch die Insolvenzordnung geregelt.[146] Die Aufgabe der Insolvenzordnung besteht darin, die Interessen der Gläubiger zu schützen.[147] Dies ist

143. Vgl. hierzu beispielsweise den Beitrag von Altman (1984).
144. Vgl. Tabelle 2.
145. So etwa die empirischen Arbeiten von Lang & Stulz (1992) sowie Cheng & McDonald (1996).
146. Die Insolvenzordnung hat am 1. Januar 1999 die seit 1877 gültige Konkursordnung abgelöst.
147. Vgl. Drukarczyk (2003*a*, S. 513) sowie Drukarczyk & Schüler (2000, S. 98).

notwendig, da die Eigner beziehungsweise das Management die alleinige Entscheidungsgewalt über ein Unternehmen haben. Die Fremdkapitalgeber haben keine Möglichkeit, direkten Einfluss auf die Unternehmenspolitik auszuüben. Da die Inhaber nur beschränkt haften, kann diese einseitige Verteilung von Entscheidungsrechten zu Lasten der Fremdkapitalgeber ausgenutzt werden.[148] Deshalb soll die Insolvenzordnung verhindern, dass den Gläubigern Verluste durch opportunistisches Verhalten der Eigner entstehen.[149] In § 1 InsO werden die Ziele des Insolvenzverfahrens formuliert. Dort heißt es:

> "Das Insolvenzverfahren dient dazu, die Gläubiger eines Schuldners gemeinschaftlich zu befriedigen, indem das Vermögen des Schuldners verwertet und der Erlös verteilt oder in einem Insolvenzplan eine abweichende Regelung insbesondere zum Erhalt des Unternehmens getro en wird."

Der Gläubigerschutz ist als primäres Ziel der Insolvenzordnung anzusehen. Dem Erhalt des Unternehmens durch einen Insolvenzplan kommt nur eine untergeordnete Rolle zu.[150] Neben dem Rückgri auf das staatliche Insolvenzrecht, können die Fremdkapitalgeber ihre Interessen auch durch im Finanzierungsvertrag festgehaltene Sicherungsklauseln, so genannte "Bond Covenants", wahren.[151] Bei Sicherungsklauseln handelt es sich um individuelle vertragliche Regelungen, die gezielt den Entscheidungsspielraum der Eigner reduzieren, um möglichen Handlungen zu Lasten der Fremdkapitalgeber vorzubeugen. Dabei haben Sicherungsklauseln gegenüber der Insolvenzordnung den Vorteil, dass die Vereinbarungen besser auf die jeweilige Situation des Unternehmens abgestimmt werden können.[152] Wir konzentrieren uns im Folgenden auf die Insolvenzordnung.

Um den Schutz der Gläubiger zu gewährleisten, gibt die Insolvenzordnung vor, wann ein Unternehmen Insolvenz anmelden muss.[153] Es werden drei Kriterien definiert, die zur Auslösung

148. Zur Problematik der Agency Costs siehe beispielsweise Jensen & Meckling (1976) oder Jensen (1986). Einen Überblick zu Verhaltensrisiken im Zusammenhang mit Unternehmensausfällen gibt Uhrig-Homburg (2001, S. 10 .).

149. Bei Drukarczyk (2002, S. 444) liest man hierzu: "Das Bemühen des Gesetzgebers, Gläubiger von haftungsbeschränkten Schuldnern bei der Verteidigung gegen postvertraglich auftauchende Risiken zu unterstützen, ist bekannt."

150. Zum Stellenwert des Insolvenzplans vergleiche Drukarczyk (1998).

151. Ausführung zum Thema Sicherungsklauseln finden sich bei Black & Cox (1976, S. 355), Drukarczyk (1993, S. 328) und Thießen (1996).

152. Thießen (1996, S. 30) merkt in diesem Zusammenhang an, dass sich Bond Covenants für jede Branche, für jedes einzelne Unternehmen und für jeden Kreditvertrag maßschneidern lassen.

153. Drukarczyk (2002, S. 445) beschreibt die Voraussetzung zur Anmeldung einer Insolvenz wie folgt:

> "Aus ökonomischer Sicht muss ein Auslösetatbestand einen Unternehmenszustand beschreiben, der den Wert der Position der Gläubiger des Unternehmens als so weit gemindert ausweist, dass kollektive Aktion geboten erscheint."

eines Insolvenzverfahrens führen können. Wir werden diese Kriterien als Insolvenz– oder Ausfallkriterien bezeichnen. Neben der Zahlungsunfähigkeit (§ 17 InsO) sind dies die drohende Zahlungsunfähigkeit (§ 18 InsO) und die Überschuldung (§ 19 InsO). Während bei Zahlungsunfähigkeit und Überschuldung für den Schuldner die Pflicht zur Anmeldung einer Insolvenz besteht, gibt es bei drohender Zahlungsunfähigkeit ein Auslösewahlrecht. Ob ein Unternehmen Insolvenz anmeldet oder nicht, liegt bei drohender Zahlungsunfähigkeit damit im Ermessen der Eigner.[154]

Bevor wir uns den modelltheoretischen Überlegungen zuwenden, betrachten wir, welche Ausfallursachen empirisch relevant sind. Unseres Wissens gibt es keine Erhebung, die sich mit Insolvenzauslösern deutscher Unternehmen beschäftigt, weshalb auf eine internationale Studie zurückgegri en wird.[155] Tabelle 4 stellt die Ursachen für den Ausfall von 371 internationalen Unternehmen aus den Jahren 1999 bis 2003 dar.[156] Alle betro enen Unternehmen wurden durch Moody's beziehungsweise S&P geratet. Aus der Erhebung kann einzig auf Zahlungsunfähigkeit, nicht aber auf Überschuldung geschlossen werden. Wie zu entnehmen ist, stellt in der Praxis Zahlungsunfähigkeit die am häufigsten zu beobachtenden Ausfallursache dar.

	Zahl der Beobachtungen	**Häufigkeit**
I. Ausfallursachen		
Säumige Zinszahlung	203	54,7%
Säumige Tilgungs– und Zinszahlung	8	2,2%
Säumige Tilgungszahlung	6	1,6%
Zahlungsunfähigkeit	**∑217**	**∑58,5%**
Chapter 11	90	24,3%
Sonstige	64	17,2%
Gesamt	**∑371**	**∑100%**

Tabelle 4: Empirische Erhebung zu Ausfallursachen internationaler Unternehmen nach Güttler & Wahrenburg (2005, S. 22)

Zur Modellierung der Ausfallkriterien orientieren wir uns an der Insolvenzordnung. Da es bei drohender Zahlungsunfähigkeit von der Entscheidung der Eigentümern abhängt, ob eine Insolvenz eintritt, werden nur Überschuldung und Zahlungsunfähigkeit berücksichtigt.[157] Drohende

154. Vgl. Drukarczyk & Schüler (2000, S. 108).

155. Für eine Studie, welche die Unterschiede internationaler Insolvenzordnungen und ihre Auswirkungen auf Kreditverträge untersucht, siehe Davydenko & Franks (2006).

156. Vgl. Güttler & Wahrenburg (2005, S. 22).

157. Ein Großteil der wissenschaftlichen Beiträge, die sich mit Unternehmensausfällen beschäftigen, lassen einzig Überschuldung als Ausfallkriterium zu. Beispielhaft für die zahlreichen Arbeiten, die Überschuldung als

Zahlungsunfähigkeit kann vernachlässigt werden, da die Eigner in unserem Modell nie daran interessiert sind, das Unternehmen ausfallen zu lassen, weil die Ansprüche der Gläubiger im Insolvenzfall bevorzugt bedient werden. Dies wird klar, wenn wir den Wert des Eigenkapitals bei Ausfall mit dem bei Fortführung vergleichen. Wir betrachten den Fall, dass ein Unternehmen Insolvenz anmeldet, bevor der freie Cashflow an die Kapitalgeber verteilt wurde. Die Insolvenzmasse besteht mit den Annahmen 11 (Keine Privathaftung), 12 (Finanzierungsvertrag bei Insolvenz), 13 (Steuervorteil bei Insolvenz) und 14 (Insolvenzkosten) aus dem Marktwert des unverschuldeten Unternehmens, abzüglich der Insolvenzkosten sowie zuzüglich des freien Cashflows des verschuldeten Unternehmens. Verbleibt etwas von der Insolvenzmasse, nachdem die Finanziers die ihnen vertraglich zustehenden Zahlungen erhalten haben, so bekommen die Eigner das Residuum. Andernfalls steht ihnen nichts zu. Damit gilt für den Marktwert des Eigenkapitals im Insolvenzfall

$$\widetilde{EK}_t^l = \max\left[(1 \quad)\widetilde{V}^u + \widetilde{FCF}_t^{l,S} \quad \widetilde{I}_t \quad \widetilde{R}_t \quad \widetilde{D}_t^{MW}, 0\right]. \tag{27}$$

Bei Fortführung ergibt sich der Marktwert des Eigenkapitals durch

$$\widetilde{EK}_t^l = \widetilde{V}_t^l + \widetilde{FCF}_t^{l,S} \quad \widetilde{I}_t \quad \widetilde{R}_t \quad \widetilde{D}_t^{MW}. \tag{28}$$

Um die letzten beiden Terme miteinander vergleichen zu können, müssen wir uns überlegen, dass die Eigner von ihrem Wahlrecht zur Anmeldung der Insolvenz nur dann Gebrauch machen können, wenn der Marktwert des Eigenkapitals positiv ist. Andernfalls läge im Modell keine (drohende) Zahlungsunfähigkeit vor, sondern das Unternehmen wäre überschuldet und müsste Insolvenz anmelden.[158] Da der Wert des Tax Shields immer positiv ist, und für den Parameter ≥ 0 gilt, folgt

$$\widetilde{V}_t^l > (1 \quad)\widetilde{V}^u.$$

Ist das Unternehmen nicht überschuldet, so ist der Marktwert des Eigenkapitals unter den getroffenen Annahmen nach Gleichung (28) immer größer als nach (27). Die Eigner werden deshalb nie freiwillig Insolvenz anmelden, da sich Insolvenzkosten immer zuerst auf den Marktwert des Eigenkapitals auswirken.[159]

Wir beschäftigen uns nun damit, wann im Modell eine Überprüfung der beiden Insolvenzkriterien stattfindet. Hierzu nehmen wir an, dass in jedem Zeitpunkt untersucht wird, ob das Unternehmen Insolvenz anmelden muss. Dabei wird wie folgt vorgegangen. Nachdem sich der freie

Insolvenzauslöser verwenden, sind Merton (1974), Brennan & Schwartz (1978) und Goldstein et al. (2001) zu nennen. Eine Arbeit, die ebenfalls Überschuldung und Zahlungsunfähigkeit betrachtet, ist Uhrig-Homburg (2001, S. 109 .). Für einen Überblick zu den in Strukturmodellen verwendeten Insolvenzauslösern vergleiche Uhrig-Homburg (2002, S. 44).

158. Siehe hierzu die Ausführungen auf Seite 52.

159. Siehe hierzu Dangl & Zechner (2004, S. 189).

Cashflow im Zeitpunkt t realisiert hat, wird geprüft, ob das Unternehmen die im Finanzierungsvertrag vereinbarten Zahlungen leisten kann oder zahlungsunfähig ist. Ist das Unternehmen in der Lage, die Finanziers vollständig zu bedienen, so wird der freie Cashflow an Fremd– und Eigenkapitalgeber ausgezahlt, andernfalls wird Insolvenz angemeldet. Nach Ausschüttung wird dann geprüft, ob das Unternehmen überschuldet ist und gegebenenfalls ein Insolvenzantrag gestellt. Eine Verschleppung der Insolvenz durch den Schuldner betrachten wir nicht. Abbildung 5 veranschaulicht die Überprüfung auf Insolvenz.

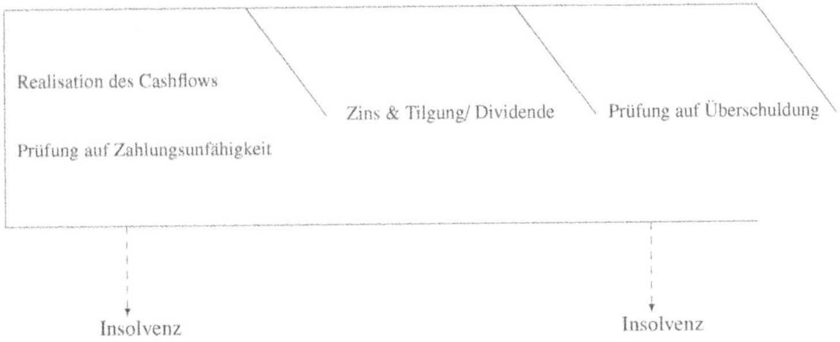

Abbildung 5: Überprüfung auf Insolvenz

In der Literatur wird zwischen endogenen und exogenen Ausfallkriterien unterschieden.[160] Ein endogenes Ausfallkriterium liegt vor, wenn die Kapitalgeber unmittelbar vor Ausfall des Unternehmens Einfluss darauf nehmen können, ob eine Insolvenz angemeldet wird oder nicht. Exogene Ausfallkriterien hingegen lassen den Kapitalgebern keine Handlungsspielräume zur Abwendung einer Insolvenz. In den beiden nachfolgenden Abschnitten werden Überschuldung und Zahlungsunfähigkeit als exogene Ausfallkriterien modelliert.[161]

3.5.1. Überschuldung

Befassen wir uns zunächst mit juristischen Aspekten der Überschuldung. Wie im vorangegangenen Abschnitt ausgeführt wurde, dient das Insolvenzrecht dazu, die Interessen der Gläubiger zu schützen. Aus diesem Grunde schreibt der Gesetzgeber vor, dass ein Unternehmen Insol-

160. Vgl. Black & Cox (1976, S. 352) sowie die Erläuterungen in Abschnitt 2.2.

161. Arbeiten, die den Weg über einen exogenen Insolvenzauslöser beschreiben, sind Merton (1974), Kim, Ramaswamy & Sundaresan (1993), Longsta & Schwartz (1995) und Schöbel (1999). Die Modellierung endogener Insolvenzauslöser findet sich bei Black & Cox (1976), Leland (1994), Goldstein et al. (2001) oder Uhrig-Homburg (2001).

venz anmelden muss, sobald es überschuldet ist.[162] In der Begründung heißt es, der Tatbestand der Überschuldung soll den Gläubigern ein bestimmtes Haftungsvermögen erhalten.[163] Bei Überschuldung werden die Vermögenswerte mit den Gläubigeransprüchen verglichen. Wie aber werden die Ansprüche der Fremdkapitalgeber und die Vermögenswerte quantifiziert und wann reichen letztere nicht mehr aus, um erstere zu bedienen?[164] In der Insolvenzordnung heißt es in §19:

> "Überschuldung liegt vor, wenn das Vermögen des Schuldners die bestehenden Verbindlichkeiten nicht mehr deckt. Bei der Bewertung des Vermögens des Schuldners ist jedoch die Fortführung des Unternehmens zugrunde zu legen, wenn diese nach den Umständen überwiegend wahrscheinlich ist."

Bei der Modellierung orientieren wir uns an der juristischen Formulierung. Die Ansprüche der Fremdkapitalgeber werden als die bestehenden Verbindlichkeiten bezeichnet. Im Modell resultieren die bestehenden Verbindlichkeiten aus dem in $t = 0$ geschlossenen Finanzierungsvertrag. Dementsprechend werden wir die bestehenden Verbindlichkeiten des Unternehmens mittels des in der Bilanz ausgewiesenen Buchwertes quantifizieren.[165]

Um ein Überschuldungskriterium definieren zu können, wird der Unternehmenswert benötigt, den wir mit dem Buchwert des Fremdkapitals vergleichen müssen. In der Insolvenzordnung wird der Fortführungswert als Bezugspunkt vorgeschlagen, wenn ein Fortbestand der Unternehmens wahrscheinlich ist. Im Modell ist dies der Fall, da wir in Annahme 6 (Lebensdauer) vorausgesetzt haben, dass der Fortführungswert den Liquidationswert immer übersteigt. Wir vernachlässigen an dieser Stelle Insolvenzrisiken bei der Ermittlung des Fortführungswertes, damit es später in Abschnitt 3.6 möglich ist, analytische Lösungen zu bestimmen.[166] Zur Berechnung des Fortführungswertes des verschuldeten Unternehmens ist unter diesen Voraussetzungen Gleichung (18) zu verwenden. Wir fassen die Überlegungen zum Überschuldungskriterium in der folgenden Annahme zusammen.

---

162. Überschuldung ist nur für Kapitalgesellschaften ein Auslösetatbestand. Siehe hierzu Bigus & Eger (2004, S. 1).
163. Vgl. Eickmann et al. (2005, S. 112 .).
164. Bei Drukarczyk & Schüler (2003, S. 3) liest man hierzu, dass es darauf ankommt, ob die Diskrepanz zwischen dem eingesetzten Kapital und den Entscheidungsrechten der Eigner unverhältnismäßig ist.
165. Drukarczyk (1981, S. 235) schreibt zur Auslösung einer Insolvenz durch Überschuldung:

    > "Unbestritten ist, dass ... Schulden durch Bilanzen zu messen sind."

    Arbeiten, die Überschuldung ebenfalls mittels des Buchwertes messen, sind Merton (1974), Brennan & Schwartz (1978) und Uhrig-Homburg (2001). Black & Cox (1976) und Leland (1994) hingegen verwenden Marktwerte.
166. Andernfalls würde der Ausfall eines Unternehmens von der Höhe der Insolvenzkosten abhängen. Deren Wert ist uns jedoch nicht bekannt, sondern soll erst ermittelt werden.

Annahme 16 (Überschuldung) *In einem Zeitpunkt $t = 1, \ldots, T$ liegt Überschuldung vor, wenn der Marktwert des unverschuldeten Unternehmens zuzüglich des Barwertes des Tax Shields unter Vernachlässigung von Ausfallrisiken unter den Buchwert des Fremdkapitals sinkt*

$$\widetilde{D}_t^{BW,S} > \widetilde{V}_t^{l,S} \, .$$

Auflösen der Ungleichung aus Annahme 16 nach dem Marktwert des unverschuldeten Unternehmens führt zu

$$\begin{aligned}
\widetilde{D}_t^{BW,S} &> \widetilde{V}_t^{l,S} \\
\widetilde{D}_t^{BW,S} &> \widetilde{V}_t^{u} + \widetilde{V}_t^{Tax,S} \\
\widetilde{D}_t^{BW,S} &> \widetilde{V}_t^{u} + \sum_{s=t+1}^{T} \frac{\tau k^d E_Q[\widetilde{D}_{s-1}^{BW,S} | \mathcal{F}_t]}{(1 + r_f)^{s-t}} \\
\widetilde{V}_t^{u} &< \underbrace{\widetilde{D}_t^{BW,S} - \tau k^d \sum_{s=t+1}^{T} \frac{E_Q[\widetilde{D}_{s-1}^{BW,S} | \mathcal{F}_t]}{(1 + r_f)^{s-t}}}_{\widetilde{id}_t} \, .
\end{aligned} \tag{29}$$

Im Folgenden werden wir $\widetilde{id}_t$ als Insolvenz– oder Ausfallkriterium für Überschuldung bezeichnen. Ist Ungleichung (29) erfüllt, so muss das Unternehmen Insolvenz anmelden. Es gibt gemäß Annahme 8 (Finanzierungsvertrag) nach Vertragsabschluss keinen Verhandlungsspielraum zwischen Eigen– und Fremdkapitalgebern. Aus diesem Grund unterliegt der Ausfall bei Überschuldung nicht der Entscheidung der Kapitalgeber, sondern wird durch rechtliche Gegebenheiten exogen vorgegeben.

Abschließend wollen wir uns damit beschäftigen, wie die Insolvenzmasse bei Überschuldung zu bestimmen ist. Da die Prüfung auf Überschuldung, wie in Abbildung 5 dargestellt, nach Ausschüttung des freien Cashflow erfolgt, fließt dieser nicht in die Insolvenzmasse ein. Jedoch haben die Fremdkapitalgeber in diesem Fall Zins– und Tilgungszahlungen bereits erhalten. Die den Finanziers nach Ausfall zustehende Insolvenzmasse in $t = f$ besteht aus dem Marktwert des unverschuldeten Unternehmens abzüglich des durch Gleichung (26) gegebenen Marktwertes der Insolvenzkosten. Da ein insolventes Unternehmen mit Annahme 12 (Finanzierungsvertrag bei Insolvenz) unverschuldet fortgeführt wird, ist kein Tax Shield zu berücksichtigen, so dass

$$\begin{aligned}
\widetilde{M}_t &= \widetilde{V}_t^{u} - \widetilde{V}_t^{BC} \\
&= (1 \quad)\widetilde{V}_t^{u}
\end{aligned} \tag{30}$$

folgt.

3.5.2. Zahlungsunfähigkeit

Aus juristischer Perspektive liegt Zahlungsunfähigkeit vor, wenn der Kreditnehmer den im Finanzierungsvertrag vereinbarten monetären Leistungen nicht nachkommen kann. Dies ist der Fall, wenn Zahlungsverpflichtungen in Form von Zins und Tilgung nicht fristgerecht oder vollständig beglichen werden können. Eine solche Vertragsverletzung durch den Schuldner ist als Ausfall anzusehen.[167] In § 17 InsO findet sich folgende Formulierung:

> "Der Schuldner ist zahlungsunfähig, wenn er nicht in der Lage ist, die fälligen Zahlungspflichten zu erfüllen. Zahlungsunfähigkeit ist in der Regel anzunehmen, wenn der Schuldner seine Zahlungen eingestellt hat."

In einem Urteil von 1956 wird der BGH noch deutlicher: "[Unter Zahlungsunfähigkeit versteht man] das auf dem Mangel an Zahlungsmitteln beruhende Unvermögen des Schuldners, seine sofort zu erfüllenden Geldschulden noch im Wesentlichen zu berichtigen."[168] Die Insolvenzordnung bezieht sich mit § 17 InsO sowohl auf Zahlungsverpflichtungen aus dem operativen Geschäft wie auch aus dem Finanzierungsvertrag.

Abweichend von der Insolvenzordnung werden wir Zahlungsunfähigkeit so modellieren, dass sie nur dann eintritt, wenn die im Kreditvertrag vereinbarten Zahlungen nicht geleistet werden. Weitere Ursachen für Zahlungsunfähigkeit werden nicht berücksichtigt, da mit Annahme 6 (Lebensdauer) eine Insolvenz nicht durch das operative Geschäft ausgelöst werden kann. Dies ist sinnvoll, um Investitions- und Finanzierungsentscheidungen getrennt voneinander analysieren zu können.

Um Liquiditätsengpässe zu erkennen, muss man sich fragen, welche Mittel für die Zahlungen an die Fremdkapitalgeber verwendet werden können. Zum einen ist dies der in der Periode erzielte freie Cashflow aus dem operativen Geschäft. Was jedoch, wenn diese finanziellen Mittel nicht ausreichen, um Zins und Tilgung zu leisten? Wie aus Annahme 4 (Finanzierungs- und Investitionspolitik) hervorgeht, kann die Investitionspolitik nicht geändert werden, so dass die Veräußerung von Unternehmensvermögen oder das Aufschieben geplanter Investitionen nicht in Frage kommt. Andernfalls würde der Investitionsplan des verschuldeten Unternehmens von dem des unverschuldeten abweichen. Eine sinnvolle Analyse der Einflüsse aus Fremdfinanzierung wäre dann nicht möglich, da das operative Geschäft nicht mehr zu vergleichen wäre. Nach Annahme 8 (Finanzierungsvertrag) sind die Konditionen des Finanzierungsvertrages unveränderbar festgelegt. Eine Anpassung der Zins- und Tilgungsleistungen steht somit ebenso wenig zur Disposition wie eine Umschuldung durch neue Gläubiger.

---

167. Vgl. Uhrig-Homburg (2001, S. 14).

168. Siehe BGH-Urteil vom 5.11.1956.

Einzig die Eigner könnten eine Insolvenz verhindern. Wie in Abschnitt 3.5 gezeigt wurde, ist es bei positivem Eigenkapital im Interesse der Eigner, eine Insolvenz zu vermeiden, da sie sonst, aufgrund der nachrangigen Bedienung des Eigenkapitals, bei Ausfall schlechter gestellt wären. Sollten sich die Eigenkapitalgeber entschließen, die Insolvenz des Unternehmens zu verhindern, so kann dies auf zwei Wegen geschehen. Die erste Variante ist eine Eigenkapitalerhöhung. In diesem Fall fließt dem Unternehmen frisches Kapital in Höhe der ausstehenden Forderungen durch die Ausgabe neuer Aktien zu. Da die neuen Mittel direkt an die Gläubiger gehen, führt diese Kapitalmaßnahme dazu, dass die Wertpapiere der Altaktionäre durch eine Verwässerung ihrer Ansprüche an Wert verlieren. Die Alternative besteht darin, dass die Eigentümer den Gläubigern Eigenkapitalanteile zur Begleichung der o enen Ansprüche überschreiben. Diese abgetretenen Aktien können dann von den Fremdkapitalgebern am Kapitalmarkt veräußert werden. In beiden Fällen erleiden die Eigner einen Verlust. Dieser ist jedoch geringer als im Falle einer Insolvenz, da keine Insolvenzkosten entstehen. Da im Rahmen einer Eigenkapitalerhöhung nicht unerhebliche Transaktionskosten entstehen, sollte der Weg einer Abtretung für die Eigner der vorteilhaftere sein.[169]

Wir wollen die bisherigen Überlegungen formalisieren. Zahlungsunfähigkeit kann nur dann eintreten, wenn der freie Cashflow des verschuldeten Unternehmens für den Fremdkapitaldienst nicht ausreicht und somit

$$\widetilde{FCF}_t^{l,S} < \widetilde{I}_t + \widetilde{R}_t \tag{31}$$

gilt. In diesem Fall können Zinsen und Tilgung nicht mehr aus dem operativen Geschäft bedient werden. Damit die Eigner bereit sind, die Insolvenz abzuwenden, muss die Menge der fehlenden liquiden Mittel geringer sein als der Marktwert des Eigenkapitals. Bei dieser Konstellation stellen sich die Eigner durch Beseitigung des Liquiditätsengpasses besser als bei einer Insolvenz.[170] Um in Abschnitt 3.6 zu analytischen Lösungen zu kommen, wird analog zum Vorgehen bei Überschuldung aus Vereinfachungsgründen der Marktwert des Eigenkapitals unter Vernachlässigung eines Insolvenzrisikos verwendet

$$\widetilde{E}_t^{l,S} \geq \widetilde{I}_t + \widetilde{R}_t \quad \widetilde{FCF}_t^{l,S} . \tag{32}$$

Sollte Gleichung (31) erfüllt sein, ohne dass gleichzeitig (32) erfüllt ist, tritt Zahlungsunfähigkeit ein. Für Zahlungsunfähigkeit gilt dann

$$\begin{aligned} \widetilde{E}_t^{l,S} &< \widetilde{I}_t + \widetilde{R}_t \quad \widetilde{FCF}_t^{l,S} \\ \widetilde{V}_t^{l,S} &< \widetilde{I}_t + \widetilde{R}_t + \widetilde{D}_t^{BW,S} \quad \widetilde{FCF}_t^{l,S} \\ \widetilde{V}_t^{u} + \widetilde{V}_t^{Tax,S} &< \widetilde{I}_t + \widetilde{R}_t + \widetilde{D}_t^{BW,S} \quad \widetilde{FCF}_t^{l,S} \\ \widetilde{V}_t^{u} &< \widetilde{I}_t + \widetilde{R}_t + \widetilde{D}_t^{BW,S} \quad \widetilde{FCF}_t^{l,S} \quad \widetilde{V}_t^{Tax,S} . \end{aligned} \tag{33}$$

169. In Uhrig-Homburg (2001, S. 112) werden die mit einer Eigenkapitalerhöhung verbundenen Transaktionskosten explizit modelliert.

170. Siehe hierzu die Ausführungen auf Seite 49.

Bei genauer Betrachtung der letzten Zeile erkennt man, dass es sich auch hier um eine Prüfung auf Überschuldung handelt. Nach Umstellen ergibt sich

$$\widetilde{V}_t^u + \widetilde{FCF}_t^{l,S} + \widetilde{V}_t^{Tax,S} < \widetilde{I}_t + \widetilde{R}_t + \widetilde{D}_t^{BW,S} . \tag{34}$$

Ungleichung (34) hat dieselbe Struktur wie die aus Annahme 16 (Überschuldung) resultierende Ungleichung. Der einzige Unterschied besteht darin, dass die Ausschüttung der Mittel aus dem operativen Geschäft noch nicht stattgefunden hat und deshalb Zinsen und Tilgung noch zu leisten sind. Auf der rechten Seite finden sich die Ansprüche der Fremdkapitalgeber, wohingegen links der Barwert aller Zahlungen aus dem operativen Geschäft vor Ausschüttung des Cashflows unter Vernachlässigung eines Ausfallrisikos steht.

Fassen wir zusammen. Zahlungsunfähigkeit liegt vor, wenn die liquiden Mittel aus dem operativen Cashflow nicht ausreichen, um Zinsen– und Tilgung zu leisten und die Eigner nicht bereit sind, dem Unternehmen weitere liquide Mittel zur Verfügung zu stellen. Es werden somit nicht nur die Zahlungsmittel aus dem operativen Geschäft, sondern auch die maximale Zahlungsbereitschaft der Eigner berücksichtigt. Die vorangegangenen Überlegungen zu Zahlungsunfähigkeit beruhen auf dem Handlungsspielraum der Eigner. Da jedoch der Marktwert des Eigenkapitals unter Vernachlässigung von Insolvenzrisiken verwendet wird, handelt es sich nur um eine Approximation an das rationale Entscheidungskriterium der Eigner. Aus diesem Grunde ist Zahlungsunfähigkeit in unserem Modell als ein, durch den Gesetzgeber vorgegebenes, exogenes Insolvenzkriterium anzusehen. Der Tatbestand der Zahlungsunfähigkeit wird in folgender Annahme festgehalten.

Annahme 17 (Zahlungsunfähigkeit) *In einem Zeitpunkt $t = 1, \ldots, T$ ist ein Unternehmen zahlungsunfähig, wenn die folgenden beiden Voraussetzungen erfüllt sind:*

1. *Der freie Cashflow reicht nicht aus, um Zinsen und Tilgung zu leisten*

$$\widetilde{FCF}_t^{l,S} < \widetilde{I}_t + \widetilde{R}_t ,$$

2. *Der Barwert aller Zahlungen aus dem operativen Geschäft vor Ausschüttung des freien Cashflows unter Vernachlässigung eines Insolvenzrisikos ist geringer als die in t vertraglich vereinbarten Fremdkapitalzahlungen zuzüglich des Buchwertes des Fremdkapitals*

$$\widetilde{V}_t^u + \widetilde{FCF}_t^{l,S} + \widetilde{V}_t^{Tax,S} < \widetilde{I}_t + \widetilde{R}_t + \widetilde{D}_t^{BW,S} .$$

Analog zum Vorgehen bei Überschuldung lösen wir die Gleichungen aus Annahme 17 nach dem Marktwert des unverschuldeten Unternehmens auf. Reichen die freien Cashflows des verschuldeten Unternehmens nicht zur Begleichung von Zinsen und Tilgung, so gilt Ungleichung (31)

$$\begin{aligned} \widetilde{FCF}_t^{l,S} &< \widetilde{I}_t + \widetilde{R}_t \\ \widetilde{FCF}_t^{u} &< (1 + (1 \quad \tau)k^d)\widetilde{D}_{t\ 1}^{BW,S} \quad \widetilde{D}_t^{BW,S} . \end{aligned}$$

Um den freien Cashflow auf der linken Seite zu eliminieren, wird auf die Dividendenrendite zurückgegri en. Mittels (11) lässt sich die vorstehende Ungleichung auch in der Form

$$\widetilde{V}_t^u < \underbrace{\frac{(1+(1 \quad \tau)k^d)\widetilde{D}_{t\ 1}^{BW,S} \quad \widetilde{D}_t^{BW,S}}{dr_t}}_{\widetilde{il}_t^I} \tag{35}$$

schreiben. $\widetilde{il}_t^I$ gibt den Wert an, bei welchem die erste Voraussetzungen für Zahlungsunfähigkeit in Abhängigkeit vom Marktwert des unverschuldeten Unternehmens erfüllt ist. Für die zweite Voraussetzung gilt mit Ungleichung (34)

$$\widetilde{V}_t^u + \widetilde{FCF}_t^{l,S} + \widetilde{V}_t^{Tax,S} < \widetilde{I}_t + \widetilde{R}_t + \widetilde{D}_t^{BW,S} .$$

Setzen wir Gleichung (16) für den Cashflow des verschuldeten Unternehmens und (17) für das Tax Shield ein, folgt

$$\widetilde{I}_t + \widetilde{R}_t + \widetilde{D}_t^{BW,S} > \widetilde{FCF}_t^u + k^d\tau\widetilde{D}_{t\ 1}^{BW,S} + \widetilde{V}_t^u + \sum_{s=t+1}^{T} \frac{\tau k^d E_Q[\widetilde{D}_{s\ 1}^{BW,S}|\mathcal{F}_t]}{(1+r_f)^{s\ t}} .$$

Berücksichtigen wir, dass für die vertraglich vereinbarten Zins– und Tilgungszahlungen der Zusammenhang

$$\widetilde{I}_t + \widetilde{R}_t = k^d\widetilde{D}_{t\ 1}^{BW,S} + \widetilde{D}_{t\ 1}^{BW,S} \quad \widetilde{D}_t^{BW,S}$$

gilt, so können wir zu

$$(1+k^d)\widetilde{D}_{t\ 1}^{BW,S} > \widetilde{FCF}_t^u + k^d\tau\widetilde{D}_{t\ 1}^{BW,S} + \widetilde{V}_t^u + \sum_{s=t+1}^{T} \frac{\tau k^d E_Q[\widetilde{D}_{s\ 1}^{BW,S}|\mathcal{F}_t]}{(1+r_f)^{s\ t}}$$

umstellen. Auflösen nach $\widetilde{V}_t^u$ führt auf

$$\widetilde{V}_t^u < (1+(1 \quad \tau)k^d)\widetilde{D}_{t\ 1}^{BW,S} \quad \tau k^d \sum_{s=t+1}^{T} \frac{E_Q[\widetilde{D}_{s\ 1}^{BW,S}|\mathcal{F}_t]}{(1+r_f)^{s\ t}} \quad \widetilde{FCF}_t^u .$$

Unter Verwendung der Dividendenrendite können wir dies zu

$$\widetilde{V}_t^u < \underbrace{\frac{(1+(1 \quad \tau)k^d)\widetilde{D}_{t\ 1}^{BW,S} \quad \tau k^d \sum_{s=t+1}^{T} \frac{E_Q[\widetilde{D}_{s\ 1}^{BW,S}|\mathcal{F}_t]}{(1+r_f)^{s\ t}}}{1+dr_t}}_{\widetilde{il}_t^{II}} \tag{36}$$

umformen. Nachfolgend werden wir $\widetilde{il}_t^I$ und $\widetilde{il}_t^{II}$ als Insolvenz– oder Ausfallkriterien für Zahlungsunfähigkeit bezeichnen.

Abschließend müssen wir ermitteln, woraus die Insolvenzmasse bei Zahlungsunfähigkeit besteht. Wie in Abbildung 5 dargestellt, tritt Zahlungsunfähigkeit vor Ausschüttung des freien Cashflows ein. Die Insolvenzmasse besteht deshalb bei Zahlungsunfähigkeit, analog zu Gleichung (30), aus dem Marktwert des ausgefallen Unternehmens zuzüglich des noch nicht ausgeschütteten freien Cashflows des Zeitpunktes t

$$\widetilde{M}_t = (1 \qquad)\widetilde{V}_t^u + \widetilde{FCF}_t^{l,S} . \tag{37}$$

Wir wollen die Ergebnisse dieses Abschnittes kurz zusammenfassen. Damit ein Unternehmen zahlungsunfähig ist, müssen zwei Voraussetzungen erfüllt sein. Erstens darf der freie Cashflow des verschuldeten Unternehmens nicht ausreichen, um die fälligen Zinsen und Tilgung leisten zu können. Diese Voraussetzung ist erfüllt, wenn Ungleichung (35) erfüllt ist. Nun ist es aber im Interesse der Eigner, die Zahlungsunfähigkeit abzuwenden, wenn der Wert des Eigenkapitals höher ist als die fehlenden liquiden Mittel. Wie gezeigt wurde, sind die Eigner nicht bereit, die Insolvenz des Unternehmens zu verhindern, wenn Term (36) erfüllt ist. Ein Unternehmen ist somit zahlungsunfähig, wenn in einem Zeitpunkt sowohl Ungleichung (35) als auch (36) erfüllt sind. Es handelt sich deshalb bei beiden Ungleichungen um notwendige, aber nicht hinreichende Bedingungen für Zahlungsunfähigkeit.

3.5.3. Hinreichendes Insolvenzkriterium

In den vorangegangenen Abschnitten haben wir uns damit beschäftigt, unter welchen Bedingungen ein Unternehmen Insolvenz anmelden muss. Mit Überschuldung und Zahlungsunfähigkeit wurden zwei Auslöser für eine Insolvenz berücksichtigt. Beide Auslöser wurden so modelliert, dass sie eintreten, sobald das unverschuldete Unternehmen einen bestimmten Wert unterschreitet. Für Überschuldung ist diese untere Wertgrenze durch das Ausfallkriterium $\widetilde{id}_t$ gegeben. Ein Unternehmen ist zahlungsunfähig, wenn der Wert des unverschuldeten Unternehmens sowohl unter $\widetilde{il}_t^I$ als auch $\widetilde{il}_t^{II}$ sinkt. Bei Zahlungsunfähigkeit kommt es deshalb nur auf das geringere der beiden Insolvenzkriterien $\widetilde{il}_t^I$ und $\widetilde{il}_t^{II}$ an. Als hinreichendes Insolvenzkriterium bezeichnen wir den Wert, bei dessen Unterschreiten ein Unternehmen Insolvenz anmelden muss. Das hinreichende Insolvenzkriterium wird durch das Symbol $\widetilde{IK}_t$ dargestellt und ist in allen Zeitpunkten $t = 1, \ldots, T$ allgemein durch

$$\widetilde{IK}_t = \max\left[\widetilde{id}_t, \min\left[\widetilde{il}_t^I, \widetilde{il}_t^{II}\right]\right] \tag{38}$$

zu ermitteln.

Wir wollen nun genauer untersuchen, wie sich die unterschiedlichen Insolvenzkriterien zueinander verhalten. Müssen in jedem Zeitpunkt alle Kriterien untersucht werden oder ist es möglich, sich unter bestimmten Voraussetzung auf die Betrachtung eines Kriteriums zu beschränken? Im Folgenden werden vier Fälle unterschieden.

Fall I

Im ersten Fall nehmen wir an, dass das erste Kriterium für Zahlungsunfähigkeit kleiner ist als das zweite, $\widetilde{il}_t^{I} \leq \widetilde{il}_t^{II}$. Beide Kriterien werden dem Unternehmenswert gegenübergestellt. Sollte mit $\widetilde{V}_t^{u} < \widetilde{il}_t^{I}$ der Cashflow nicht zur Bedienung des Fremdkapitaldienstes ausreichen, so sind die Eigner wegen $\widetilde{V}_t^{u} < \widetilde{il}_t^{II}$ gleichzeitig auch nicht bereit, die Insolvenz des Unternehmens zu verhindern. Im ersten Fall gilt

$$\widetilde{il}_t^{I} \leq \widetilde{il}_t^{II}$$

$$\frac{(1+(1-\tau)k^d)\widetilde{D}_{t-1}^{BW,S} - \widetilde{D}_t^{BW,S}}{dr_t} \leq \frac{(1+(1-\tau)k^d)\widetilde{D}_{t-1}^{BW,S} - \tau k^d \sum_{s=t+1}^{T} \frac{E_Q[\widetilde{D}_{s-1}^{BW,S}|\mathcal{F}_t]}{(1+r_f)^{s-t}}}{1+dr_t}$$

$$(1+dr_t)\left((1+(1-\tau)k^d)\widetilde{D}_{t-1}^{BW,S} - \widetilde{D}_t^{BW,S}\right) \leq dr_t\left((1+(1-\tau)k^d)\widetilde{D}_{t-1}^{BW,S} - \widetilde{D}_t^{BW,S}\right) + dr_t\left(\widetilde{D}_t^{BW,S} - \tau k^d \sum_{s=t+1}^{T} \frac{E_Q[\widetilde{D}_{s-1}^{BW,S}|\mathcal{F}_t]}{(1+r_f)^{s-t}}\right)$$

$$(1+(1-\tau)k^d)\widetilde{D}_{t-1}^{BW,S} - \widetilde{D}_t^{BW,S} \leq dr_t\left(\widetilde{D}_t^{BW,S} - \tau k^d \sum_{s=t+1}^{T} \frac{E_Q[\widetilde{D}_{s-1}^{BW,S}|\mathcal{F}_t]}{(1+r_f)^{s-t}}\right). \quad (39)$$

Zur weiteren Analyse gehen wir zunächst davon aus, dass mit

$$\widetilde{D}_t^{BW,S} > \tau k^d \sum_{s=t+1}^{T} \frac{E_Q[\widetilde{D}_{s-1}^{BW,S}|\mathcal{F}_t]}{(1+r_f)^{s-t}} \quad (40)$$

der Buchwert des Fremdkapitals den Barwert des Tax Shields übersteigt. Mit dieser Voraussetzung können wir (39) zu

$$dr_t \geq \frac{(1+(1-\tau)k^d)\widetilde{D}_{t-1}^{BW,S} - \widetilde{D}_t^{BW,S}}{\widetilde{D}_t^{BW,S} - \tau k^d \sum_{s=t+1}^{T} \frac{E_Q[\widetilde{D}_{s-1}^{BW,S}|\mathcal{F}_t]}{(1+r_f)^{s-t}}} \quad (41)$$

umformen. Da im Nenner das Überschuldungskriterium aus (29) steht, entspricht die vorstehende Ungleichung dem Term

$$dr_t \geq \frac{(1-\tau)\widetilde{I}_t + \widetilde{R}_t}{\widetilde{id}_t}.$$

Wird die Zahlungsfähigkeit eines Unternehmens untersucht und ist die Dividendenrendite größer oder gleich der Summe aus Zinszahlungen nach Steuern und Tilgung dividiert durch das Überschuldungskriterium, so reicht es aus, Zahlungsunfähigkeit mit $\widetilde{il}_t^{I}$ zu überprüfen.

Nun wollen wir diese Überlegungen zum Überschuldungstatbestand (29) in Beziehung setzen. Hierzu wird davon ausgegangen, dass Ungleichung (41) erfüllt ist, was $\widetilde{il}_t^{II} \geq \widetilde{il}_t^{I}$ impliziert.

Da für Zahlungsunfähigkeit immer das geringere Kriterium entscheidend ist, sind wir an dem Zusammenhang

$$\widetilde{id}_t \geq \widetilde{il}_t^{I}$$

$$\widetilde{D}_t^{BW,S} - \sum_{s=t+1}^{T} \frac{\tau k^d E_Q[\widetilde{D}_{s-1}^{BW,S}|\mathcal{F}_t]}{(1+r_f)^{s-t}} \geq \frac{(1+(1-\tau)k^d)\widetilde{D}_{t-1}^{BW,S} - \widetilde{D}_t^{BW,S}}{dr_t}$$

interessiert. Sollte, wie oben angenommen, der Buchwert des Fremdkapitals den Barwert des Tax Shields übersteigen, folgt weiter

$$dr_t \geq \frac{(1+(1-\tau)k^d)\widetilde{D}_{t-1}^{BW,S} - \widetilde{D}_t^{BW,S}}{\widetilde{D}_t^{BW,S} - \sum_{s=t+1}^{T} \frac{\tau k^d E_Q[\widetilde{D}_{s-1}^{BW,S}|\mathcal{F}_t]}{(1+r_f)^{s-t}}}. \tag{42}$$

Genau diesen Zusammenhang hatten wir zur Herleitung der Ungleichung als gegeben angenommen. Damit gilt immer $\widetilde{il}_t^{I} \leq \widetilde{id}_t$, falls (40) und (41) erfüllt sind. Bei der Überprüfung auf Insolvenz kann man sich in Fall I auf $\widetilde{id}_t$ beschränken

$$\widetilde{IK}_t = \widetilde{id}_t\,.$$

Inhaltlich bedeutet dies, dass ein Unternehmen immer überschuldet ist, bevor es zahlungsunfähig werden kann. Bei Zahlungsunfähigkeit liegt somit immer auch Überschuldung vor, wohingegen bei Überschuldung nicht notwendigerweise auch Zahlungsunfähigkeit eintreten muss.

Fall II

Im zweiten Fall soll Ungleichung (40), nicht aber Ungleichung (41) gelten. Da (41) nicht erfüllt ist, muss $\widetilde{il}_t^{I} > \widetilde{il}_t^{II}$ sein. Wir vergleichen wieder das geringere Kriterium für Zahlungsunfähigkeit mit dem Überschuldungskriterium

$$\widetilde{id}_t \geq \widetilde{il}_t^{II}$$

$$\widetilde{D}_t^{BW,S} - \sum_{s=t+1}^{T} \frac{\tau k^d E_Q[\widetilde{D}_{s-1}^{BW,S}|\mathcal{F}_t]}{(1+r_f)^{s-t}} \geq \frac{(1+(1-\tau)k^d)\widetilde{D}_{t-1}^{BW,S} - \tau k^d \sum_{s=t+1}^{T} \frac{E_Q[\widetilde{D}_{s-1}^{BW,S}|\mathcal{F}_t]}{(1+r_f)^{s-t}}}{1+dr_t}$$

$$dr_t\left(\widetilde{D}_t^{BW,S} - \sum_{s=t+1}^{T} \frac{\tau k^d E_Q[\widetilde{D}_{s-1}^{BW,S}|\mathcal{F}_t]}{(1+r_f)^{s-t}}\right) \geq (1+(1-\tau)k^d)\widetilde{D}_{t-1}^{BW,S} - \widetilde{D}_t^{BW,S}\,.$$

Diese Ungleichung können wir unter Berücksichtigung von (40) auch in der Form

$$dr_t \geq \frac{(1+(1-\tau)k^d)\widetilde{D}_{t-1}^{BW,S} - \widetilde{D}_t^{BW,S}}{\widetilde{D}_t^{BW,S} - \sum_{s=t+1}^{T} \frac{\tau k^d E_Q[\widetilde{D}_{s-1}^{BW,S}|\mathcal{F}_t]}{(1+r_f)^{s-t}}}$$

schreiben. Dieser Zusammenhang ist nur dann erfüllt, wenn $\widetilde{il}_t^{I} \leq \widetilde{il}_t^{II}$ gilt, was wir zur Herleitung der Ungleichung ausgeschlossen hatten. Der logische Widerspruch impliziert, dass, falls (40) erfüllt und (41) nicht erfüllt ist, auch immer $\widetilde{il}_t^{II} > \widetilde{id}_t$ gilt, womit $\widetilde{il}_t^{II}$ das hinreichende Kriterium ist

$$\widetilde{IK}_t = \widetilde{il}_t^{II} .$$

Im Fall II ist nun anders als in Fall I Zahlungsunfähigkeit Auslöser für eine Insolvenz, wobei gleichzeitig Überschuldung vorliegen kann, aber nicht muss.

Fall III

Was aber, wenn Ungleichung (40) nicht erfüllt ist? Untersuchen wir unter diesen Voraussetzung zunächst $\widetilde{il}_t^{I} \geq \widetilde{il}_t^{II}$. Bei dieser Konstellation ändert sich das Ungleichheitszeichen sowohl bei Gleichung (41) als auch beim Ergebnis des Vergleichs von $\widetilde{id}_t \geq \widetilde{il}_t^{II}$, so dass $\widetilde{il}_t^{II}$ hinreichendes Kriterium bleibt und für die Insolvenz des Unternehmens im dritten Fall nur Zahlungsunfähigkeit relevant ist

$$\widetilde{IK}_t = \widetilde{il}_t^{II} .$$

Fall IV

Fall IV liegt vor, wenn $\widetilde{il}_t^{I} \leq \widetilde{il}_t^{II}$ gilt und gleichzeitig der Buchwert des Fremdkapitals geringer oder gleich dem Barwert des Tax Shields sein sollte. Unter diesen Voraussetzungen ist $\widetilde{id}_t$ hinreichendes Kriterium, da sich das Ungleichheitszeichen sowohl bei (41) als auch (42) umdreht. In diesem Fall ist eine Überschuldung aber unmöglich, da bei

$$\widetilde{D}_t^{BW,S} < \tau k^d \sum_{s=t+1}^{T} \frac{E_Q[\widetilde{D}_{s-1}^{BW,S} | \mathcal{F}_t]}{(1+r_f)^{s-t}} ,$$

mit der Definition für Überschuldung in Term (29)

$$\widetilde{D}_t^{BW,S} > \widetilde{V}_t^u + \sum_{s=t+1}^{T} \frac{\tau k^d E_Q[\widetilde{D}_{s-1}^{BW,S} | \mathcal{F}_t]}{(1+r_f)^{s-t}}$$

$$\widetilde{V}_t^u < \underbrace{\widetilde{D}_t^{BW,S} - \tau k^d \sum_{s=t+1}^{T} \frac{E_Q[\widetilde{D}_{s-1}^{BW,S} | \mathcal{F}_t]}{(1+r_f)^{s-t}}}_{<0}$$

folgt und der Unternehmenswert nicht negativ werden kann. Im vierten Fall können wir eine Insolvenz damit ausschließen.

Fassen wir die Überlegungen zusammen. Ist in einem Zeitpunkt t der Buchwert des Fremdkapitals nicht geringer als der Barwert des Tax Shields und ist Ungleichung (41) erfüllt, fällt ein Unternehmen immer wegen Überschuldung aus. Ist die Dividendenrendite jedoch kleiner als der Quotient aus Fremdkapitaldienst zuzüglich Steuervorteil und Überschuldungskriterium, so fällt ein Unternehmen wegen Zahlungsunfähigkeit aus. Haben wir es mit einem negativen Überschuldungskriterium $\widetilde{id}_t$ zu tun, so kann ein Unternehmen einzig wegen Zahlungsunfähigkeit ausfallen. Diese Situation kann aber nur dann eintreten, wenn (41) nicht erfüllt ist. Wie gezeigt wurde, ist andernfalls keine Insolvenz möglich.

Tabelle 5 gibt eine übersichtliche Darstellung darüber, unter welchen Voraussetzungen welches Insolvenzkriterium zu verwenden ist. Wichtiges Ergebnis der Analyse ist, dass $\widetilde{il}_t^I$ in keinem Fall hinreichendes Insolvenzkriterium ist und damit vernachlässigt werden kann.

	$\tau < \dfrac{\widetilde{D}_t^{BW,S}}{k^d \sum_{s=t+1}^{T} \dfrac{E_Q[\widetilde{D}_{s-1}^{BW,S} \mid \mathcal{F}_t]}{(1+r_f)^{s-t}}}$	$\tau \geq \dfrac{\widetilde{D}_t^{BW,S}}{k^d \sum_{s=t+1}^{T} \dfrac{E_Q[\widetilde{D}_{s-1}^{BW,S} \mid \mathcal{F}_t]}{(1+r_f)^{s-t}}}$
$dr_t \geq \dfrac{(1-\tau)\widetilde{I}_t + \widetilde{R}_t}{\widetilde{id}_t}$	I .Überschuldung ($\widetilde{id}_t$)	III. Zahlungsunfähigkeit ($\widetilde{il}_t^{II}$)
$dr_t < \dfrac{(1-\tau)\widetilde{I}_t + \widetilde{R}_t}{\widetilde{id}_t}$	II. Zahlungsunfähigkeit ($\widetilde{il}_t^{II}$)	IV. Keine Insolvenz

Tabelle 5: Hinreichendes Insolvenzkriterium in Abhängigkeit von Dividendenrendite und Steuersatz

Nach der formalen Analyse wollen wir untersuchen, wie sich die Insolvenzkriterien zueinander verhalten und die Zusammenhänge interpretieren. Hierzu benötigen wir folgende aus (18) und (19) resultierende Gleichung

$$\widetilde{V}_t^u = \widetilde{E}_t^{l,S} + \widetilde{D}_t^{BW,S} - \widetilde{V}_t^{Tax,S} .$$

In Fall I ist ein Unternehmen überschuldet ($\widetilde{E}_t^{l,S} < 0$). Trotz der Überschuldung soll das Unternehmen jedoch zahlungsfähig sein, so dass Term (33) mit umgedrehten Ungleichheitszeichen gilt. Nach Einsetzen resultiert

$$\widetilde{D}_t^{BW,S} + \widetilde{E}_t^{l,S} - \widetilde{V}_t^{Tax,S} > \widetilde{D}_t^{BW,S} + \widetilde{I}_t + \widetilde{R}_t - \widetilde{V}_t^{Tax,S} - \widetilde{FCF}_t^{l,S}$$
$$\widetilde{FCF}_t^{l,S} > \widetilde{I}_t + \widetilde{R}_t - \widetilde{E}_t^{l,S} .$$

Ist der freie Cashflow des verschuldeten Unternehmens größer als die den Gläubigern zustehenden Zahlungen abzüglich des (negativen) Wertes des Eigenkapitals, so entscheiden sich die Eigner, die Zahlung von Zinsen und Tilgung durch Kapitalverzicht oder Eigenkapitalerhöhung zu ermöglichen. Nach Ausschüttung ist das Unternehmen überschuldet und muss Insolvenz anmelden.

Nun sind aber in den Fällen III und IV auch Konstellationen denkbar, in welchen das Unternehmen zahlungsunfähig ist, ohne gleichzeitig überschuldet zu sein. Dazu muss Ungleichung (33) gelten

$$\widetilde{V}_t^u < \widetilde{D}_t^{BW,S} + \widetilde{I}_t + \widetilde{R}_t \quad \widetilde{V}_t^{Tax,S} \quad \widetilde{FCF}_t^{l,S} .$$

Ersetzen des Marktwertes des unverschuldeten Unternehmens führt auf

$$\widetilde{FCF}_t^{l,S} + \widetilde{E}_t^{l,S} < \widetilde{I}_t + \widetilde{R}_t .$$

Dementsprechend sind die vereinbarten Zins– und Tilgungsleistungen größer als die Cashflows zuzüglich des Marktwertes des Eigenkapitals. Damit ist der Fremdkapitaldienst so hoch, dass es sich für die Eigenkapitalgeber nicht lohnt, die Zahlungsunfähigkeit abzuwenden. Nach Zahlung von Zins und Tilgung wären Unternehmenswert und Steuervorteile nach Annahme 16 (Überschuldung) zwar ausreichend, um die Fremdkapitalansprüche zu decken, das Unternehmen muss jedoch schon vor Ausschüttung Insolvenz anmelden.

3.5.4. Insolvenzkriterien für konkrete Finanzierungspolitiken

Nach der allgemeinen Beschreibung der Ausfallkriterien werden diese nun für verschiedene Finanzierungspolitiken konkretisiert.[171] Ziel dieses Abschnittes ist es, die Ermittlung des hinreichenden Insolvenzkriteriums in Abhängigkeit von der Finanzierungspolitik darzustellen. Zunächst wird der Fall deterministischer Fremdkapitalbestände betrachtet. Diese Art der Finanzierung wird auch als autonom bezeichnet.[172] Anschließend wird eine wertorientierte Finanzierungspolitik betrachtet. Hierbei richten sich die zukünftigen Tilgungsleistungen mittels eines vorgegebenen Verschuldungsgrades nach dem zukünftigen Unternehmenswert. Dieser kann entweder in Markt– oder in Buchwerten gemessen werden. Der Abschnitt schließt mit der Untersuchung einer Finanzierungspolitik, welche sich an der Entwicklung der Cashflows orientiert.

3.5.4.1. Autonome Finanzierung

Von einer autonomen Finanzierung spricht man, wenn die Unternehmensleitung für jeden Zeitpunkt einen absoluten Fremdkapitalbestand vorgibt. In diesem Fall sind die zukünftigen Tilgungszahlungen unabhängig vom eingetreten Zustand. Im Folgenden werden wir vier autonome Finanzierungspolitiken betrachten, in denen sich der Fremdkapitalbestand nach festen Vorgaben ändert. Da in diesem Fall die zukünftigen Fremdkapitalbestände unter Vernachlässigung eines Ausfallrisikos deterministisch sind, gilt dies auch für die Ausfallkriterien.

171. Für einen Überblick der im Rahmen der DCF–Verfahren verwendeten Finanzierungspolitiken vergleiche Hachmeister (1996) oder Kruschwitz & Löffler (2006, S. 55).

172. Vgl. Richter (1998, S. 379).

3.5.4.1.1. Konstantes Fremdkapital

Bei konstantem Fremdkapital erfolgt die Tilgung des Kredits vollständig im letzten Zeitpunkt. Man spricht in diesem Fall auch von einer Kuponanleihe. Da bei einer Kuponanleihe der Buchwert des Fremdkapitals in allen Zeitpunkten $t = 0, \ldots, T-1$ mit

$$D_t^{BW,S} = D_{t+1}^{BW,S}$$

konstant ist, sind in jedem Zeitpunkt dieselben Zinszahlungen fällig. Hieraus folgt mit Gleichung (15), dass auch die Steuervorteile unter Vernachlässigung eines Ausfallrisikos in allen Zeitpunkten gleich hoch sind. Das Überschuldungskriterium ergibt sich aus

$$\begin{aligned} id_t &= D_t^{BW,S} - \sum_{s=t+1}^{T} \frac{\tau k^d D_{s-1}^{BW,S}}{(1+r_f)^{s-t}} \\ &= D_0^{BW,S}\left(1 - \sum_{s=t+1}^{T} \frac{\tau k^d}{(1+r_f)^{s-t}}\right). \end{aligned}$$

Umformen der Summe führt auf[173]

$$id_t = D_0^{BW,S}\left(1 - \frac{\tau k^d}{r_f}\left(1 - \frac{1}{(1+r_f)^{T-t}}\right)\right). \tag{43}$$

Da während der Laufzeit des Kreditvertrages Zinszahlungen getätigt werden, ist auch auf Zahlungsunfähigkeit zu prüfen. Nach Ungleichung (36) tritt unter Berücksichtigung der letzten Gleichung Zahlungsunfähigkeit bei

$$\begin{aligned} \widetilde{V}_t^u &< \frac{D_0^{BW,S}}{1+dr_t}\left(1 - \frac{\tau k^d}{r_f}\left(1 - \frac{1}{(1+r_f)^{T-t}}\right)\right) + (1-\tau)k^d D_0^{BW,S} \\ &< \frac{D_0^{BW,S}}{1+dr_t}\left(1 + k^d - \tau k^d\left(1 + \frac{1}{r_f}\left(1 - \frac{1}{(1+r_f)^{T-t}}\right)\right)\right) \end{aligned}$$

ein. Das Kriterium für Zahlungsunfähigkeit lautet somit

$$il_t^{II} = \frac{D_0^{BW,S}}{1+dr_t}\left(1 + k^d\left(1 - \tau\left(1 + \frac{1}{r_f}\left(1 - \frac{1}{(1+r_f)^{T-t}}\right)\right)\right)\right). \tag{44}$$

Um die Bewertung gemäß Abschnitt 3.5.3 zu vereinfachen, benötigen wir die Summe aus den vertraglich vereinbarten Zahlungen an die Kreditgeber zuzüglich des Steuervorteils. Für ein Unternehmen mit konstantem Fremdkapital ist dies in allen Zeitpunkten $t = 1, \ldots, T-1$

$$(1-\tau)I_t + R_t = (1-\tau)k^d D_0^{BW,S}.$$

173. Vgl. Kruschwitz (2006, S. 284).

Um eine tabellarische Übersicht für das hinreichende Insolvenzkriterium zu erstellen, brauchen wir den Ausdruck

$$\frac{(1-\tau)I_t + R_t}{id_t} = \frac{(1-\tau)k^d}{1-\frac{\tau k^d}{r_f}\left(1-\frac{1}{(1+r_f)^{T-t}}\right)}$$

und müssen wissen, dass id_t gemäß Term (43) bei

$$1 > \frac{\tau k^d}{r_f}\left(1-\frac{1}{(1+r_f)^{T-t}}\right)$$

$$\tau < \frac{r_f}{k^d\left(1-\frac{1}{(1+r_f)^{T-t}}\right)}$$

immer positive Werte annimmt. Tabelle 6 enthält das hinreichende Insolvenzkriterium in Abhängigkeit von Dividendenrendite und Steuersatz.

3.5.4.1.2. Ratentilgung

Unterstellt man, dass der Kredit während der Laufzeit in gleich bleibenden Raten (konstante Tilgung) zurückbezahlt werden soll, so handelt es sich um Ratentilgung.[174] Die Fremdkapitalbestände ergeben sich bei dieser Finanzierungspolitik in allen Zeitpunkten durch $t = 1, \ldots, T$

$$D_t^{BW,S} = D_0^{BW,S}\left(1-\frac{t}{T}\right).$$

In Anhang B.1 wird gezeigt, dass sich (29) mit den Fremdkapitalbeständen der vorstehenden Gleichung in der Form

$$id_t = D_0^{BW,S}\left(1-\frac{t}{T}-\frac{\tau k^d}{T r_f}\left(T-t-\frac{1}{r_f}\left(1-\frac{1}{(1+r_f)^{T-t}}\right)\right)\right) \tag{45}$$

schreiben lässt. Analog resultiert mit Gleichung (36) und dem Term

$$(1-\tau)\widetilde{I}_t + \widetilde{R}_t = D_0^{BW,S}\left((1-\tau)k^d\left(1-\frac{t-1}{T}\right)+\frac{1}{T}\right)$$
$$= \frac{D_0^{BW,S}}{T}\Big(1+(1-\tau)k^d(T-t+1)\Big)$$

für das Kriterium für Zahlungsunfähigkeit

$$il_t^{II} = \frac{D_0^{BW,S}}{T(1+dr_t)}\left((1+(1-\tau)k^d)(T-t+1)-\frac{\tau k^d}{r_f}\left(T-t-\frac{1}{r_f}\left(1-\frac{1}{(1+r_f)^{T-t}}\right)\right)\right). \tag{46}$$

[174] Analog könnte auch Annuitätentilgung betrachtet werden. In diesem Fall wäre die Summe aus Zinsen und Tilgung konstant zu halten.

	$\tau < \frac{r_f}{k^d\left(1-\frac{1}{(1+r_f)^{T-t}}\right)}$	$\tau \geq \frac{r_f}{k^d\left(1-\frac{1}{(1+r_f)^{T-t}}\right)}$
$dr_t \geq \frac{(1-\tau)k^d}{1-\frac{\tau k^d}{r_f}\left(1-\frac{1}{(1+r_f)^{T-t}}\right)}$	I. Überschuldung (id_t) $D_0^{BW,S}\left(1-\frac{\tau k^d}{r_f}\left(1-\frac{1}{(1+r_f)^{T-t}}\right)\right)$	III. Zahlungsunfähigkeit (il_t^{II}) $\frac{D_0^{BW,S}}{1+dr_t}\left(1+k^d\left(1-\tau\left(1+\frac{1}{r_f}\left(1-\frac{1}{(1+r_f)^{T-t}}\right)\right)\right)\right)$
$dr_t < \frac{(1-\tau)k^d}{1-\frac{\tau k^d}{r_f}\left(1-\frac{1}{(1+r_f)^{T-t}}\right)}$	II. Zahlungsunfähigkeit (il_t^{II}) $\frac{D_0^{BW,S}}{1+dr_t}\left(1+k^d\left(1-\tau\left(1+\frac{1}{r_f}\left(1-\frac{1}{(1+r_f)^{T-t}}\right)\right)\right)\right)$	IV. Keine Insolvenz möglich

Tabelle 6: Hinreichendes Insolvenzkriterium bei konstantem Fremdkapital in Abhängigkeit von Dividendenrendite und Steuersatz

Wie Anhang B.1 zu entnehmen ist, gilt immer

$$T - t > \frac{1}{r_f}\left(1 - \frac{1}{(1+r_f)^{T-t}}\right).$$

Damit ist der Buchwert des Fremdkapitals nicht geringer als der Barwert des Tax Shields, wenn für den Steuersatz

$$\tau < \frac{(t-T)r_f}{k^d\left(T - t - \frac{1}{r_f}\left(1 - \frac{1}{(1+r_f)^{T-t}}\right)\right)}$$

gilt. Zur Ermittlung des hinreichenden Insolvenzkriteriums fehlt abschließend die Gleichung

$$\frac{(1-\tau)I_t + R_t}{\widetilde{id}_t} = \frac{1 + (1-\tau)k^d(T - t + 1)}{T - t - \frac{\tau k^d}{r_f}\left(T - t - \frac{1}{r_f}\left(1 - \frac{1}{(1+r_f)^{T-t}}\right)\right)}.$$

Tabelle 7 fasst die Ergebnisse zusammen.

3.5.4.1.3. Zerobond

Einen Finanzierungsvertrag, der festlegt, dass sowohl Zinsen als auch Tilgung vollständig zum Ende der Laufzeit gezahlt werden, nennt man Zerobond beziehungsweise Nullkuponanleihe. Da während der Laufzeit des Vertrages keine Zinszahlungen anfallen, kann Zahlungsunfähigkeit nur im letzten Zeitpunkt auftreten. Dies hat jedoch keine Auswirkungen auf den Unternehmenswert, da im Insolvenzfall gemäß Annahme 14 (Insolvenzkosten) nur zukünftige Cashflows betroffen sind und somit in T keine Insolvenzkosten anfallen können.[175] In allen vorherigen Zeitpunkten ist eine Insolvenz einzig durch Überschuldung möglich. Bei einem Zerobond entspricht der Buchwert des Fremdkapitals im Zeitpunkt $t = 0$ dem mit dem Nominalzins ermittelten Barwert des Rückzahlungsbetrages. In allen folgenden Zeitpunkten $t = 1, \ldots, T-1$ müssen zum Buchwert des Fremdkapitals, die in der vergangenen Periode angefallenen Zinsen in Höhe von $k^d D_{t-1}^{BW,S}$ hinzugerechnet werden[176]

$$D_t^{BW,S} = D_0^{BW,S}(1+k^d)^t. \tag{47}$$

Wie in Anhang B.2 gezeigt wird, ergibt sich für das Überschuldungskriterium bei Finanzierung über einen Zerobond

$$id_t = D_0^{BW,S}(1+k^d)^t\left(1 - \frac{\tau k^d}{k^d - r_f}\left(\left(\frac{1+k^d}{1+r_f}\right)^{T-t} - 1\right)\right). \tag{48}$$

175. Ein Ausfall im letzten Zeitpunkt hat jedoch einen Einfluss auf den von den Kreditgebern geforderten Nominalzins. Diese müssen in ihrem Kalkül berücksichtigen, ob sie im Zeitpunkt T die vereinbarten Zins- und Tilgungsleistungen erhalten oder nicht.

176. Vgl. Coenenberg (2005, S. 384).

	$\tau < \frac{(t \quad T)r_f}{k^d\left(T \quad t \quad \frac{1}{r_f}\left(1 \quad \frac{1}{(1+r_f)^{T \quad t}}\right)\right)}$	$\tau \geq \frac{(t \quad T)r_f}{k^d\left(T \quad t \quad \frac{1}{r_f}\left(1 \quad \frac{1}{(1+r_f)^{T \quad t}}\right)\right)}$
$dr_t \geq \frac{1+(1 \quad \tau)k^d(T \quad t+1)}{T \quad t \quad \frac{\tau k^d}{r_f}\left(T \quad t \quad \frac{1}{r_f}\left(1 \quad \frac{1}{(1+r_f)^{T \quad t}}\right)\right)}$	I .Überschuldung (id_t) $D_0^{BW,S}\left(1 \quad \frac{t}{T}\right)$ $D_0^{BW,S}\frac{\tau k^d}{T r_f}\left(T \quad t \quad \frac{1}{r_f}\left(1 \quad \frac{1}{(1+r_f)^{T \quad t}}\right)\right)$	III. Zahlungsunfähigkeit (il_t^{II}) $\frac{D_0^{BW,S}}{T(1+dr_t)}(1+(1 \quad \tau)k^d)(T \quad t+1)$ $\frac{D_0^{BW,S}\tau k^d}{T(1+dr_t)r_f}\left(T \quad t \quad \frac{1}{r_f}\left(1 \quad \frac{1}{(1+r_f)^{T \quad t}}\right)\right)$
$dr_t < \frac{1+(1 \quad \tau)k^d(T \quad t+1)}{T \quad t \quad \frac{\tau k^d}{r_f}\left(T \quad t \quad \frac{1}{r_f}\left(1 \quad \frac{1}{(1+r_f)^{T \quad t}}\right)\right)}$	II. Zahlungsunfähigkeit (il_t^{II}) $\frac{D_0^{BW,S}}{T(1+dr_t)}(1+(1 \quad \tau)k^d)(T \quad t+1)$ $\frac{D_0^{BW,S}\tau k^d}{T(1+dr_t)r_f}\left(T \quad t \quad \frac{1}{r_f}\left(1 \quad \frac{1}{(1+r_f)^{T \quad t}}\right)\right)$	IV. Keine Insolvenz möglich

Tabelle 7: Hinreichendes Insolvenzkriterium bei Ratentilgung in Abhängigkeit von Dividendenrendite und Steuersatz

Da für den von den Fremdkapitalgebern geforderten Nominalzins immer $k^d \geq r_f$ gilt, nimmt die rechte Seite vorstehende Gleichung positive Werte an, wenn

$$\tau < \frac{k^d - r_f}{k^d \left(\left(\frac{1+k^d}{1+r_f} \right)^{T-t} - 1 \right)}$$

vorliegt. Mit diesem Ergebnis erhalten wir Tabelle 8.

$\tau < \frac{k^d - r_f}{k^d \left(\left(\frac{1+k^d}{1+r_f} \right)^{T-t} - 1 \right)}$	$\tau \geq \frac{k^d - r_f}{k^d \left(\left(\frac{1+k^d}{1+r_f} \right)^{T-t} - 1 \right)}$
Überschuldung (id_t) $D_0^{BW,S}(1+k^d)^t \left(1 - \frac{\tau k^d}{k^d - r_f} \left(\left(\frac{1+k^d}{1+r_f} \right)^{T-t} - 1 \right) \right)$	Keine Insolvenz möglich

Tabelle 8: Hinreichendes Insolvenzkriterium bei Finanzierung über einen Zerobond in Abhängigkeit vom Steuersatz

3.5.4.2. Wertorientierte Finanzierung

In der Literatur wird neben der autonomen am häufigsten die so genannte wertorientierte Finanzierungspolitik diskutiert.[177] Verfolgt ein Unternehmen eine wertorientierte Finanzierungspolitik, so wird für jeden Zeitpunkt eine Fremdkapitalquote L_t vorgegeben. Die Fremdkapitalquote stellt ein Verhältnis zwischen Fremdkapital und Unternehmenswert dar. Eine solche Finanzierungsstrategie impliziert, dass Manager bei steigenden Unternehmenswerten zusätzliche Kredite aufnehmen beziehungsweise bei sinkenden Unternehmenswerten anteilig Fremdkapital tilgen.

Es stellt sich die Frage, ob die Fremdkapitalquote zu Buch– oder zu Marktwerten fixiert wird. In der Literatur findet sich fast immer die Darstellung der Fremdkapitalquote zu Marktwerten, da diese insbesondere im Rahmen des WACC–Verfahrens Verwendung findet.[178] In einigen neueren Arbeiten hingegen wird darauf hingewiesen, dass es realistischer erscheint, eine Fremdkapitalquote in Buchwerten zu messen.[179]

177. Siehe hierzu beispielsweise Miles & Ezzell (1980), Richter (1998), Wallmeier (1999) oder Homburg et al. (2004).

178. Vgl. Miles & Ezzell (1980), Inselbag & Kaufold (1997), Richter (1998) oder Wallmeier (1999).

179. Vgl. Essler et al. (2004), Gläser & Löffler (2005), Scholze (2006) sowie Kruschwitz & Löffler (2006). In den vorgenannten Beiträgen werden nicht nur buchwertorientierte Finanzierungspolitiken beschrieben, sondern auch Bewertungsgleichungen entwickelt.

Da sich sowohl der Finanzierungsvertrag aus Abschnitt 3.3 als auch die Ausfallkriterien aus Abschnitt 3.5 an den Buchwerten des Fremdkapitals orientieren, bietet es sich an, für das Fremdkapital im Modell ebenfalls auf Buchwerte zurückzugreifen. Für den Unternehmenswert werden wir zwei Varianten betrachten. Zum einen soll der Wert des operativen Geschäftes, abgebildet durch den Marktwert des unverschuldeten Unternehmens, zum anderen der Buchwert des verschuldeten Unternehmens als Referenzpunkt dienen.

3.5.4.2.1. Marktwertorientierte Finanzierung

Bei einer marktwertorientierten Finanzierungspolitik wird die Fremdkapitalquote so definiert, dass der Buchwert des Fremdkapitals in Beziehung zum Marktwert des unverschuldeten Unternehmens gesetzt wird

$$L_t = \frac{\widetilde{D}_t^{BW,S}}{\widetilde{V}_t^u} . \tag{49}$$

Für den Unternehmenswert wird somit einzig der Marktwert des operativen Geschäftes hinzugezogen, wohingegen der Marktwert der Steuervorteile sowie der Insolvenzkosten vernachlässigt wird.[180] Hierbei handelt es sich um eine vereinfachende Annahme. Bei Verwendung des Marktwertes des verschuldeten Unternehmens wäre es nicht möglich, analytische Lösungen herzuleiten, da die zukünftigen Marktwerte des verschuldeten Unternehmens im Bewertungszeitpunkt nicht bekannt sind.

Die Zahlungen an die Fremdkapitalgeber sind zustandsabhängig, weswegen dies auch für die zukünftigen Fremdkapitalbestände gilt. Somit sind die Ausfallkriterien nicht deterministisch. Untersuchen wir zunächst das Überschuldungskriterium. Überschuldung liegt mit (29) vor, wenn

$$\widetilde{V}_t^u < \widetilde{D}_t^{BW,S} - \sum_{s=t+1}^{T} \frac{\tau k^d E_Q[\widetilde{D}_{s-1}^{BW,S} | \mathcal{F}_t]}{(1+r_f)^{s-t}}$$

erfüllt ist. Greift man auf die Fremdkapitalquoten zurück, so wird hieraus

$$\widetilde{V}_t^u < L_t \widetilde{V}_t^u - \sum_{s=t+1}^{T} \frac{\tau k^d L_{s-1} E_Q[\widetilde{V}_{s-1}^u | \mathcal{F}_t]}{(1+r_f)^{s-t}} .$$

Da sich das Tax Shield auch in der Form

$$\sum_{s=t+1}^{T} \frac{L_{s-1} E_Q[\widetilde{V}_{s-1}^u | \mathcal{F}_t]}{(1+r_f)^{s-t}} = \widetilde{V}_t^u \frac{\tau k^d}{1+r_f} \left(L_t + \sum_{s=t+1}^{T-1} \frac{L_s}{\prod_{\delta=t+1}^{s} (1+dr_\delta)} \right) \tag{50}$$

180. Dieses Vorgehen findet sich beispielsweise auch bei Fischer et al. (1989, S. 22), Dangl & Zechner (2004, S. 186) oder Laitenberger (2005, S. 313). Rapp (2006, S. 783) definiert die Fremdkapitalquote als Nominalwert des Fremdkapitals dividiert durch den Marktwert des verschuldeten Unternehmens.

darstellen lässt[181], kann weiter zu

$$
\begin{aligned}
\widetilde{V}_t^u &< L_t \widetilde{V}_t^u - \widetilde{V}_t^u \frac{\tau k^d}{1 + r_f} \left(L_t + \sum_{s=t+1}^{T-1} \frac{L_s}{\prod_{\delta=t+1}^{s} (1 + dr_\delta)} \right) \\
1 &< L_t \left(1 - \frac{\tau k^d}{1 + r_f} \right) - \frac{\tau k^d}{1 + r_f} \sum_{s=t+1}^{T-1} \frac{L_s}{\prod_{\delta=t+1}^{s} (1 + dr_\delta)}
\end{aligned}
\tag{51}
$$

umgeformt werden. Da der Unternehmenswert gekürzt werden kann, handelt es sich bei Ungleichung (51) aus heutiger Sicht um einen sicheren Zusammenhang. Zur weiteren Analyse wird nach L_t aufgelöst. Überschuldung liegt vor, wenn für die Fremdkapitalquote

$$
L_t > \frac{1 + \frac{\tau k^d}{1+r_f} \sum_{s=t+1}^{T-1} \frac{L_s}{\prod_{\delta=t+1}^{s} (1+dr_\delta)}}{1 - \frac{\tau k^d}{1+r_f}}
\tag{52}
$$

gilt.[182] Sollte die Fremdkapitalquote in t größer als der Term der rechten Seite sein, so tritt unabhängig vom Zustand immer Überschuldung ein. Dieses Ergebnis sollte nicht überraschen, da bei der Definition des Überschuldungskriteriums zugrunde gelegt wurde, dass der Fremdkapitalbestand nur einen bestimmten Anteil des Marktwertes des unverschuldeten Unternehmens betragen darf. Mit Ungleichung (52) kann der maximale Wert für L_t bestimmt werden, bei dem keine Überschuldung eintritt. Wie zu sehen ist, hängt die maximale Fremdkapitalquote in t von den zukünftigen Fremdkapitalquoten ab. Zur Berechnung der Maxima der einzelnen Quoten ist dementsprechend ein rekursives Vorgehen notwendig.

Betrachten wir die Ermittlung einer maximalen Fremdkapitalquote, falls L für alle Zeitpunkte konstant ist. Für diesen Fall lässt sich

$$
L > \frac{1}{1 - \frac{\tau k^d}{1+r_f} \left(1 + \sum_{s=t+1}^{T-1} \frac{1}{\prod_{\delta=t+1}^{s} (1+dr_\delta)} \right)}
$$

verwenden.[183] Es muss untersucht werden, zu welchem Zeitpunkt die rechte Seite des vorstehenden Terms ein Minimum annimmt. Dies ist aufgrund der Summe im Nenner im Zeitpunkt $T-1$ der Fall. Soll die Fremdkapitalquote konstant gehalten werden, so muss diese der folgenden Ungleichung genügen, um Überschuldung zu vermeiden,

$$
L > \frac{1}{1 - \frac{\tau k^d}{1+r_f} \left(1 + \frac{1}{\prod_{\delta=t+1}^{T-1} (1+dr_\delta)} \right)} .
\tag{53}
$$

181. Die Herleitung der Gleichung findet sich in Anhang B.3.

182. Der Fall, dass $\tau k^d > 1 + r_f$ gilt, kann vernachlässigt werden. Hierfür würde sich ergeben, dass die Fremdkapitalquote einen bestimmten Betrag nicht unterschreiten darf, um Überschuldung zu vermeiden, was ökonomisch keinen Sinn macht.

183. Analog zur vorangegangenen Fußnote wird auch hier der Fall $\frac{1+r_f}{\tau k^d} < 1 + \sum_{s=t+1}^{T-1} \frac{1}{\prod_{\delta=t+1}^{s}(1+dr_\delta)}$ nicht betrachtet.

	$\tau < \frac{L_t(1+r_f)}{k^d\left(L_t + \sum_{s=t+1}^{T-1} \frac{L_s}{\prod_{\delta=t+1}^{s}(1+dr_\delta)}\right)}$	$\tau \geq \frac{L_t(1+r_f)}{k^d\left(L_t + \sum_{s=t+1}^{T-1} \frac{L_s}{\prod_{\delta=t+1}^{s}(1+dr_\delta)}\right)}$
$dr_t \geq \frac{\widetilde{V}^u_{t-1} - (1-\tau)k^d L_{t-1}}{\widetilde{V}^u_t - L_t - \frac{\tau k^d}{1+r_f}\left(L_t + \sum_{s=t+1}^{T-1} \frac{L_s}{\prod_{\delta=t+1}^{s}(1+dr_\delta)}\right)}$	I. Keine Insolvenz möglich	III. Zahlungsunfähigkeit (il_t^{II}) $\frac{\widetilde{V}^u_{t-1}(1+(1-\tau)k^d)L_{t-1}}{1 + dr_t + \frac{\tau k^d}{1+r_f}\left(L_t + \sum_{s=t+1}^{T-1} \frac{L_s}{\prod_{\delta=t+1}^{s}(1+dr_\delta)}\right)}$
$dr_t < \frac{\widetilde{V}^u_{t-1} - (1-\tau)k^d L_{t-1}}{\widetilde{V}^u_t - L_t - \frac{\tau k^d}{1+r_f}\left(L_t + \sum_{s=t+1}^{T-1} \frac{L_s}{\prod_{\delta=t+1}^{s}(1+dr_\delta)}\right)}$	II. Zahlungsunfähigkeit (il_t^{II}) $\frac{\widetilde{V}^u_{t-1}(1+(1-\tau)k^d)L_{t-1}}{1 + dr_t + \frac{\tau k^d}{1+r_f}\left(L_t + \sum_{s=t+1}^{T-1} \frac{L_s}{\prod_{\delta=t+1}^{s}(1+dr_\delta)}\right)}$	IV. Keine Insolvenz möglich

Tabelle 9: Hinreichendes Insolvenzkriterium bei marktwertorientierter Finanzierungspolitik in Abhängigkeit von Dividendenrendite und Steuersatz

Abschließend bleibt für Überschuldung bei marktwertorientierter Finanzierungspolitik festzuhalten, dass diese durch geeignete Wahl der Fremdkapitalquoten verhindert werden kann. Dies bedeutet, dass bei einer marktwertorientierten Finanzierungspolitik die Tilgungsleistungen von Anfang an so geplant werden, dass eine Überschuldung in Zukunft ausgeschlossen ist. Hierbei wird jedoch außer Acht gelassen, ob diese Tilgungszahlungen auch geleistet werden können.

Wenden wir uns deshalb nun der Frage zu, wann und wie ein Unternehmen bei marktwertorientierter Finanzierung aufgrund von Zahlungsunfähigkeit Insolvenz anmelden muss. Da $\widetilde{il}_t^{II}$ in diesem Fall hinreichendes Insolvenzkriterium ist, liegt bei einer marktwertorientierten Finanzierung Zahlungsunfähigkeit vor, wenn

$$\widetilde{V}_t^u < \frac{(1+(1-\tau)k^d)L_{t-1}\widetilde{V}_{t-1}^u}{1+dr_t+\frac{\tau k^d}{1+r_f}\left(L_t+\sum_{s=t+1}^{T-1}\frac{L_s}{\prod_{\delta=t+1}^{s}(1+dr_\delta)}\right)} \tag{54}$$

gilt. Die Herleitung des Terms findet sich in Anhang B.3. Sollte sich die Fremdkapitalquote im Zeitablauf nicht verändern, so ergibt sich

$$\widetilde{V}_t^u < \frac{(1+(1-\tau)k^d)\widetilde{V}_{t-1}^u}{\frac{1+dr_t}{L}+\frac{\tau k^d}{1+r_f}\left(1+\sum_{s=t+1}^{T-1}\frac{1}{\prod_{\delta=t+1}^{s}(1+dr_\delta)}\right)}. \tag{55}$$

Wird mit der letzten Ungleichung gearbeitet, ist zu bedenken, dass es sich bei $\widetilde{V}_{t-1}^u$ im Zeitpunkt t nicht um eine Zufallsvariable handelt. Der Unternehmenswert der Vorperiode ist beobachtbar und damit eine sichere Größe. Im Zeitpunkt t ist die rechte Seite von (54) beziehungsweise (55) eindeutig zu bestimmen. Aus Sicht eines Zeitpunktes vor $t-1$ handelt es sich jedoch um eine zustandsabhängige Größe, da noch nicht bekannt ist, welchen Wert das Unternehmen in der Zukunft annehmen wird. In Tabelle 9 werden die Ergebnisse zusammengefasst.

3.5.4.2.2. Buchwertorientierte Finanzierung

In der Praxis ist davon auszugehen, dass sich Manager bei der Vorgabe deterministischer Fremdkapitalquoten eher nach Buchwerten als nach Marktwerten richten.[184] In diesem Fall verfolgt die Unternehmensleitung eine Finanzierungspolitik, die sich an der Entwicklung der Buchwerte orientiert. Wir definieren die Fremdkapitalquote zu Buchwerten durch

$$L_t^{BW} = \frac{\widetilde{D}_t^{BW,S}}{\widetilde{V}_t^{l,BW,S}}. \tag{56}$$

[184] Kruschwitz & Löffler (2006, S. 79) merken hierzu an:

> "If the managers of a firm announce that they are planning on lowering or raising the leverage ratio, then they are usually not measuring the leverage ratio in market values, but in book values."

Im vorangegangenen Abschnitt wurde die Fremdkapitalquote mittels des Marktwertes des unverschuldeten Unternehmens definiert, um zu analytischen Lösungen zu kommen. In diesem Abschnitt ist eine solche Vereinfachung nicht notwendig, da sich zeigen wird, dass der Buchwert des verschuldeten Unternehmens unter bestimmten Voraussetzungen ohne Probleme ermittelt werden kann. Aus diesem Grund wird der Buchwert des verschuldeten Unternehmens als Bezug für den Fremdkapitalbestand gewählt.

Die Literatur zum Thema buchwertorientierte Finanzierung ist bis zum gegenwärtigen Zeitpunkt überschaubar.[185] Allen Beiträgen ist gemein, dass sie zunächst die Veränderung des Buchwertes des Eigenkapitals $\widetilde{E}_t^{l,BW,S}$ abbilden. Hieraus werden in einem weiteren Schritt die sich ergebenden Fremdkapitalbestände und Steuervorteile ermittelt. Die hier gewählte Darstellung orientiert sich an dem Vorgehen von Kruschwitz & Löffler (2006), deren Weg im Folgenden kurz skizziert wird.[186]

Ausgangspunkt ist der Buchwert des Eigenkapitals im Zeitpunkt $t = 0$. Dieser kann sich im Zeitablauf aufgrund von drei Einflüssen verändern:

1. Der Buchwert des Eigenkapitals wächst in Höhe des einbehaltenen Gewinns nach Steuern. Der Gewinn nach Steuern des verschuldeten Unternehmens beläuft sich mit Annahme 10 (Steuern) auf $(\widetilde{EBIT}_t - \widetilde{I}_t)(1 - \tau)$.

2. Die Ausschüttung von Dividenden reduziert das in den Büchern notierte Eigenkapital in vollem Umfang. Da bei der Ermittlung der freien Cashflows bereits alle Investitionsausgaben berücksichtigt werden, folgt für die Dividendenzahlung an die Eigner des verschuldeten Unternehmens[187]

$$\begin{aligned}\widetilde{Div}_t^l &= \widetilde{FCF}_t^{l,S} - (\widetilde{I}_t + \widetilde{R}_t) \\ &= \widetilde{FCF}_t^u - (1 - \tau)\widetilde{I}_t + \widetilde{D}_t^{BW,S} - \widetilde{D}_{t-1}^{BW,S} .\end{aligned} \tag{57}$$

3. Es werden exogenen Kapitalerhöhungen oder –herabsetzungen durchgeführt. Um stochastische Veränderungen des Buchwertes des Eigenkapitals auszuschließen, werden wir diesen Einfluss nicht berücksichtigen. Sollte eine Zahlungsunfähigkeit gemäß Abschnitt 3.5.2 durch die Eigner verhindert werden, so nehmen wir an, dass die Inhaber, zur Abwendung der Insolvenz, zugunsten der Finanziers auf einen Teil ihres Eigenkapitals verzichten.

Unter Berücksichtigung der vorangegangen Überlegungen treffen wir für die Entwicklung des Buchwertes des Eigenkapitals die folgende Annahme.

185. Vgl. Essler et al. (2004), Gläser & Löffler (2005), Scholze (2006) sowie Kruschwitz & Löffler (2006).
186. Siehe Kruschwitz & Löffler (2006, S. 79–89).
187. Vgl. Kruschwitz & Löffler (2006, S. 66).

Annahme 18 (Buchwert des Eigenkapitals) *Der Buchwert des Eigenkapitals im Zeitpunkt $t = 1, \ldots, T$ ergibt sich aus dem Buchwert der Vorperiode zuzüglich des einbehalten Gewinns, vermindert um die Dividendenzahlungen. Exogene Veränderungen sind ausgeschlossen.*

Formal kann die vorstehende Annahme durch

$$\widetilde{E}_t^{l,BW,S} = \widetilde{E}_{t-1}^{l,BW,S} - \widetilde{FCF}_t^u + \widetilde{EBIT}_t(1-\tau) + \widetilde{D}_{t-1}^{BW,S} - \widetilde{D}_t^{BW,S}$$

beschrieben werden. Der Buchwert des verschuldeten Unternehmens ergibt sich aus der Summe der Buchwerte des Eigen– und Fremdkapitals

$$\widetilde{V}_t^{l,BW,S} = \widetilde{E}_t^{l,BW,S} + \widetilde{D}_t^{BW,S} .$$

Mit Hilfe des vorstehenden Terms wird die Gleichung für den Buchwert des Eigenkapitals zu

$$\widetilde{V}_t^{l,BW,S} = \widetilde{V}_{t-1}^{l,BW,S} + \widetilde{EBIT}_t(1-\tau) - \widetilde{FCF}_t^u \tag{58}$$

vereinfacht. Diese Beziehung für den Buchwert des Unternehmens wird im Allgemeinen auch als "Clean Surplus Relation" bezeichnet, bei der alle betrieblich verursachten Eigenkapitaländerungen in der Gewinn– und Verlustrechnung erfasst werden.[188] Aus Gleichung (58) geht hervor, dass sich die Veränderung des Buchwertes des Unternehmens aus der Di erenz zwischen dem Gewinn nach Steuern und dem freien Cashflow des unverschuldeten Unternehmens ergibt.

Wir betrachten nun den Fall, dass ein Unternehmen in jeder Periode den gesamten realisierten Gewinn ausschüttet.

Annahme 19 (Ausschüttung) *In jedem Zeitpunkt $t = 1, \ldots, T$ wird der Gewinn nach Steuern in Form einer Dividende an die Eigner ausgeschüttet.*

Die Dividende des verschuldeten Unternehmens entspricht mit dieser Vorgabe

$$\widetilde{Div}_t^l = (\widetilde{EBIT}_t - \widetilde{I}_t)(1-\tau) . \tag{59}$$

Freier Cashflow und Nachsteuergewinn sind zufällige Größen und müssen aufgrund von Periodenabgrenzungen der Rechnungslegung nicht übereinstimmen.[189] Um trotzdem in allen Zeitpunkten unabhängig von der Liquiditätssituation genau den Nachsteuergewinn ausschütten zu können, wird deshalb die Finanzierungspolitik zum Ausgleich verwendet.[190]

188. Vgl. Feltham & Ohlson (1995).

189. Siehe zu dieser Thematik beispielsweise Coenenberg (2005) oder Bitz, Schneeloch & Wittstock (2003).

190. Kruschwitz & Löffler (2006, S. 48) zeigen, dass bei Ausschüttung des Gewinns nach Steuern alle Neuinvestitionen über Kredite finanziert werden. Damit werden nur Ersatzinvestitionen (in Höhe der Abschreibungen) aus dem Cashflow getätigt.

Mit Hilfe von Gleichung (57) und (59) kann ein Zusammenhang zwischen dem freien Cashflow sowie dem Gewinn vor Zinsen und Steuern hergestellt werden. Gleichsetzen beider Terme ergibt

$$\begin{aligned}(\widetilde{EBIT}_t - \widetilde{I}_t)(1-\tau) &= \widetilde{FCF}^u_t - (1-\tau)\widetilde{I}_t + \widetilde{D}^{BW,S}_t - \widetilde{D}^{BW,S}_{t-1}\\ \widetilde{EBIT}_t(1-\tau) &= \widetilde{FCF}^u_t - \widetilde{D}^{BW,S}_{t-1} + \widetilde{D}^{BW,S}_t .\end{aligned}$$

Wir benutzen die letzte Gleichung, um die in (58) charakterisierte Entwicklung des Buchwertes des Unternehmens, unabhängig vom Gewinn nach Steuern, zu beschreiben. Einsetzen führt auf

$$\begin{aligned}\widetilde{V}^{l,BW,S}_t &= \widetilde{V}^{l,BW,S}_{t-1} - \widetilde{D}^{BW,S}_{t-1} + \widetilde{D}^{BW,S}_t\\ \widetilde{E}^{l,BW,S}_t &= \widetilde{E}^{l,BW,S}_{t-1} .\end{aligned} \tag{60}$$

Verfolgt das Unternehmen die Politik, immer exakt den Gewinn nach Steuern als Dividende auszuschütten, so verändert sich der Buchwert des Eigenkapitals im Zeitablauf nicht. Da nun der Buchwert des Eigenkapitals bekannt ist, können wir mittels der Fremdkapitalquote L^{BW}_t auf den Buchwert des Fremdkapitals schließen. Dazu benötigen wir einen Zusammenhang zwischen Eigen- und Fremdkapital, den wir als Verschuldungsgrad VG^{BW}_t bezeichnen. Hierzu formen wir die Fremdkapitalquote zu

$$\begin{aligned}L^{BW}_t &= \frac{\widetilde{D}^{BW,S}_t}{\widetilde{V}^{l,BW,S}_t}\\ \widetilde{D}^{BW,S}_t(1-L^{BW}_t) &= L^{BW}_t \widetilde{E}^{l,BW,S}_t\\ \widetilde{D}^{BW,S}_t &= \underbrace{\frac{L^{BW}_t}{1-L^{BW}_t}}_{VG^{BW}_t} \widetilde{E}^{l,BW,S}_t\end{aligned}$$

um. Da der Buchwert des Eigenkapitals und der Verschuldungsgrad deterministisch sind, folgen auch deterministische Steuervorteile. Bei buchwertorientierter Finanzierung, unter Annahme der Ausschüttung der Gewinne nach Steuern, handelt es sich somit um eine autonome Finanzierungspolitik.[191]

191. Bei Kruschwitz & Löffler (2006, S. 84 .) finden sich, neben der hier vorgestellten Politik der Ausschüttung des Gewinns nach Steuern, noch zwei weitere Ausschüttungspolitiken, die sich direkt an der Investitionspolitik orientieren. Die erste Politik unterstellt, dass nur Ersatzinvestitionen durchgeführt werden. Bei der zweiten Politik hängen die Investitionen von den erzielten Cashflows ab.

Wenden wir uns nun den Ausfallkriterien zu. Wir setzen die Verschuldungsgrade in Gleichung (29) ein, so dass

$$\begin{aligned} id_t &= VG_t^{BW} E_0^{l,BW,S} - \sum_{s=t+1}^{T} \frac{\tau k^d VG_{s-1}^{BW} E_0^{l,BW,S}}{(1+r_f)^{s-t}} \\ &= E_0^{l,BW,S} \left(VG_t^{BW} - \sum_{s=t+1}^{T} \frac{\tau k^d VG_{s-1}^{BW}}{(1+r_f)^{s-t}} \right) \end{aligned} \tag{61}$$

folgt. Falls mit einem konstanten Verschuldungsgrad gearbeitet wird, vereinfacht sich das Überschuldungskriterium zu

$$id_t = E_0^{l,BW,S} VG^{BW} \left(1 - \frac{\tau k^d}{r_f} \left(1 - \left(\frac{1}{1+r_f} \right)^{T-t} \right) \right). \tag{62}$$

Zur Überprüfung auf Zahlungsunfähigkeit muss das Insolvenzkriterium durch

$$il_t^{II} = \frac{E_0^{l,BW,S}}{1+dr_t} \left((1+(1-\tau)k^d) VG_{t-1}^{BW} - \tau k^d \sum_{s=t+1}^{T} \frac{VG_{s-1}^{BW}}{(1+r_f)^{s-t}} \right) \tag{63}$$

beziehungsweise bei konstantem Verschuldungsgrad

$$il_t^{II} = \frac{E_0^{l,BW,S} VG^{BW}}{1+dr_t} \left((1+(1-\tau)k^d) - \frac{\tau k^d}{r_f} \left(1 - \left(\frac{1}{1+r_f} \right)^{T-t} \right) \right) \tag{64}$$

bestimmt werden. In Tabelle 10 findet sich eine Übersicht zur Ermittlung des hinreichenden Insolvenzkriteriums.

3.5.4.3. Cashfloworientierte Finanzierung

Hängen die Tilgungsbeträge von den erwirtschaften Cashflows ab, so spricht man von einer cashfloworientierten Finanzierung.[192] Man kann diese Art der Finanzierung oft bei so genannten "Leveraged Buyouts" beobachten. In diesem Fall wird der Erwerb eines Unternehmens in hohem Maße fremdfinanziert. Zur Rückzahlung des Fremdkapitals werden in erster Linie die freien Cashflows des erworbenen Unternehmens verwendet.[193] Je höher die freien Cashflows ausfallen, umso höher sind die Tilgungsbeträge und vice versa. Da die zukünftigen Zahlungen an die Fremdkapitalgeber unsicher sind, handelt es sich um eine zustandsabhängige Finanzierungspolitik. Wir unterstellen im Weiteren, dass ein Anteil $\theta \in [0, 1]$ der verfügbaren liquiden Mittel zur Tilgung verwendet wird. Aus Vereinfachungsgründen gehen wir davon aus, dass θ im Zeitablauf konstant ist. Die zum Zwecke der Rückzahlung verfügbare Liquidität ergibt sich,

192. Dieses Thema wird im Rahmen der DCF–Theorie in den Arbeiten von Arzac (1996), Löffler (2000), Rosarius (2004) und Kruschwitz & Löffler (2006) behandelt.

193. Siehe hierzu Rosarius (2004, S. 1) oder Ross et al. (2002, S. 474).

	$\tau < \frac{VG_t^{BW}}{\sum_{s=t+1}^{T} \frac{k^d VG_{s-1}^{BW}}{(1+r_f)^{s-t}}}$	$\tau \geq \frac{VG_t^{BW}}{\sum_{s=t+1}^{T} \frac{k^d VG_{s-1}^{BW}}{(1+r_f)^{s-t}}}$
$dr_t \geq \frac{(1+(1-\tau)k^d)VG_{t-1}^{BW} - VG_t^{BW}}{VG_t^{BW} - \sum_{s=t+1}^{T} \frac{\tau k^d VG_{s-1}^{BW}}{(1+r_f)^{s-t}}}$	I .Überschuldung (id_t) $E_0^{l,BW,S}\left(VG_t^{BW} - \sum_{s=t+1}^{T} \frac{\tau k^d VG_{s-1}^{BW}}{(1+r_f)^{s-t}}\right)$	III. Zahlungsunfähigkeit (il_t^{II}) $\frac{E_0^{l,BW,S}}{1+dr_t}\left((1+(1-\tau)k^d)VG_{t-1}^{BW} - \tau k^d \sum_{s=t+1}^{T} \frac{VG_{s-1}^{BW}}{(1+r_f)^{s-t}}\right)$
$dr_t < \frac{(1+(1-\tau)k^d)VG_{t-1}^{BW} - VG_t^{BW}}{VG_t^{BW} - \sum_{s=t+1}^{T} \frac{\tau k^d VG_{s-1}^{BW}}{(1+r_f)^{s-t}}}$	II. Zahlungsunfähigkeit (il_t^{II}) $\frac{E_0^{l,BW,S}}{1+dr_t}\left((1+(1-\tau)k^d)VG_{t-1}^{BW} - \tau k^d \sum_{s=t+1}^{T} \frac{VG_{s-1}^{BW}}{(1+r_f)^{s-t}}\right)$	IV. Keine Insolvenz möglich

Tabelle 10: Hinreichendes Insolvenzkriterium bei buchwertorientierter Finanzierungspolitik und Ausschüttung des Gewinns nach Steuern in Abhängigkeit von Dividendenrendite und Steuersatz

indem vom freien Cashflow des verschuldeten Unternehmens die Zinszahlungen subtrahiert werden.[194] Die Höhe der Tilgung lässt sich in diesem Fall durch

$$\widetilde{R}_t = \theta(\widetilde{FCF}_t^{l,S} - k^d \widetilde{D}_{t-1}^{BW,S})$$

ermitteln.

Es stellt sich die Frage, wie vorgegangen wird, wenn der geplante Tilgungsbetrag den Fremdkapitalbestand übersteigt. Dieser Problematik wird in der Literatur auf zwei verschiedenen Wegen begegnet.

Löffler (2000) und Kruschwitz & Löffler (2006) nehmen an, dass nach Rückzahlung des Fremdkapitals alle liquiden Mittel an die Anteilseigner ausgeschüttet werden.[195] Dies hat zur Folge, dass die zukünftigen Fremdkapitalbestände mittels einer Maximumfunktion zu bestimmen sind.[196] Mit dieser Annahme ist eine Bewertung des verschuldeten Unternehmens in bestimmten Fällen unter Rückgriff auf asiatische Put–Optionen möglich.[197]

Den zweite Weg beschreiten die Arbeiten von Arzac (1996) und Rosarius (2004). Um die Problematik negativer Fremdkapitalbestände zu umgehen, wird unterstellt, dass überschüssige Tilgungsbeträge sicher im Unternehmen angelegt werden.[198] Weil in diesem Fall auf Unternehmensebene zusätzliche Steuerzahlungen auf die erwirtschafteten Zinseinnahmen anfallen, wird aus dem Steuervorteil bei anteiliger Fremdfinanzierung nun ein Steuernachteil durch Geldanlage.[199] Wird davon ausgegangen, dass die Parameter zur Berechnung der Steuervorteile und –nachteile identisch sind, lassen sich Steuernachteile leicht bei der Bewertung berücksichtigen. In diesem Fall muss eine Anlage der überschüssigen Mittel zum Nominalzins des Fremdkapitals erfolgen. Eine solche Anlage aber ist auf einem arbitragefreien Kapitalmarkt zwangsläufig mit Ausfallrisiken verbunden. Insolvenzbedrohte Steuernachteile sind in unserem Modell deshalb anders zu bewerten, als nicht ausfallbedrohte Steuervorteile.

In der vorliegenden Arbeit wird eine vereinfachende Annahme getroffen. Der Nominalbetrag des Kredits wird so gewählt, dass der Fremdkapitalbestand während der Vertragslaufzeit nie

194. Diese Vorgehensweise findet sich auch bei Rosarius (2004, S. 5) und Kruschwitz & Löffler (2006, S. 90). Die Arbeiten von Newbould, Chatfield & Anderson (1992, S. 53) und Löffler (2000, S. 5) hingegen verwenden nur den freien Cashflow und vernachlässigen die Zinszahlungen.

195. Vgl. Löffler (2000, S. 5) und Kruschwitz & Löffler (2006, S. 90).

196. Bei Löffler (2000, S. 6) steht für die Fremdkapitalbestände mit angepasster Notation die Gleichung $\widetilde{D}_t^{BW,S} = \left(\widetilde{D}_{t-1}^{BW,S} - \theta\widetilde{FCF}_t^{l,S}\right)^+$.

197. In Löffler (2000, S. 7) findet sich einzig eine Bewertungsgleichung für ein ewig lebendes Unternehmen. Kruschwitz & Löffler (2006, S. 90) betrachten zusätzlich ein Unternehmen mit endlicher Lebensdauer, das jedoch nur in der ersten Periode cashfloworientiert finanziert ist.

198. Rosarius (2004, S. 29) argumentiert, dass ein Verzicht auf Ausschüttungen aufgrund steuerlicher Überlegungen sinnvoll sein kann. Siehe hierzu auch die Arbeit von Hundsdoerfer et al. (2006).

199. Siehe zu dieser Thematik auch Laitenberger (2005).

negativ werden kann. Das zu bewertende Unternehmen verfügt somit zu keinem Zeitpunkt über liquide Mittel, die nicht für das operative Geschäft notwendig sind. Da eine cashfloworientierte Finanzierung oft bei besonders hoch verschuldeten Unternehmen anzutreffen ist und im Rahmen des Modells eine endliche Betrachtungsperiode unterstellt wird, halten wir diese Vorgehensweise für akzeptabel.[200] Diese Überlegungen werden in einer Annahme festgehalten.

Annahme 20 (Cashfloworientierte Finanzierung) *Bei einer cashfloworientierten Finanzierungspolitik ergibt sich der Fremdkapitalbestand im Zeitpunkt t durch*

$$\widetilde{D}_t^{BW,S} = \widetilde{D}_{t-1}^{BW,S} - \theta(\widetilde{FCF}_t^u - (1-\tau)k^d\widetilde{D}_{t-1}^{BW,S}).$$

Der Fremdkapitalbestand kann nicht negativ werden, so dass für alle Zeitpunkte $t = 0, \ldots, T$

$$\widetilde{D}_t^{BW,S} \geq 0$$

gilt.

Um den Fremdkapitalbestand in Abhängigkeit vom Nominalbetrag des Kredits darzustellen, beginnen wir mit

$$\begin{aligned}\widetilde{D}_t^{BW,S} &= \widetilde{D}_{t-1}^{BW,S} - \theta(\widetilde{FCF}_t^u - (1-\tau)k^d\widetilde{D}_{t-1}^{BW,S})\\ \widetilde{D}_t^{BW,S} &= (1+\theta(1-\tau)k^d)\widetilde{D}_{t-1}^{BW,S} - \theta\widetilde{FCF}_t^u.\end{aligned}$$

Wird die letzte Gleichung rekursiv für den Zeitpunkt $t-1$ verwendet, ergibt sich

$$\widetilde{D}_t^{BW,S} = (1+\theta(1-\tau)k^d)^2\widetilde{D}_{t-2}^{BW,S} - \theta(1+\theta(1-\tau)k^d)\widetilde{FCF}_{t-1}^u - \theta\widetilde{FCF}_t^u.$$

Wird dieses Vorgehen bis zum Zeitpunkt $t = 0$ wiederholt, so erhalten wir

$$\widetilde{D}_t^{BW,S} = (1+\theta(1-\tau)k^d)^t D_0^{BW,S} - \theta\sum_{s=1}^{t}(1+\theta(1-\tau)k^d)^{t-s}\widetilde{FCF}_s^u,$$

was mit der Hilfsvariablen $\gamma = 1 + \theta(1-\tau)k^d$ auch in der Form

$$\widetilde{D}_t^{BW,S} = \gamma^t\left(D_0^{BW,S} - \theta\sum_{s=1}^{t}\frac{\widetilde{FCF}_s^u}{\gamma^s}\right) \tag{65}$$

dargestellt werden kann. Die Restriktion positiver Fremdkapitalbestände in Abhängigkeit vom Kreditbetrag in $t = 0$ ergibt sich zu[201]

$$D_0^{BW,S} \geq \theta\left(\frac{\widetilde{FCF}_t^u}{\gamma^t} + (2\gamma - 1)\sum_{s=1}^{t}\frac{\widetilde{FCF}_s^u}{\gamma^s}\right).$$

200. Vgl. Arzac (1996, S. 1) und Rosarius (2004, S. 1).

201. Zur Herleitung der Ungleichung siehe Anhang B.4.

Die Ermittlung des Tax Shields erfolgt analog zur Argumentation von Rosarius (2004). Wie in Anhang B.4 gezeigt wird, gilt für den Marktwert des Tax Shields

$$\widetilde{V}_t^{Tax,S} = \frac{\tau k^d}{\gamma}\left(D_0^{BW,S}\gamma^t \sum_{s=1}^{T-t}\left(\frac{\gamma}{1+r_f}\right)^s - \sum_{s=t+1}^{T} \frac{\gamma^s\theta\left(\sum_{k=1}^{t}\frac{\widetilde{FCF}_k^u}{\gamma^k} + \widetilde{V}_t^u dr_t \frac{1+r_f}{1+k^u}\sum_{k=t+1}^{s}\frac{\prod_{\delta=t}^{k-1}(1+g_\delta)}{\gamma^k}\right)}{(1+r_f)^{s-t}}\right). \quad (66)$$

Betrachten wir die Insolvenzkriterien. Das Kriterium für Überschuldung kann durch

$$\widetilde{id}_t = \frac{D_0^{BW,S}\gamma^t\left(1 - \frac{\tau k^d}{\gamma}\sum_{s=1}^{T-t}\left(\frac{\gamma}{1+r_f}\right)^s\right) + \left(\tau k^d \sum_{s=t+1}^{T}\frac{\gamma^{s-1}}{(1+r_f)^{s-t}} + \gamma^t\right)\theta\sum_{s=1}^{t}\frac{\widetilde{FCF}_s^u}{\gamma^{s-t}}}{1 - \frac{\tau k^d\theta dr_t}{1+k^u}\sum_{s=t}^{T-1}\frac{\gamma^s}{(1+r_f)^{s-t}}\sum_{k=t+1}^{s}\frac{\prod_{\delta=t}^{k-1}(1+g_\delta)}{\gamma^k}} \quad (67)$$

ermittelt werden.[202]

Damit ein Unternehmen zahlungsunfähig ist, muss der Marktwert des unverschuldeten Unternehmens mit Ungleichung (36) geringer als

$$\widetilde{il}_t^{II} = \frac{(1+(1-\tau)k^d)\widetilde{D}_{t-1}^{BW,S} - \tau k^d \sum_{s=t+1}^{T}\frac{E_Q[\widetilde{D}_{s-1}^{BW,S}|\mathcal{F}_t]}{(1+r_f)^{s-t}}}{1+dr_t}$$

sein. Einsetzen von (65) und (66) führt auf

$$\begin{aligned}\widetilde{il}_t^{II} = {} & \frac{(1+(1-\tau)k^d)}{1+dr_t}\gamma^{t-1}\left(D_0^{BW,S} - \theta\sum_{s=1}^{t-1}\frac{\widetilde{FCF}_s^u}{\gamma^s}\right) - \frac{\tau k^d}{(1+dr_t)}D_0^{BW,S}\gamma^{t-1}\sum_{s=1}^{T-t}\left(\frac{\gamma}{1+r_f}\right)^s \\ & + \frac{\tau k^d}{(1+dr_t)\gamma}\sum_{s=t+1}^{T}\frac{\gamma^s\theta\left(\sum_{k=1}^{t}\frac{\widetilde{FCF}_k^u}{\gamma^k} + \widetilde{V}_t^u dr_t\frac{1+r_f}{1+k^u}\sum_{k=t+1}^{s}\frac{\prod_{\delta=t}^{k-1}(1+g_\delta)}{\gamma^k}\right)}{(1+r_f)^{s-t}}. \end{aligned} \quad (68)$$

Um das hinreichende Insolvenzkriterium zu ermitteln, müssen wir untersuchen, wann das Überschuldungskriterium positiv ist. Dies ist der Fall, wenn der Marktwert der Steuervorteile geringer als der Buchwert des Fremdkapitals ist

$$\widetilde{D}_t^{BW,S} > \tau k^d \sum_{s=t+1}^{T}\frac{E_Q[\widetilde{D}_{s-1}^{BW,S}|\mathcal{F}_t]}{(1+r_f)^{s-t}}.$$

Da die Fremdkapitalbestände annahmegemäß nie negativ werden können, ist die rechte Seite des letzten Terms immer positiv.

Abschließend muss der Ausdruck

$$dr_t \geq \frac{(1+(1-\tau)k^d)\widetilde{D}_{t-1}^{BW,S} - \widetilde{D}_t^{BW,S}}{\widetilde{id}_t}$$

202. Die Herleitung findet sich in Anhang B.4.

	$\tau < \widetilde{\psi}_t$	$\tau \geq \widetilde{\psi}_t$
$dr_t \geq \widetilde{\omega}_t$	I. Überschuldung (id_t) $\frac{D_0^{BW,S}\gamma^t\left(1-\frac{\tau k^d}{\gamma}\sum_{s=1}^{T-t}\left(\frac{\gamma}{1+r_f}\right)^s\right)}{1-\frac{\tau k^d\theta dr_t}{1+k^u}\sum_{s=t}^{T-1}\frac{\gamma^s}{(1+r_f)^{s-t}}\sum_{k=t+1}^{s}\frac{\prod_{\delta=t}^{k-1}(1+g_\delta)}{\gamma^k}}$ $+\frac{\tau k^d\sum_{s=t+1}^{T}\frac{\gamma^{s-1}}{(1+r_f)^{s-t}}+\gamma^t)\theta\sum_{s=1}^{t}\frac{\widetilde{FCF}_s^u}{\gamma^{s-t}}}{1-\frac{\tau k^d\theta dr_t}{1+k^u}\sum_{s=t}^{T-1}\frac{\gamma^s}{(1+r_f)^{s-t}}\sum_{k=t+1}^{s}\frac{\prod_{\delta=t}^{k-1}(1+g_\delta)}{\gamma^k}}$	III. Zahlungsunfähigkeit (il_t^{II}) $\frac{(1+(1-\tau)k^d)}{1+dr_t}\gamma^{t-1}\left(D_0^{BW,S}-\theta\sum_{s=1}^{t-1}\frac{\widetilde{FCF}_s^u}{\gamma^s}\right)$ $-\frac{\tau k^d}{\gamma(1+dr_t)}D_0^{BW,S}\gamma^t\sum_{s=1}^{T-t}\left(\frac{\gamma}{1+r_f}\right)^s$ $+\frac{\tau k^d}{(1+dr_t)\gamma}\sum_{s=t+1}^{T}\frac{\gamma^s\theta\left(\sum_{k=1}^{t}\frac{\widetilde{FCF}_k^u}{\gamma^k}+\widetilde{V}_t^u dr_t\frac{1+r_f}{1+k^u}\sum_{k=t+1}^{s}\frac{\prod_{\delta=t}^{k-1}(1+g_\delta)}{\gamma^k}\right)}{(1+r_f)^{s-t}}$
$dr_t < \widetilde{\omega}_t$	II. Zahlungsunfähigkeit (il_t^{II}) $\frac{(1+(1-\tau)k^d)}{1+dr_t}\gamma^{t-1}\left(D_0^{BW,S}-\theta\sum_{s=1}^{t-1}\frac{\widetilde{FCF}_s^u}{\gamma^s}\right)$ $-\frac{\tau k^d}{\gamma(1+dr_t)}D_0^{BW,S}\gamma^t\sum_{s=1}^{T-t}\left(\frac{\gamma}{1+r_f}\right)^s$ $+\frac{\tau k^d}{(1+dr_t)\gamma}\sum_{s=t+1}^{T}\frac{\gamma^s\theta\left(\sum_{k=1}^{t}\frac{\widetilde{FCF}_k^u}{\gamma^k}+\widetilde{V}_t^u dr_t\frac{1+r_f}{1+k^u}\sum_{k=t+1}^{s}\frac{\prod_{\delta=t}^{k-1}(1+g_\delta)}{\gamma^k}\right)}{(1+r_f)^{s-t}}$	IV. Keine Insolvenz möglich

Tabelle 11: Hinreichendes Insolvenzkriterium bei cashfloworientierter Finanzierungspolitik in Abhängigkeit von Dividendenrendite und Steuersatz

untersucht werden. Wir betrachten zunächst nur den Zähler der rechten Seite. Mit Gleichung (65) ergibt sich

$$
\begin{aligned}
(1+(1-\tau)k^d)\widetilde{D}_{t-1}^{BW,S}-\widetilde{D}_t^{BW,S} &= (1+(1-\tau)k^d)\gamma^{t-1}\left(D_0^{BW,S}-\theta\sum_{s=1}^{t-1}\frac{\widetilde{FCF}_s^u}{\gamma^s}\right)\\
&\quad -\gamma^t\left(D_0^{BW,S}-\theta\sum_{s=1}^{t}\frac{\widetilde{FCF}_s^u}{\gamma^s}\right)\\
&= \left(1+(1-\tau)k^d)\gamma^{t-1}-\gamma^t\right)\left(D_0^{BW,S}-\theta\sum_{s=1}^{t-1}\frac{\widetilde{FCF}_s^u}{\gamma^s}\right)-\theta\widetilde{FCF}_t^u\,.
\end{aligned}
$$

Unter Verwendung der letzten Gleichung und des Überschuldungskriteriums erhalten wir

$$
dr_t \geq \underbrace{\frac{\left(1+(1-\tau)k^d)\gamma^{t-1}-\gamma^t\right)\left(D_0^{BW,S}-\theta\sum_{s=1}^{t-1}\frac{\widetilde{FCF}_s^u}{\gamma^s}\right)-\theta\widetilde{FCF}_t^u}{\dfrac{D_0^{BW,S}\gamma^t\left(1-\frac{\tau k^d}{\gamma}\sum_{s=1}^{t-1}\left(\frac{\gamma}{1+r_f}\right)^s\right)+\left(\tau k^d\sum_{s=t+1}^{T}\frac{\gamma^{s-1}}{(1+r_f)^{s-t}}+\gamma^t\right)\theta\sum_{s=1}^{t}\frac{\widetilde{FCF}_s^u}{\gamma^{s-t}}}{1-\frac{\tau k^d\theta dr_t}{1+k^u}\sum_{s=t}^{T-1}\frac{\gamma^s}{(1+r_f)^{s-t}}\sum_{k=t+1}^{s}\frac{\prod_{\delta=t}^{k-1}(1+g_\delta)}{\gamma^k}}}}_{\widetilde{\omega}_t}\,.
$$

Mit Hilfe von Tabelle 11 kann das hinreichende Insolvenzkriterium im Falle einer cashflow-orientierten Finanzierungspolitik ermittelt werden.

In Abschnitt 3.5 wurden mit Überschuldung und Zahlungsunfähigkeit zunächst zwei Insolvenzkriterien definiert. Es wurde gezeigt, dass ein verschuldetes Unternehmen Insolvenz anmelden muss, sobald der Marktwert des unverschuldeten Unternehmens einen bestimmten Wert unterschreitet. Anschließend wurde dargestellt, wie dieser Wert in Abhängigkeit von der Dividendenrendite und des Steuersatzes zu ermitteln ist. Auf Grundlage dieser Überlegungen wurden dann die Insolvenzkriterien für unterschiedliche Finanzierungspolitiken hergeleitet. Nachdem in den letzten beiden Abschnitten untersucht wurde, welchen Einfluss eine Insolvenz auf ein Unternehmen hat, beziehungsweise unter welchen Voraussetzungen Insolvenz angemeldet werden muss, wird im nächsten Abschnitt betrachtet, wie mittels dieser Ergebnisse eine Bewertungsgleichung für ein verschuldetes Unternehmen hergeleitet werden kann.

3.6. Duplikation des verschuldeten Unternehmens

3.6.1. Cashflow des verschuldeten Unternehmens

Um eine Bewertungsgleichung für das verschuldete Unternehmen bei riskantem Fremdkapital herzuleiten, werden wir uns damit beschäftigen, wie dessen Zahlungsüberschüsse aussehen. Betrachten wir den freien Cashflow des verschuldeten Unternehmens zunächst unter der Voraussetzung, dass in der Vergangenheit noch keine Insolvenz eingetreten ist. Da sich wegen Annahme 14 (Insolvenzkosten) die Kosten einer Insolvenz nur auf zukünftige Cashflows auswirken, sind keine Insolvenzkosten zu berücksichtigen. Weiterhin können aufgrund von Annahme 13 (Steuervorteil bei Insolvenz) alle Steuervorteile realisiert werden, so dass nach Gleichung (16) in allen Zeitpunkten $t = 1, \ldots, T$ mit $f \quad \{1, \ldots, t \quad 1\}$

$$\widetilde{FCF}^l_t = \widetilde{FCF}^u_t + \tau k^d \widetilde{D}^{BW,S}_{t\quad 1}$$

gilt.

Wird ein Zeitpunkt $t > f$ untersucht, so hat das verschuldete Unternehmen in der Vergangenheit Insolvenz angemeldet. Der Ausfall hat negative Auswirkungen auf das operative Geschäft, so dass der freie Cashflow um die Insolvenzkosten zu reduzieren ist. Da der Finanzierungsvertrag wegen Annahme 12 (Finanzierungsvertrag bei Insolvenz) im Falle einer Insolvenz aufgelöst wird, können keine Steuervorteile realisiert werden. Für den freien Cashflow des verschuldeten Unternehmens gilt mit Gleichung (25) in allen Zeitpunkten $t > f$

$$\begin{aligned} \widetilde{FCF}^l_t &= \widetilde{FCF}^u_t \quad \widetilde{BC}_t \\ &= (1 \qquad)\widetilde{FCF}^u_t . \end{aligned}$$

Fassen wir die vorangegangenen Überlegungen zusammen, so ergibt sich der Cashflow des verschuldeten Unternehmens für alle Zeitpunkte $t = 1, \ldots, T$ durch

$$\widetilde{FCF}^l_t = \begin{cases} (1 \qquad)\widetilde{FCF}^u_t & \text{wenn } f \in \{1, \ldots, t \quad 1\} \\ \widetilde{FCF}^u_t + \tau k^d \widetilde{D}^{BW,S}_{t\quad 1} & \text{sonst} \end{cases} . \tag{69}$$

3.6.2. Komponenten des Duplikationsportfolios

Im Folgenden werden wir ein Portfolio aus am Kapitalmarkt gehandelten Wertpapieren zusammenstellen, welches in allen zukünftigen Zeitpunkten die gleichen Zahlungen wie das verschuldete Unternehmen erzeugt. Wir bezeichnen ein solches Portfolio als Duplikationsportfolio. Auf einem arbitragefreien Kapitalmarkt müssen sich der Marktwert des Duplikationsportfolios und des verschuldeten Unternehmens entsprechen.[203] Betrachten wir die Komponenten des Duplikationsportfolios im Einzelnen.

203. Vgl. Kruschwitz (2004, S. 317).

3.6.2.1. Unverschuldetes Unternehmen

Ist in der Vergangenheit keine Insolvenz eingetreten, so erzeugt das Duplikationsportfolio unter anderem Zahlungen in Höhe der freien Cashflows des unverschuldeten Unternehmens. Damit in jedem Zeitpunkt der Betrag $\widetilde{FCF}_t^u$ entnommen werden kann, muss das Portfolio in $t = 1, \ldots, T$ entweder Anteile des unverschuldeten Unternehmens $\widetilde{V}_t^u$ oder Wertpapiere $\widetilde{V}_t^{FCF_s}$ zur Duplikation der einzelnen Cashflows für $s = t + 1, \ldots, T$ enthalten.

3.6.2.2. Tax Shield

Weiterhin muss eine Vermögensposition enthalten sein, welche die Zahlungen des Tax Shields unter Vernachlässigung eines Insolvenzrisikos repliziert.[204] Wenn keine Insolvenz eintreten kann, ergeben sich die Steuervorteile nach Gleichung (15) durch

$$\widetilde{TB}_t^S = \tau k^d \widetilde{D}_{t-1}^{BW,S} .$$

Um Zahlungen in Höhe der Steuervorteile zu erzeugen, müssen die Fremdkapitalbestände nachgebildet werden. Im Falle einer autonomen Finanzierungspolitik sind die zukünftigen Steuervorteile sicher und können mittels der risikolosen Anlage dupliziert werden. Verfolgt ein Unternehmen eine zustandsabhängige Finanzierungspolitik, so müssen zur Duplikation der Steuervorteile Wertpapiere erworben werden, deren Auszahlungen sich an derselben zustandsabhängigen Variablen orientieren wie die Fremdkapitalbestände. Beispielsweise muss zur Duplikation der Steuervorteile im Falle einer marktwertorientierten Finanzierungspolitik ein Anteil des unverschuldeten Unternehmens erworben werden.[205]

3.6.2.3. Barrier–Optionen

Um die Auswirkungen einer Insolvenz bei der Zusammenstellung des Duplikationsportfolios zu berücksichtigen, ist eine Kombination aus Wertpapieren gesucht, welche sowohl die Reduzierung der freien Cashflows als auch den Verlust der Steuervorteile abbildet. Diese Wertpapiere müssen hierzu in allen Zeitpunkten $t = 1, \ldots, T$ die Zahlungen

$$\widetilde{BC}_t - \widetilde{TB}_t^S + \widetilde{TB}_t = \begin{cases} \widetilde{FCF}_t^u - \tau k^d \widetilde{D}_{t-1}^{BW,S} & \text{wenn } f \in \{1, \ldots, t-1\} \\ 0 & \text{sonst} \end{cases} \tag{70}$$

generieren. Wie der letzten Gleichung zu entnehmen ist, entstehen diese Zahlungen, wenn das verschuldete Unternehmen Insolvenz angemeldet hat. Dies ist der Fall, wenn der Marktwert des unverschuldeten Unternehmens erstmals unter den Wert des Insolvenzkriteriums sinkt. Wir benötigen somit Wertpapiere, welche nur dann zu Zahlungen führen, wenn das unverschuldete Unternehmen eine vorgegebene Kursschranke erstmals unterschreitet.

---

204. Siehe hierzu die Ausführungen in Abschnitt 3.2.

205. Zur Duplikation des Tax Shields siehe Abschnitt 4.1.2.

Sucht man in der Literatur zur Finanzierungstheorie nach Wertpapieren mit der beschriebenen Eigenschaft, so wird man im Bereich der exotischen Optionen fündig.[206] Exotische Optionen unterscheiden sich von klassischen Optionen dadurch, dass ihre Auszahlungen an zusätzliche Bedingungen geknüpft sind. Hat eine Option die zusätzliche Bedingung, dass das Underlying während der Laufzeit eine vorgegebene Kursschranke oder auch Knock–In–Barriere erreichen muss, damit die Option ausgeübt werden kann, so spricht man von einer Knock–In–Option.[207] Im hier betrachteten Fall liegt die Knock–In–Barriere zum Zeitpunkt der Emission der Option unterhalb des Wertes des Underlyings. Die Option wird deshalb als Down–and–In–Option bezeichnet.

Betrachten wir eine Down–and–In–Option auf das unverschuldete Unternehmen. Um die Insolvenzkosten mit Hilfe einer exotischen Option zu duplizieren, werden wir die Knock–In–Barriere so wählen, dass sie in jedem Zeitpunkt mit dem hinreichenden Insolvenzkriterium übereinstimmt. Unter diesen Voraussetzungen kann die Knock–In–Option nur dann ausgeübt werden, wenn das verschuldete Unternehmen Insolvenz anmeldet. Da eine Insolvenz nur Auswirkungen auf zukünftige Zahlungen hat, endet die Laufzeit der Option in T 1. Aus Vereinfachungsgründen nehmen wir an, dass der Halter der Option bei Ausübung keine Zahlung leisten muss, so dass der Ausübungspreis Null beträgt. In solchen Fällen spricht man auch von binären oder digitalen Optionen.[208] Binäre Optionen lassen sich in zwei Gruppen einteilen. Bei einer Cash–or–Nothing–Option erhält der Besitzer bei Ausübung eine einmalige Zahlung. Steht dem Halter der Option das Underlying zu, so handelt es sich um eine Asset–or–Nothing–Option. Wir werden von beiden Optionstypen Gebrauch machen. Weiterhin setzen wir voraus, dass die Option bei Erreichen der Kursschranke ausgeübt wird. Die Eigenschaft, dass die Ausübung einer Knock–In–Option unmittelbar bei Erreichen der Barriere erfolgt, wird als Payment–at–Hit bezeichnet.[209] Payment–at–Hit–Optionen sind europäische Optionen, da der Halter nicht die Wahl hat, die Option zu einem beliebigen Zeitpunkt auszuüben.[210]

Beginnen wir mit der Betrachtung der Option zur Duplikation der in Abschnitt 3.4.3 beschriebenen Insolvenzkosten. Die aus den Insolvenzkosten resultierenden Zahlungen konnen mittels einer Down–and–In–Option dupliziert werden, welche mit $\widetilde{C}_t^{IK}$ bezeichnen wird. Die Option berechtigt zum Erwerb eines Anteils des unverschuldeten Unternehmens. Aus diesem Anteil fließen in allen Zeitpunkten $t > f$ Zahlungen in Höhe von $\widetilde{FCF}_t^u$, was den Insolvenzkosten entspricht. Wir haben es dementsprechend mit einer Kaufoption auf das unverschuldete Unternehmen zu tun, die ein Bezugsverhältnis von hat. Die Eigenschaften der Option sind in Tabelle 12 zusammengefasst.

Wie beschrieben, erhält der Besitzer der Option $\widetilde{C}_t^{IK}$ im Falle einer Insolvenz unmittelbar einen Anteil des unverschuldeten Unternehmens, ohne dass er hierfür eine Zahlung leisten muss. Hält er diesen Anteil bis zum Zeitpunkt T, bekommt er in $t > f$ Zahlungen von $\widetilde{FCF}_t^u$. Die

[206] Ausführliche Erläuterung zum Thema exotische Optionen finden sich bei Sandmann (2001), Zhang (2002)

Art der Option	Kaufoption
Exotische Eigenschaften	Down–and–In, Asset–or–Nothing, Payment–at–Hit
Underlying	$\widetilde{V}_t^u$
Knock–In–Barriere	$\widetilde{IK}_t$
Auszahlung	$\widetilde{V}_t^u$
Laufzeitende	T 1

Tabelle 12: Barrier–Option zur Duplikation der Insolvenzkosten

Insolvenzkosten reduzieren jedoch die freien Cashflows. Aus diesem Grunde müssen wir zur ihrer Duplikation die Gegenposition zum Erwerb von $\widetilde{C}_t^{IK}$ einnehmen, was einem Leerverkauf der Option entspricht. Die nachstehende Tabelle gibt die Zahlungen und Barwerte für einen Leerverkauf der Option C_0^{IK} an.

	$t = 0$	$t = 1, \ldots, f$ 1	$t = f$	$t = f + 1, \ldots, T$
Zahlungen	C_0^{IK}	0	0	$\widetilde{FCF}_t^u$
Barwert	C_0^{IK}	$\widetilde{C}_t^{IK}$	$\widetilde{V}_t^u$	$\widetilde{V}_t^u$

Tabelle 13: Zahlungen und Barwerte eines Leerverkaufs der Option C_0^{IK}

Neben der Entstehung von Insolvenzkosten gibt es nach Ausfall auch keine Steuervorteile mehr. Auch dieser Verlust kann mit Hilfe eines Down–and–In–Calls auf das unverschuldete Unternehmen dupliziert werden, welchen wir mit dem Symbol $\widetilde{C}_t^{TS}$ darstellen. Der einzige Unterschied zur Option $\widetilde{C}_t^{IK}$ besteht darin, dass dem Halter der Option bei Unterschreiten der Knock–In–Barriere statt der Lieferung des Underlyings, eine Zahlung in Höhe des Wertes des Tax Shields im Zeitpunkt $t = f$ zusteht. In Tabelle 14 wird die Option charakterisiert.

Um die durch eine Insolvenz verlorenen Steuervorteile zu duplizieren, muss die Option $\widetilde{C}_t^{TS}$ leerverkauft werden. Da es unsere Absicht ist, in jedem Zeitpunkt $t > f$ Zahlungen in Höhe der Steuervorteile zu erzeugen, nehmen wir an, dass die dem Halter der Option zustehende Zahlung im Zeitpunkt $t = f$ über den Kapitalmarkt finanziert wird. Diese Finanzierung ist

oder Hull (2006).

207. Zum Thema Knock–In–Optionen siehe Wilmott (2001, S. 232) oder Hull (2006, S. 533).

208. Vgl. Sandmann (2001, S. 69) oder Zhang (2002, S. 400).

209. Vgl. Sandmann (2001, S. 58).

210. Vgl. Rubinstein & Reiner (1991) oder Sandmann (2001, S. 68).

Art der Option	Kaufoption
Exotische Eigenschaften	Down–and–In, Cash–or–Nothing, Payment–at–Hit
Underlying	$\widetilde{V}_t^u$
Knock–In–Barriere	$\widetilde{IK}_t$
Auszahlung	$\widetilde{V}_t^{Tax,S}$
Laufzeitende	$T-1$

Tabelle 14: Barrier–Option zur Duplikation der durch Insolvenz verlorenen Steuervorteile

durch Zahlungen in Höhe der Steuervorteile $\widetilde{TB}_t^S$ im Zeitraum von $f+1$ bis T zurückzuführen. Tabelle 15 stellt die Zahlungen und Barwerte für eine in $t=0$ eingegangene Short Position in C_0^{TS} dar.

	$t=0$	$t=1,\ldots,f-1$	$t=f$	$t=f+1,\ldots,T$
Zahlungen	C_0^{TS}	0	0	$\tau k^d \widetilde{D}_{t-1}^{BW,S}$
Barwert	C_0^{TS}	$\widetilde{C}_t^{TS}$	$\widetilde{V}_t^{Tax,S}$	$\widetilde{V}_t^{Tax,S}$

Tabelle 15: Zahlungen und Barwerte eines Leerverkaufs der Option C_0^{TS}

Um die durch eine Insolvenz verursachten Zahlungen aus Gleichung (70) mittels am Kapitalmarkt gehandelter Wertpapiere zu duplizieren, müssen die beiden Optionen $\widetilde{C}_t^{IK}$ und $\widetilde{C}_t^{TS}$ leerverkauft werden. Voraussetzung hierzu ist, dass die Optionen $\widetilde{C}_t^{IK}$ und $\widetilde{C}_t^{TS}$ auch am Kapitalmarkt gehandelt werden, was wir in einer Annahme festhalten wollen.[211]

Annahme 21 (Vollständigkeit des Kapitalmarktes) *Am Kapitalmarkt werden die Down–and–In–Calls $\widetilde{C}_t^{IK}$ und $\widetilde{C}_t^{TS}$ gehandelt.*

Damit haben wir nun alle Komponenten bestimmt, die wir benötigen, um das Duplikationsportfolio zusammenzustellen.

211. Löffler (2000, S. 5) verwendet exotische Optionen zur Bewertung eines verschuldeten Unternehmens im Rahmen einer cashfloworientierten Finanzierungspolitik. Er unterstellt, ähnlich dem Vorgehen in dieser Arbeit, dass alle Derivate auf das unverschuldete Unternehmen gehandelt werden.

3.6.3. Verschuldetes Unternehmen

Zur Erstellung des Duplikationsportfolios müssen einerseits das unverschuldete Unternehmen sowie Wertpapiere zur Duplikation der Steuervorteile erworben werden und andererseits die exotischen Optionen $\widetilde{C}_t^{IK}$ und $\widetilde{C}_t^{TS}$ leerverkauft werden. Tabelle 16 stellt die Zahlungen dar, die aus einem Erwerb des Duplikationsportfolios in $t = 0$ folgen.

	$t = 0$	$t = 1, \ldots, f$	$t = f + 1, \ldots, T$
Kauf des unverschuldeten Unternehmens	V_0^u	$\widetilde{FCF}_t^u$	$\widetilde{FCF}_t^u$
Kauf von Wertpapieren zur Duplikation des Tax Shields	$V_{Tax,0}^S$	$\tau k^d \widetilde{D}_{t\ 1}^{BW,S}$	$\tau k^d \widetilde{D}_{t\ 1}^{BW,S}$
Leerverkauf C_0^{IK}	C_0^{IK}	0	$\widetilde{FCF}_t^u$
Leerverkauf C_0^{TS}	C_0^{TS}	0	$\tau k^d \widetilde{D}_{t\ 1}^{BW,S}$
Summe	$V_0^u \quad V_{Tax,0}^S$ $+C_0^{IK} + C_0^{TS}$	$\widetilde{FCF}_t^u + \tau k^d \widetilde{D}_{t\ 1}^{BW,S}$	$(1 \quad)\widetilde{FCF}_t^u$

Tabelle 16: Zahlungen bei Erwerb des Duplikationsportfolios in $t = 0$

Schaut man sich die Summe der Zahlungen des Duplikationsportfolios an, so entsprechen diese in allen Zeitpunkten $t = 1, \ldots, T$ den durch (69) gegebenen freien Cashflows des verschuldeten Unternehmens bei riskantem Fremdkapital. Neben den Anteilen des verschuldeten Unternehmens, werden mit Annahme 3 (Handelbarkeit der Unternehmensanteile) und 21 (Vollständigkeit des Kapitalmarktes) auch alle Komponenten des Duplikationsportfolios am Kapitalmarkt gehandelt. Bei Arbitragefreiheit müssen sich der Wert des Duplikationsportfolios und des verschuldeten Unternehmens entsprechen. Für den Zeitpunkt $t = 0$ ergibt sich eine Bewertungsgleichung der Form

$$V_0^l \;=\; V_0^u + V_{Tax,0}^S \quad C_0^{TS} \quad C_0^{IK} \,. \tag{71}$$

Mit Gleichung (71) kann der Marktwert des verschuldeten Unternehmens über die Preise am Kapitalmarkt notierter Wertpapiere bestimmt werden.

4. Bewertung des Duplikationsportfolios

In dem vorangegangenen Kapitel wurde ein Modell vorgestellt, dessen Ergebnis eine Bewertungsgleichung für ein verschuldetes Unternehmen unter Berücksichtigung von Ausfallrisiken ist. Es wurde gezeigt, dass sich der Marktwert eines verschuldeten Unternehmens über das Duplikationsportfolio ermitteln lässt. In diesem Kapitel wird zunächst die Verteilung der Cashflows näher spezifiziert. Auf dieser Grundlage wird dann die Bewertung der Komponenten des Duplikationsportfolios erläutert.

4.1. Binomialmodell

Da wir uns, wie zu Beginn von Kapitel 3 angenommen, in einer zeit– und zustandsdiskreten Welt bewegen, betrachten wir im Folgenden ein Binomialmodell.[212] Bei der modellierten Variablen handelt es sich um den freien Cashflow des unverschuldeten Unternehmens. Der $\widetilde{FCF}^u_t$ folgt einem multiplikativen Binomialprozess und kann im nächsten Zeitpunkt mit der Wahrscheinlichkeit p entweder den Wert $u\widetilde{FCF}^u_t$ oder mit der Gegenwahrscheinlichkeit $(1 - p)$ den Betrag $d\widetilde{FCF}^u_t$ annehmen, wobei wir von $u > d$ ausgehen. Um die Betrachtung zu vereinfachen, wird unterstellt, dass sowohl die Wahrscheinlichkeit p als auch die Parameter u und d konstant sind. Annahme 2 (Duplikation) besagt, dass die freien Cashflows durch am Kapitalmarkt gehandelte Wertpapiere dupliziert werden können. Damit Arbitragefreiheit gewährleistet ist, muss der Zusammenhang $u > 1 + r_f > d > 0$ gelten.[213]

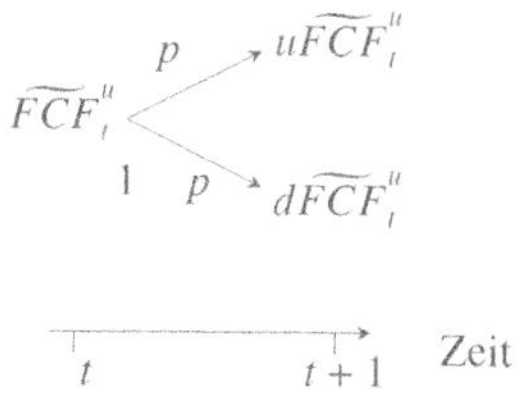

Abbildung 6: Entwicklung des Cashflows im Binomialmodell

Gibt j die Anzahl der Aufwärtsbewegungen u an, so ist die Realisation des freien Cashflows in allen Zeitpunkten $t = 0, \ldots, T$ durch

$$FCF^u_{t,j} = u^j d^{t-j} FCF^u_0 \; \forall \; j = 1, \ldots, t \tag{72}$$

212. Das erste Binomialmodell zur Bewertung von Optionen wurde von Cox, Ross & Rubinstein (1979) entwickelt.

213. Vgl. Shreve (2004*a*, S. 2).

gegeben. Der Erwartungswert des Cashflows für $s > t$ kann mit Hilfe einer Binomialformel in der Form

$$E[\widetilde{FCF}^u_s|\mathcal{F}_t] = \sum_{j=0}^{s-t}\binom{s-t}{j}p^j(1-p)^{s-t-j}u^j d^{s-t-j}\widetilde{FCF}^u_t \quad \forall\, t = 0,\ldots,T \tag{73}$$

angegeben werden. Eine festgelegte Reihenfolge von Entwicklungen u und d, die vom Ausgangspunkt $\widetilde{FCF}^u_t$ zu einem Cashflow $\widetilde{FCF}^u_{s,j}$ führt, wird als Pfad bezeichnet. Der Binomialkoeffizient gibt die Anzahl der Pfade an, die bei j Entwicklungen u im Zeitraum t bis s zum Cashflow $FCF^u_{s,j}$ führen. Mit Annahme 7 (Entwicklung der Cashflows) kann die Wachstumsrate im beschriebenen Binomialmodell durch

$$\begin{aligned} E[\widetilde{FCF}^u_{t+1}|\mathcal{F}_t] &= pu\widetilde{FCF}^u_t + (1-p)d\widetilde{FCF}^u_t \\ &= \underbrace{(p(u-d)+d)}_{1+g}\widetilde{FCF}^u_t \end{aligned}$$

ermittelt werden. Auflösen des Klammerausdrucks nach g führt zu

$$g = p(u-d) + d - 1\,. \tag{74}$$

Alle Parameter der rechten Seite vorstehender Gleichung sind konstant, womit auch die Wachstumsrate konstant ist. Da für die Wahrscheinlichkeit $p \in [0,1]$ gilt, muss mit

$$p = \frac{1+g-d}{u-d}$$

der Zusammenhang $u > 1 + g > d$ gelten.

Zur Bewertung der Knock–In–Optionen werden wir auf das Konzept der risikoneutralen Wahrscheinlichkeiten zurückgreifen. Die risikoneutrale Wahrscheinlichkeit für eine Aufwärtsbewegung q ermittelt sich unter Verwendung von Gleichung (8) und (9) in der Form

$$\begin{aligned} \frac{E_Q[\widetilde{FCF}^u_{t+1}|\mathcal{F}_t]}{1+r_f} &= \frac{E[\widetilde{FCF}^u_{t+1}|\mathcal{F}_t]}{1+k^u} \\ \frac{(q(u-d)+d)\widetilde{FCF}^u_t}{1+r_f} &= \frac{(1+g)\widetilde{FCF}^u_t}{1+k^u} \\ q &= \frac{\frac{(1+r_f)(1+g)}{1+k^u} - d}{u-d}\,. \end{aligned} \tag{75}$$

Da wir von einem arbitragefreien Kapitalmarkt ausgehen, muss $u > \frac{(1+r_f)(1+g)}{1+k^u} > d$ gelten, damit für die risikoneutrale Wahrscheinlichkeit $q \in [0,1]$ erfüllt ist.

4.1.1. Unverschuldetes Unternehmen

Wie in Abschnitt 3.6.2.3 ausgeführt wurde, ist das Underlying der Barrier–Optionen der Marktwert des unverschuldeten Unternehmens. Zur Bewertung der Optionen muss somit die Entwicklung des Unternehmenswertes bekannt sein. Nachdem wir die Entwicklung des freien Cashflows beschrieben haben, können die Ergebnisse auf die Entwicklung des unverschuldeten Unternehmens übertragen werden. Mit Gleichung (11) kann der Marktwert des unverschuldeten Unternehmens durch die Dividendenrendite unmittelbar vom freien Cashflow abgeleitet werden

$$\widetilde{V}_t^u = \frac{\widetilde{FCF}_t^u}{dr_t}.$$

Nach Einsetzen von Gleichung (72) gilt für alle Zeitpunkte $t = 0, \ldots, T-1$

$$V_{t,j}^u = u^j d^{t-j} \frac{FCF_0^u}{dr_t} \quad \forall\, j = 0, \ldots, t. \tag{76}$$

Für den Unternehmenswert kommt es aufgrund der multiplikativen Verknüpfung der Faktoren u und d nicht auf die Reihenfolge der Entwicklungen u beziehungsweise d an. Ausschlaggebend ist allein, wie viele Aufwärtsbewegungen seit dem Zeitpunkt $t = 0$ aufgetreten sind, da für einen Zeitpunkt t alle Pfade mit j Aufwärtsbewegungen zum gleichen Unternehmenswert führen. Der Unternehmenswert ist pfadunabhängig. Für den Erwartungswert des unverschuldeten Unternehmens gilt mit Gleichung (73) für $s > t$ in allen Zeitpunkten $t = 0, \ldots, T-1$

$$\begin{aligned} E[\widetilde{V}_s^u|\mathcal{F}_t] &= \frac{E[\widetilde{FCF}_s^u|\mathcal{F}_t]}{dr_s} \\ &= \sum_{j=0}^{s-t} \binom{s-t}{j} p^j (1-p)^{s-t-j} u^j d^{s-t-j} \frac{\widetilde{FCF}_t^u}{dr_s}. \end{aligned} \tag{77}$$

Mit Annahme 6 (Lebensdauer) gehen wir davon aus, dass ein Unternehmen nach dem Zeitpunkt T keine Cashflows mehr erzielt. Es ist jedoch möglich, dass in T noch Vermögensgegenstände aus dem operativen Geschäft vorhanden sind. Hierbei könnte es sich beispielsweise um Grundstücke oder noch nicht abgelaufene Lizenzen handeln. Da das Unternehmen nach T nicht mehr existiert, müssen eventuell vorhandene Vermögensgegenstände im letzten Zeitpunkt veräußert werden. Aus diesem Grunde betrachten wir, wie der Marktwert des unverschuldeten Unternehmens zu ermitteln ist, falls im letzten Zeitpunkt neben dem freien Cashflow zusätzlich ein Liquidationserlös zu berücksichtigen ist. Der im Zeitpunkt T anfallende Liquidationserlös wird mit $\widetilde{LQ}$ bezeichnet. Allgemein gilt für den Marktwert des unverschuldeten Unternehmens unter Berücksichtigung eines Liquidationserlöses

$$V_{t,j}^u = u^j d^{t-j} \frac{FCF_0^u}{dr_t} + \frac{E_Q[\widetilde{LQ}|\mathcal{F}_t]}{(1+r_f)^{T-t}}. \tag{78}$$

Abschließend wird ein Liquidationserlös untersucht, dessen Höhe von der Realisation des letzten Cashflows abhängt. Einen solchen Liquidationserlös könnten beispielsweise Produktlizenzen erzielen, deren Wert vom Umsatz des Unternehmens im letzten Zeitpunkt abhängt.

Annahme 22 (Stochastischer Liquidationserlös) *Der Liquidationserlös ist ein deterministisches Vielfaches ($\beta > 0$) des freien Cashflows des Zeitpunktes T*

$$LQ_j = \beta FCF^u_{T,j}.$$

Mit dieser Annahme wird die Höhe des Liquidationserlös in T von denselben zufälligen Einflüssen bestimmt, wie der Cashflow. Statt einer separaten Berücksichtigung von LQ, können in diesem Fall alternativ auch die Auf– und Abwärtsbewegungen von $T-1$ nach T modifiziert werden. Dies bedeutet, dass der Cashflow aus dem operativen Geschäft um den Liquidationserlös erhöht wird. Wir gehen davon aus, dass bis zum Zeitpunkt $T-1$ j Aufwärtsbewegungen eingetreten sind. Aus Sicht des Zeitpunktes $T-1$ gilt dann, für den Erwartungswert der Zahlungen an die Eigentümer des unverschuldeten Unternehmens in T

$$\begin{aligned} E_Q[\widetilde{FCF}^u_T + \widetilde{LQ}|\mathcal{F}_{T-1}] &= q(FCF^u_{T,j+1} + \beta FCF^u_{T,j+1}) + (1-q)(FCF^u_{T,j} + \beta FCF^u_{T,j}) \\ &= \underbrace{(q\underbrace{(1+\beta)u}_{u_T} + (1-q)\underbrace{(1+\beta)d}_{d_T})}_{1+g_T} FCF^u_{T-1,j}. \end{aligned}$$

Mittels der modifizierten Auf- und Abwärtsentwicklungen u_T beziehungsweise d_T, kann, wie aus der letzten Gleichung zu entnehmen ist, eine modifizierte Wachstumsrate g_T berechnet werden. Werden die Dividendenrenditen nach Gleichung (10) mit der angepassten Wachstumsrate ermittelt, so ist es möglich, den Marktwert des unverschuldeten Unternehmens durch

$$V^u_{t,j} = u^j d^{t-j} \frac{FCF^u_0}{dr_t}$$

zu bestimmen, ohne dass ein Liquidationserlös separat berücksichtigt werden muss. In Abschnitt 4.2.2.3 werden wir auf diese Überlegung zurückgreifen.

4.1.2. Tax Shield

Um am Kapitalmarkt eine dem Tax Shield entsprechende Vermögensposition zu erwerben, muss untersucht werden, welche Kombination von Wertpapieren in Zukunft Zahlungen in Höhe der Steuervorteile erzeugt. Da die Steuervorteile, wie in Gliederungspunkt 3.2 beschrieben, mit Gleichung (15)

$$\widetilde{TB}^S_t = \tau k^d \widetilde{D}^{BW,S}_{t-1}$$

von den Fremdkapitalbeständen abhängen, kommt der Finanzierungspolitik in diesem Zusammenhang eine entscheidende Bedeutung zu.

4.1.2.1. Autonome Finanzierung

Hat die Unternehmensleitung vor, eine autonome Finanzierungspolitik zu verfolgen, so sind die Steuervorteile sicher, sofern das Insolvenzrisiko vernachlässigt wird.[214] Um zukünftige sichere Zahlungen mit Hilfe von Wertpapieren zu erzeugen, bietet es sich an, auf risikolose Zerobonds zurückzugreifen. Kauft ein Anleger im Zeitpunkt $t < s$ einen Zerobond zum Preis $N_{t,s}$, mit

$$N_{t,s} = \frac{1}{(1+r_f)^{s-t}},$$

so hat er im Zeitpunkt s Anspruch auf eine Geldeinheit. Zur Duplikation des Tax Shields muss für jeden Zeitpunkt $t = 1, \ldots, T$ genau die Anzahl an Zerobonds erworben werden, die eine Rückzahlung in Höhe von

$$TB_t^S = \tau k^d D_{t-1}^{BW,S}$$

erzeugt. Damit gilt im Fall einer autonomen Finanzierungspolitik für den Marktwert des Duplikationsportfolios des Tax Shields im Zeitpunkt $t = 0$

$$V_0^{Tax,S} = \sum_{s=1}^{T} \tau k^d D_{s-1}^{BW,S} N_{0,s}.$$

4.1.2.2. Marktwertorientierte Finanzierung

Untersuchen wir, wie die Steuervorteile zu duplizieren sind, wenn sich die zukünftigen Fremdkapitalbestände am Marktwert des unverschuldeten Unternehmens orientieren.[215] Bei dieser Verschuldungspolitik errechnen sich die Steuervorteile im Zeitpunkt t durch

$$\begin{aligned} \widetilde{TB}_t^S &= \tau k^d L_{t-1} \widetilde{V}_{t-1}^u \\ &= \tau k^d L_{t-1} \frac{\widetilde{FCF}_{t-1}^u}{dr_{t-1}}. \end{aligned}$$

In Annahme 2 (Duplikation) haben wir festgelegt, dass die Cashflows des unverschuldeten Unternehmens im Spanningbereich des Kapitalmarktes liegen. Zur Duplikation des Tax Shields bei dieser Finanzierungspolitik muss das Portfolio somit für jeden Zeitpunkt $t = 1, \ldots, T$ die Anzahl $\frac{\tau k^d L_{t-1}}{dr_{t-1}}$ des Wertpapiers $V_0^{FCF_t}$ enthalten. Es ergibt sich für den heutigen Marktwert des Tax Shields

$$V_0^{Tax,S} = \sum_{s=1}^{T} \frac{\tau k^d L_{s-1}}{dr_{s-1}} V_0^{FCF_s}.$$

[214] Vgl. Abschnitt 3.5.4.1.

[215] Vgl. Abschnitt 3.5.4.2.1.

4.1.2.3. Cashfloworientierte Finanzierung

Wird der Kredit in Abhängigkeit von den erzielten Cashflows getilgt, so spricht man von einer cashfloworientierten Finanzierung.[216] Für den Steuervorteil im Zeitpunkt $t = 1, \ldots, T$ gilt mit Gleichung (65)

$$\widetilde{TB}_t^S = \tau k^d \gamma^t \left(D_0^{BW,S} - \theta \sum_{s=1}^{t} \frac{\widetilde{FCF}_s^u}{\gamma^s} \right).$$

Der Steuervorteil im Zeitpunkt t hängt sowohl von der Höhe des in $t = 0$ aufgenommenen Fremdkapitals als auch von allen bisher realisierten Cashflows ab. Die Steuerersparnisse bestehen damit aus einer sicheren und einer unsicheren Komponente. Um den Steuervorteil in $t = 1, \ldots, T$ zu duplizieren, müssen für $s = 1, \ldots, t - 1$ Zerobonds sowie für $s = 1, \ldots, t$ die Cashflows leerverkauft werden. Hieraus ergeben sich die in der nachstehenden Tabelle dargestellten Zahlungen.

	0	$s = 1, \ldots, t - 1$	t
Erwerb von Zerobonds	$\tau k^d \gamma^t D_0^{BW,S} N_{0,t}$	0	$\tau k^d \gamma^t D_0^{BW,S}$
Leerverkauf von Wertpapieren	$\sum_{s=1}^{t} \frac{\tau k^d \gamma^{t-s} \theta}{(1+r_f)^{t-s}} V_0^{FCF_s}$	$\frac{\tau k^d \gamma^{t-s} \theta}{(1+r_f)^{t-s}} \widetilde{FCF}_s^u$	$\tau k^d \theta \widetilde{FCF}_t^u$
Leerverkauf von Zerobonds	0	$\tau k^d \gamma^{t-s} \theta \widetilde{FCF}_s^u N_{s,t}$	$\tau k^d \gamma^t \theta \sum_{s=1}^{t-1} \frac{\widetilde{FCF}_s^u}{\gamma^s}$
Summe	$\tau k^d \gamma^t \left(-D_0^{BW,S} N_{0,t} + \sum_{s=1}^{t} \frac{\theta V_0^{FCF_s}}{\gamma^s (1+r_f)^{t-s}} \right)$	0	$\tau k^d \gamma^t \left(D_0^{BW,S} - \theta \sum_{s=1}^{t} \frac{\widetilde{FCF}_s^u}{\gamma^s} \right)$

Tabelle 17: Zahlungen bei Duplikation des Steuervorteils im Zeitpunkt t für eine cashfloworientierte Finanzierung

Wird der Marktwert des Tax Shields bei einer cashfloworientierten Finanzierungspolitik durch am Kapitalmarkt gehandelte Wertpapiere ermittelt, so gilt

$$V_0^{Tax,S} = \sum_{t=1}^{T} \tau k^d \gamma^t \left(D_0^{BW,S} N_{0,t} - \theta \sum_{s=1}^{t} \frac{V_0^{FCF_s}}{\gamma^s (1 + r_f)^{t-s}} \right).$$

4.2. Barrier–Optionen

Wie in Abschnitt 3.6 beschrieben wurde, können die durch eine Insolvenz entstehenden Kosten mit Hilfe von Down–and–In–Optionen auf das unverschuldete Unternehmen dupliziert werden. Um den Wert einer Down–and–In–Option im Zeitpunkt t zu bestimmen, muss bekannt sein, ob

[216] Vgl. Abschnitt 3.5.4.3.

das Underlying die Knock–In–Barriere seit dem Ausgabetag der Option bereits berührt oder unterschritten hat. Zur Bewertung der Option müssen wir dementsprechend über die Information verfügen, welche Entwicklung das Underlying in der Vergangenheit genommen hat. Man spricht auch davon, dass der Wert der Option pfadabhängig ist.[217]

Knock–In–Optionen können in dem in Abschnitt 4.1 beschriebenen Binomialmodell mittels rekursiver Algorithmen bewertet werden.[218] Der nächste Abschnitt beschäftigt sich mit dieser Bewertungsmethode. Sollte das Underlying einem symmetrischen Binomialprozess folgen und die Knock–In–Barriere konstant sein, so können Binomialformeln zur Bewertung verwendet werden, was in Abschnitt 4.2.2 erläutert wird. Weiterhin wird in Abschnitt 4.2.3 gezeigt, wie die Down–and–In–Optionen im Falle einer marktwertorientierten Finanzierungspolitik zu bewerten sind.

4.2.1. Rekursive Algorithmen

Wir werden die Bewertung von Down–and–In–Optionen zunächst allgemein darstellen und dann auf die Calls $\widetilde{C}_t^{IK}$ und $\widetilde{C}_t^{TS}$ anwenden. Die Bewertung mittels eines rekursiven Algorithmus basiert auf der Martingaleigenschaft des unter dem risikoneutralen Wahrscheinlichkeitsmaß $\mathbf{Q}$ diskontierten Marktwertes des Underlying.[219] $K_{t,j}^{AN}$ sei der Wert eines Down–and–In–Calls der zum Zeitpunkt $t = 1, \ldots, T$ und im Zustand $j = 1, \ldots, t$ begeben wird. Bei diesem Call handelt es sich um einen Asset–or–Nothing–Call auf ein beliebiges Underlying $U_{t,j}$. Das Bezugsverhältnis beträgt $= 1$. Zusätzlich besitzt der Call die Payment–at–Hit Eigenschaft. Dies bedeutet, dass der Halter bei Erreichen eines bestimmten Kurses das Underlying ohne Zeitverzögerung geliefert bekommt. Die Entwicklung des Underlyings folgt dem in Abschnitt 4.1 dargestellten Binomialmodell. Die Laufzeit der Option endet in T und die Knock–In–Barriere wird mit B bezeichnet.

Zur Bewertung der Option untersuchen wir zunächst den Zeitpunkt T. Wird $KI_{T,j}^{AN}$ im letzten Zeitpunkt begeben, so sind keine zukünftigen Zahlungen zu berücksichtigen. Der Optionswert entspricht dem des Underlyings, wenn dessen Wert unter der Knock–In–Barriere liegt. Andernfalls verfällt der Anspruch wertlos. Formal gilt im Zeitpunkt $t = T$ für den Wert der Option

$$KI_{T,j}^{AN} = \begin{cases} 0 & \text{wenn } U_{T,j} > B \\ U_{T,j} & \text{wenn } U_{T,j} \leq B \end{cases} \quad \forall\ j = 1, \ldots, T. \tag{79}$$

Mit Hilfe der vorstehenden Gleichung können alle Werte der Option im letzten Zeitpunkt ermittelt werden. Begeben wir uns in den Zeitpunkt T 1. Notiert das Underlying unterhalb

217. Vgl. Zhang (2002, S. 203).

218. Eine ausführliche Darstellung der Bewertung unterschiedlicher exotischer Optionen im Binomialmodell findet sich beispielsweise bei Sandmann (2001, S. 208).

219. Zu diesem Ansatz vergleiche Reimer & Sandmann (1995).

der Barriere, so nimmt der Optionspreis dessen Wert an. Kann die Option in $T-1$ nicht ausgeübt werden, so ergibt sich ihr Wert aus den erwarteten zukünftigen Zahlungen. Da wir uns mit Annahme 1 (Arbitragefreiheit) auf einem vollkommenen und arbitragefreien Kapitalmarkt bewegen, kann der Marktwert der erwarteten Zahlungen unter Verwendung der risikoneutralen Wahrscheinlichkeiten ermittelt werden. Mit Hilfe der Vorgabe aus Term (79) wird nun durch Rückwärtsinduktion für alle Zeitpunkte $t = 0, \ldots, T-1$ eine Bewertung mittels

$$KI_{t,j}^{AN} = \begin{cases} \frac{1}{1+r_f}\left(qKI_{t+1,j+1}^{AN} + (1-q)KI_{t+1,j}^{AN}\right) & \text{wenn } U_{t,j} > B \\ U_{t,j} & \text{wenn } U_{t,j} \leq B \end{cases} \quad \forall\ j = 1, \ldots, t \tag{80}$$

vorgenommen. Abbildung 7 veranschaulicht das Vorgehen zur Bewertung einer Down–and–In–Option bei Verwendung eines rekursiven Algorithmus.

Erfolgt bei Erreichen der Kursschranke eine einmalige Zahlung $C_{t,j}$, so hat man es mit einem Cash–or–Nothing–Call zu tun, den wir mit $KI_{t,j}^{CN}$ bezeichnen. Die Bewertungsgleichungen ergeben sich analog zu den vorangegangenen Überlegungen. Für den letzten Zeitpunkt gilt

$$KI_{T,j}^{CN} = \begin{cases} 0 & \text{wenn } U_{T,j} > B \\ C_{T,j} & \text{wenn } U_{T,j} \leq B \end{cases} \quad \forall\ j = 1, \ldots, T\,. \tag{81}$$

In allen anderen Zeitpunkten $t = 0, \ldots, T-1$ berechnet sich der Wert durch

$$KI_{t,j}^{CN} = \begin{cases} \frac{1}{1+r_f}\left(qKI_{t+1,j+1}^{CN} + (1-q)KI_{t+1,j}^{CN}\right) & \text{wenn } U_{t,j} > B \\ C_{t,j} & \text{wenn } U_{t,j} \leq B \end{cases} \quad \forall\ j = 1, \ldots, t\,. \tag{82}$$

Analog zu den Gleichungen (79) bis (82) können nun die Down–and–In–Calls $\widetilde{C}_t^{IK}$ und $\widetilde{C}_t^{TS}$ bewertet werden. Die Ergebnisse sind in Tabelle 18 zusammengefasst.

		Insolvenzkosten $\widetilde{C}_t^{IK}$	Tax Shield $\widetilde{C}_t^{TS}$
$t = T-1$	$V_{T-1,j}^u > IK_{T-1,j}$	0	0
	$V_{T-1,j}^u \leq IK_{T-1,j}$	$V_{T-1,j}^u$	$V_{T-1,j}^{Tax,S}$
$t =$	$V_{t,j}^u > IK_{t,j}$	$\frac{1}{1+r_f}\left(qC_{t+1,j+1}^{IK} + (1-q)C_{t+1,j}^{IK}\right)$	$\frac{1}{1+r_f}\left(qC_{t+1,j+1}^{TS} + (1-q)C_{t+1,j}^{TS}\right)$
$1, \ldots, T-2$	$V_{t,j}^u \leq IK_{t,j}$	$V_{t,j}^u$	$V_{t,j}^{Tax,S}$

Tabelle 18: Retrograde Bewertung der Barrier–Optionen

In diesem Abschnitt wurde gezeigt, wie Down–and–In–Calls mittels rekursiver Algorithmen bewertet werden können. Im nächsten Abschnitt werden wir untersuchen, unter welchen Voraussetzungen es möglich ist auf rekursive Algorithmen zu verzichten, um stattdessen auf geschlossene Gleichungen zurückzugreifen und so die Bewertung zu vereinfachen.

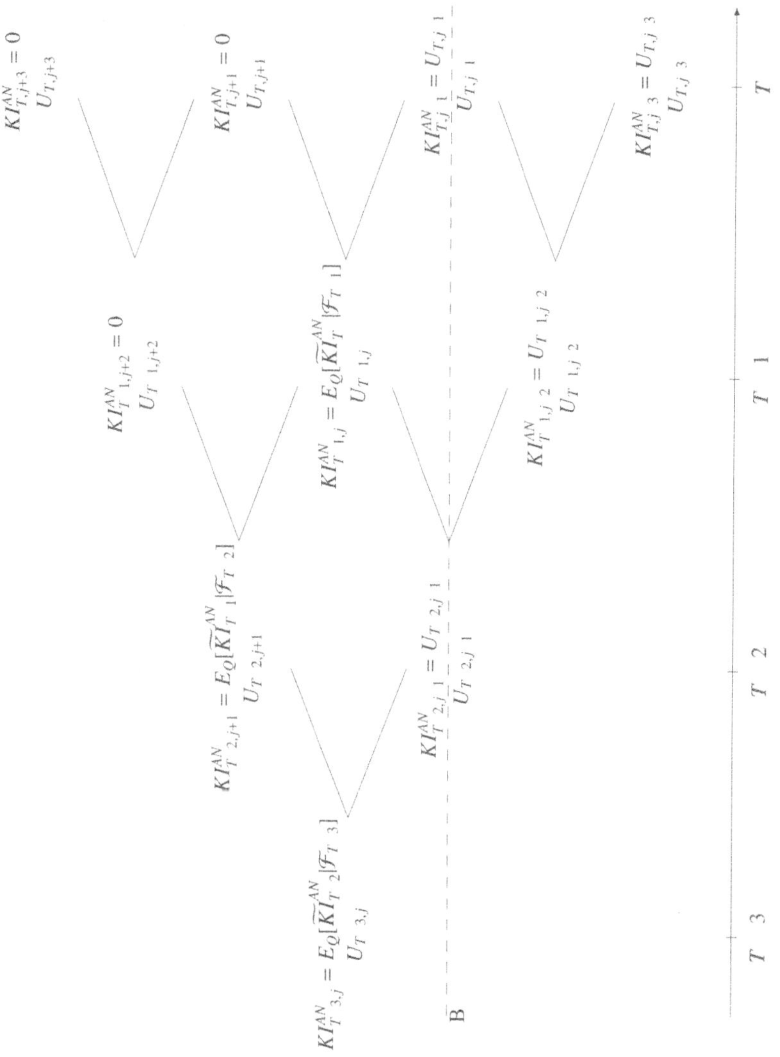

Abbildung 7: Retrograde Bewertung einer Down–and–In–Option

4.2.2. Binomialformeln

Der Wert einer Knock–In–Option hängt, neben der Entwicklung des Underlyings, von der Höhe der Knock–In–Barriere ab. Folgt das Underlying der Option einem symmetrischen Binomialprozess und ist der Wert der Knock–In–Barriere während der Laufzeit konstant, so kann das Reflektionsprinzip angewendet werden.[220] Wie sich zeigen wird, kann mit Hilfe des Reflektionsprinzips der Marktwert der Barrier–Optionen durch Binomialformeln bestimmt werden. Im Folgenden wird zunächst das Reflektionsprinzip allgemein erläutert. Anschließend untersuchen wir, unter welchen Voraussetzungen die Anwendung des Reflektionsprinzips im Rahmen des in Kapitel 3 besprochenen Modells möglich ist.

4.2.2.1. Reflektionsprinzip

Der heutige Wert eines Underlyings sei durch U_0 gegeben. Die Entwicklung des Basiswertes im Zeitraum $t = 0, \ldots, T$ folgt dem in Abschnitt 4.1 beschriebenen Binomialprozess, wobei wir zusätzlich annehmen, dass sich je eine Aufwärts- und eine Abwärtsbewegung, mit $u \cdot d = 1$, genau neutralisieren. In diesem Fall spricht man auch von einem symmetrischen Binomialmodell. Die Anzahl der Aufwärtsbewegungen zwischen den Zeitpunkten 0 und t ist durch j gegeben. In diesem Fall gilt für den Wert des Underlyings in allen Zeitpunkten $t = 0, \ldots, T$

$$U_{t,j} = u^j d^{t-j} U_0 \;\forall\; j = 0, \ldots, t. \tag{83}$$

Von U_0 zu jedem Wert $U_{t,j}$ gibt es $\binom{t}{j}$ verschiedene Pfade. Die Knock–In–Barriere B sei konstant. Um das Reflektionsprinzip anwenden zu können, muss die Barriere B mit einem möglichen Wert des Underlyings in T übereinstimmen. Im Zeitpunkt T entsprechen sich Underlying und Knock–In–Barriere genau dann, wenn es j_B Aufwärtsbewegungen gegeben hat

$$\begin{aligned} B &= U_{T,j_B} \\ &= u^{j_B} d^{T-j_B} U_0 . \end{aligned}$$

Der Wert des Underlyings in $t = 0$ soll über dem Wert der Knock–In–Barriere liegen. Dies ist sinnvoll, da ansonsten die Knock–In–Eigenschaft vernachlässigt werden könnte und wir es mit einer Standard Option zu tun hätten

$$U_0 > B .$$

Überlegen wir uns zunächst, wann das Underlying die Barriere B zum ersten Mal berühren kann. Um diese Frage zu beantworten, untersuchen wir den kürzesten Pfad, der von U_0 zu B

[220] Eine Darstellung des Reflektionsprinzips findet sich bei Feller (1968, S. 72). Erläuterungen zur Anwendung im Zusammenhang mit exotischen Optionen geben Reimer & Sandmann (1995) oder Sandmann (2001).

führt. Dieser Pfad besteht nur aus Abwärtsbewegungen. Aufgrund der Symmetrie des Binomialmodells gilt wegen $u = d^{\;1}$ für den kürzesten Pfad die Beziehung

$$\begin{aligned} B &= u^{j_B} d^{T \; j_B} U_0 \\ &= d^{T \; 2j_B} U_0 \,. \end{aligned} \tag{84}$$

Das Underlying kann die Barriere somit frühestens im Zeitpunkt $t = T \quad 2j_B$ berühren.

Neben dem Wert U_0 betrachten wir einen weiteren Wert $\hat{U}_0$, der unterhalb von B liegt. Um von U_0 nach B zu gelangen, sind ebenso viele Abwärtsbewegungen nötig, wie von B nach $\hat{U}_0$. Analog zu (84) gilt somit

$$\hat{U}_0 = d^{T \; 2j_B} B \,. \tag{85}$$

Werden beiden Gleichungen nach $d^{T \; 2j_B}$ aufgelöst und gleichgesetzt, so folgt

$$\frac{B}{U_0} = \frac{\hat{U}_0}{B} \,,$$

was auch in der From

$$U_0 = \frac{B^2}{\hat{U}_0}$$

geschrieben werden kann. Verwendet man ein äquidistantes Punktgitter wie in Abbildung 8 und trägt dort U_0 und B ein, so erhält man $\hat{U}_0$ durch Spiegelung des Punktes U_0 an einer Geraden, die parallel zur X–Achse ist und durch den Punkt B verläuft.

Betrachten wir nun einen beliebigen Pfad der in U_0 beginnt, in B endet und die Knock–In–Barriere nur einmal berührt. Dieser Pfad wird mit ϕ bezeichnet. Für jeden Punkt des Pfades ϕ wird ein zugehöriger Punkt unterhalb von B ermittelt, so dass wir einen neuen Pfad $\hat{\phi}$ erhalten. Dabei gilt für jedes Punktpaar der gleiche Zusammenhang, wie zwischen U_0 und $\hat{U}_0$. Jeder (Aufwärts–) Abwärtsbewegung des Pfades ϕ steht somit eine (Abwärts–) Aufwärtsbewegung von $\hat{\phi}$ gegenüber. Wird berücksichtigt, dass der Ursprung von ϕ in U_0 beziehungsweise von $\hat{\phi}$ in $\hat{U}_0$ liegt, gilt mit (83) die Beziehung

$$\begin{aligned} \frac{B}{U_0 u^j d^{t \; j}} &= \frac{\hat{U}_0 u^{t \; j} d^j}{B} \\ U_{t,j} &= \frac{B^2}{\hat{U}_{t,t \; j}} \,. \end{aligned}$$

Der Pfad $\hat{\phi}$ beginnt in $\hat{U}_0$ und endet ebenfalls in B, so dass er in einem äquidistanten Punktgitter das Spiegelbild zu ϕ darstellt.

Zu jedem Pfad ϕ existiert genau ein Pfad $\hat{\phi}$. Daraus folgt, dass es ebenso viele Pfade von U_0 nach B gibt, wie von $\hat{U}_0$ nach B. Haben sich beide Pfade in B getro en, gibt es die gleiche Anzahl

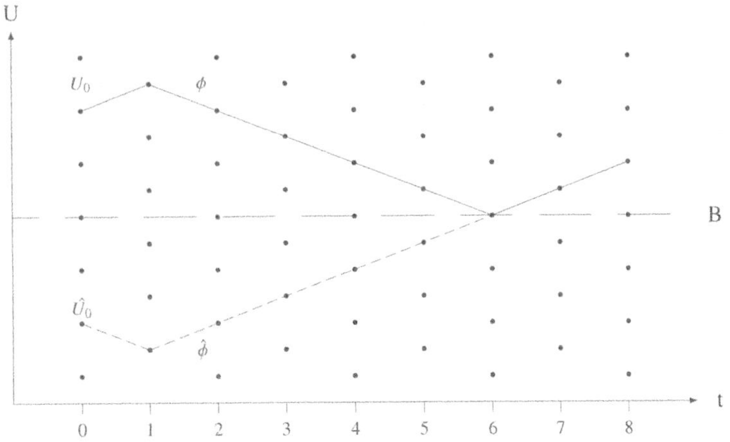

Abbildung 8: Darstellung des Reflektionsprinzips im Binomialmodell

möglicher Entwicklungen, um den Punkt $U_{t,j}$ zu erreichen. Die Überlegung ist in Abbildung 8 beispielhaft dargestellt. Damit existiert zu jedem Pfad, der seinen Ursprung in U_0 hat, B berührt und in $U_{t,j}$ endet, genau ein Pfad, der in $\hat{U}_0$ beginnt und in $U_{t,j}$ endet. Dies ist der Kerngedanke des Reflektionsprinzips. Zusammenfassend besagt das Reflektionsprinzip:

Die Anzahl der Pfade, die von $U_0 > B$ zu einem Wert $U_{t,j} > B$ führen und dabei mindestens einmal die Barriere B berühren, ist gleich der Anzahl aller Pfade von $\hat{U}_0 = \frac{U_0}{B^2}$ nach $U_{t,j}$.[221]

Es stellt kein Problem dar, die Anzahl aller möglichen Entwicklungen von $\hat{U}_0$ nach $U_{t,j}$ zu ermitteln. Aus diesem Grunde erweist sich das Reflektionsprinzip zur Bewertung von Knock–In–Optionen als hilfreich, wie im nächsten Abschnitt gezeigt wird.

4.2.2.2. Bewertung mittels des Reflektionsprinzips

Beide Down–and–In–Optionen $\widetilde{C}_t^{IK}$ und $\widetilde{C}_t^{TS}$ haben die Payment–at–Hit Eigenschaft und werden bei Erreichen der Knock–In–Barriere ausgeübt. Zur Bewertung muss aus diesem Grunde jeder Zeitpunkt untersucht werden, in dem das Underlying die Knock–In–Schwelle erreichen kann.

Aus Gleichung (84) geht hervor, dass das Underlying die Barriere erstmals im Zeitpunkt $t = T - 2j_B$ berühren kann. Da sich in einem symmetrischen Binomialmodell Auf– und Abwärtsbewegung genau kompensieren, gibt es folglich auch in allen Zeitpunkten $t = T - 2j_B + 2j$ mit $j = 0, \ldots, j_B$ Pfade, die in U_0 beginnen und in B enden. Uns interessiert die Anzahl der

221. Vgl. Feller (1968, S. 72) oder Sandmann (2001, S. 212).

Pfade, die in einem Zeitpunkt t dazu führen, dass die Option ausgeübt wird. Alle Pfade, die in $t = T - 2j_B + 2j$ erstmals die Barriere B berühren, erreichen in $t = T - 2j_B + 2j - 1$ den Wert uB, ohne vorher die Barriere B berührt zu haben. Mit Term (84) gilt der Zusammenhang

$$\begin{aligned} uB &= d^{T-2j_B-1}U_0 \\ &= u^j d^{T-2j_B+2j-1-j}U_0 . \end{aligned}$$

Damit muss ein Pfad, der in U_0 beginnt und im Zeitpunkt $t = T - 2j_B + 2j - 1$ den Wert uB erreicht, genau j Aufwärtsbewegungen enthalten. Die Anzahl aller Pfade von U_0, die im Zeitpunkt $t = T - 2j_B + 2j - 1$ in uB enden, lässt sich durch

$$\binom{T - 2j_B + 2j - 1}{j}$$

berechnen. Der vorstehende Ausdruck berücksichtigt auch all die Pfade, welche von U_0 nach uB führen und B berühren. Da diese Pfade schon vor dem Zeitpunkt $t = T - 2j_B + 2j - 1$ zu einer Ausübung der Option geführt haben, müssen wir sie von der Zahl aller Pfade von U_0 nach uB subtrahieren. Hierzu greifen wir auf das Reflektionsprinzip zurück.

Den Überlegungen des vorangegangenen Abschnitts folgend, entspricht die Anzahl der Pfade von U_0 nach uB, welche B berühren, der Anzahl aller Pfade von $\hat{U}_0$ nach uB. Mit Gleichung (85) gilt

$$\begin{aligned} uB &= u^{T-2j_B+1}\hat{U}_0 \\ &= u^{T-2j_B+2j-1-(j-1)}d^{j-1}\hat{U}_0 . \end{aligned}$$

Im Zeitpunkt $t = T - 2j_B + 2j - 1$ ist die Anzahl möglicher Pfade von $\hat{U}_0$ nach uB gleich

$$\binom{T - 2j_B + 2j - 1}{j - 1}.$$

Nach diesen Überlegungen können wir nun die Anzahl aller Pfade bestimmen, die in U_0 beginnen und im Zeitpunkt $t = T - 2j_B + 2j - 1$ in uB enden, ohne die Barriere berührt zu haben. Hierzu ziehen wir von der Summe aller Pfaden von U_0 nach $U_{T-2j_B+2j-1,j} = uB$ die Pfade ab, welche B berühren. Es ergibt sich

$$\begin{aligned} \binom{T - 2j_B + 2j - 1}{j} - \binom{T - 2j_B + 2j - 1}{j - 1} &= \frac{(T - 2j_B + 2j - 1)!}{j!(T - 2j_B + j - 1)!} - \frac{(T - 2j_B + 2j - 1)!}{(j-1)!(T - 2j_B + j)!} \\ &= \frac{(T - 2j_B + 2j - 1)!}{j!(T - 2j_B + j - 1)!} \\ &\quad - \frac{(T - 2j_B + 2j - 1)!}{j!(T - 2j_B + j - 1)!}\frac{j}{T - 2j_B + j} \\ &= \frac{(T - 2j_B + 2j - 1)!}{j!(T - 2j_B + j - 1)!}\left(1 - \frac{j}{T - 2j_B + j}\right) \\ &= \frac{T - 2j_B}{T - 2j_B + j}\binom{T - 2j_B + 2j - 1}{j}. \end{aligned}$$

Um die Erwartungswerte der Zahlungen eines Knock–In Calls zu bestimmen, benötigen wir neben der Anzahl der relevanten Pfade auch die Wahrscheinlichkeiten. Da immer die gleiche Anzahl von Auf– und Abwärtsbewegungen notwendig ist, um in einem Zeitpunkt $t = T - 2j_B + 2j$ von U_0 nach B zu gelangen, ist die Wahrscheinlichkeit für jeden Pfad identisch. Sie kann in Abhängigkeit von der Anzahl der Aufwärtsbewegungen j nach

$$q^j(1-q)^{T-2j_B+j}$$

berechnet werden.

Nach diesen Vorbereitungen können nun die Down–and–In–Calls $\widetilde{C}_t^{IK}$ und $\widetilde{C}_t^{TS}$ mittels geschlossener Gleichungen bewertet werden. Betrachten wir zunächst den durch eine Insolvenz ausgelösten Verlust des operativen Geschäftes, welcher dem Wert der Option $\widetilde{C}_t^{IK}$ entspricht. Meldet das verschuldete Unternehmen Insolvenz an, so unterschreitet das Underlying die Knock–In–Barriere. Dem Besitzer der Option steht in diesem Fall ein Anteil des unverschuldeten Unternehmens in Höhe von $V_{t,j}^u$ zu.

Wie im vorangegangenen Abschnitt erläutert wurde, kann das Unternehmen in allen Zeitpunkten $t = T - 2j_B + 2j$ mit $j = 0, \ldots, j_B$ Insolvenz anmelden. Schauen wir uns beispielhaft den Zeitpunkt $t = T - 2j_B + 4$ an. Wenn mit $j = 2$ genau zwei Aufwärtsbewegungen vorgekommen sind, ist es möglich, dass der Unternehmenswert erstmals die Barriere B berührt. Aus heutiger Sicht ist der Erwartungswert der Option bei Insolvenz in $f = T - 2j_B + 4$ durch

$$E_Q[\widetilde{C}_{T-2j_B+4}^{IK}] = \underbrace{V_{T-2j_B+4,2}^u}_{\substack{\text{Lieferung des Underlyings}\\ \text{der Option}}} \underbrace{q^2(1-q)^{T-2j_B+2}}_{\text{Pfadwahrscheinlichkeit}} \underbrace{\frac{T-2j_B}{T-2j_B+2}\binom{T-2j_B+3}{2}}_{\text{Anzahl der relevanten Pfade}}$$

gegeben. Da wir von einem arbitragefreien Kapitalmarkt ausgehen, ergibt sich der Marktwert der Option aus der Summe aller mit dem risikolosen Zinssatz diskontierten Erwartungswerte

$$C_0^{IK} = \sum_{j=0}^{j_B} \frac{E_Q[\widetilde{C}_{T-2j_B+2j}^{IK}]}{(1+r_f)^{T-2j_B+2j}},$$

was sich unter Verwendung der vorletzten Gleichung in der Form

$$C_0^{IK} = \sum_{j=0}^{j_B} \frac{V_{T-2j_B+2j,j}^u}{(1+r_f)^{T-2j_B+2j}} q^j(1-q)^{T-2j_B+j} \frac{T-2j_B}{T-2j_B+j}\binom{T-2j_B+2j-1}{j} \tag{86}$$

darstellen lässt.

Die Bewertungsgleichung der Option, die den Verlust der Steuervorteile abbildet, unterscheidet sich nur durch die Zahlungen im Falle der Insolvenz

$$C_0^{TS} = \sum_{j=0}^{j_B} \frac{V_{T-2j_B+2j,j}^{Tax,S}}{(1+r_f)^{T-2j_B+2j}} q^j(1-q)^{T-2j_B+j} \frac{T-2j_B}{T-2j_B+j}\binom{T-2j_B+2j-1}{j}. \tag{87}$$

Wir haben nun Bewertungsgleichungen für die in Abschnitt 3.6 behandelten Optionen hergeleitet. Hierfür sind wir von einschränkenden Annahmen ausgegangen. Der nächste Abschnitt untersucht, unter welchen Voraussetzungen diese Annahmen erfüllt sind.

4.2.2.3. Anwendung des Reflektionsprinzips

In diesem Abschnitt werden wir uns mit der Frage auseinander setzen, welche Eigenschaften eine Finanzierungspolitik haben muss, damit es möglich ist, mit dem Reflektionsprinzip zu arbeiten. Wie in Abschnitt 4.2.2.1 ausgeführt wurde, müssen drei Voraussetzungen erfüllt sein, um das Reflektionsprinzip zur Bewertung einer exotischen Option anwenden zu können.

1. Das Underlying der Option muss einem symmetrischen Binomialprozess folgen.
2. Die Knock–In–Barriere muss konstant sein.
3. Die Knock–In–Barriere muss mit einer möglichen Realisation des Unternehmenswertes im letzten Zeitpunkt übereinstimmen.

Im Folgenden werden wir untersuchen, ob die notwendigen Bedingungen in unserem Modell erfüllt sind.

4.2.2.3.1. Symmetrischer Binomialprozess

Wir beschäftigen uns zunächst mit der ersten Voraussetzung und untersuchen, ob das Underlying der exotischen Optionen einem symmetrischen Binomialprozess folgt. In unserem Modell entspricht das Underlying dem Marktwert des unverschuldeten Unternehmens.[222] In Abschnitt 4.1 haben wir angenommen, dass der freie Cashflow einem symmetrischen Binomialmodell folgt. Unter Verwendung der Dividendenrendite und des freien Cashflows gilt für den Marktwert des unverschuldeten Unternehmens mit Gleichung (11)

$$V^u_{t,j} = \frac{FCF^u_{t,j}}{dr_t}.$$

Der Cashflow kann sich vom Zeitpunkt t bis zum Zeitpunkt $t+1$ entweder um den Parameter u oder d verändern, so dass

$$V^u_{t+1,j+1} = \frac{uFCF^u_{t,j}}{dr_{t+1}}$$

beziehungsweise

$$V^u_{t+1,j} = \frac{dFCF^u_{t,j}}{dr_{t+1}}$$

[222] Siehe hierzu die Ausführungen in Abschnitt 3.6.2.

folgt. In Anhang C.1 wird gezeigt, dass zwischen zwei Dividendenrenditen in allen Zeitpunkten $t = 0, \ldots, T \quad 2$ der Zusammenhang

$$\frac{1}{dr_{t+v}} = \frac{1}{dr_t} \sum_{s=1}^{v} \chi_{t+s} \; \forall \; v = 1, \ldots, T \quad t \quad 1 \tag{88}$$

gilt.[223] Wird Term (88) in eine der beiden vorangegangenen Gleichungen eingesetzt, so wird ersichtlich, dass sich der Unternehmenswert in jedem Zeitschritt nicht nur um den Faktor u beziehungsweise d, sondern auch um einen deterministischen Faktor χ_t verändert. Allgemein kann der Unternehmenswert somit für alle Zeitpunkte $t = 1, \ldots, T \quad 1$ durch

$$V^u_{t,j} = \sum_{s=1}^{t} \chi_s u^j d^{t \quad j} V^u_0 \; \forall \; j = 0, \ldots, t \tag{89}$$

angegeben werden. Man spricht in diesem Zusammenhang von einem symmetrischen verschobenen Binomialprozess.[224] Abbildung 9 veranschaulicht die Entwicklung des Unternehmenswertes in diesem Fall.

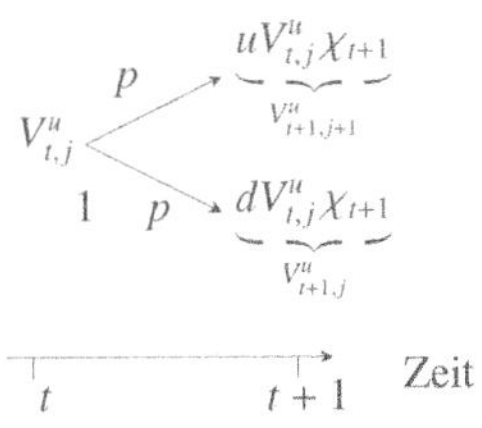

Abbildung 9: Entwicklung des Unternehmenswertes bei einem verschobenen symmetrischen Binomialprozess

Soll im Zeitpunkt T ein Liquidationserlös anfallen, so kann einzig ein stochastischer Liquidationserlös nach Annahme 22 berücksichtigt werden. Erfüllt der Liquidationserlös diese Voraussetzung nicht, so gilt Gleichung (89) nicht mehr. Das unverschuldete Unternehmen folgt dann keinem symmetrischen verschobenen Binomialprozess.

4.2.2.3.2. Konstante Knock–In–Barriere

Damit das Reflektionsprinzip auch im Falle eines verschobenen symmetrischen Binomialprozesses angewendet werden kann, muss sich auch die Knock–In–Barriere im Zeitablauf um

223. Aus Vereinfachungsgründen wird die Hilfsvariable

$$\chi_t = \frac{1 + k^u}{1 + g} \quad dr_{t \quad 1}$$

verwendet.

224. Vgl. Burkhardt (1995, S. 69).

die gleichen deterministischen Parameter wie das Underlying verschieben.[225] Analog zu Gleichung (89) muss für die Knock–In–Barriere

$$B_t \;=\; \sum_{s=1}^{t} \chi_s B_0 \;\forall\; t = 0, \ldots, T \quad 1 \tag{90}$$

gelten. Werden nun der Wert des Underlyings und der Knock–In–Barriere miteinander verglichen, so können die Verschiebungsparameter χ_t gekürzt werden

$$\overbrace{\sum_{s=1}^{t} \chi_s u^j d^{t \quad j} V_0^u}^{V_{t,j}^u} \qquad \overbrace{\sum_{s=1}^{t} \chi_s B_0}^{B_t} .$$

Es ergibt sich dieselbe Betrachtung, als würde das Underlying einem symmetrischen Binomialprozess folgen und die Knock–In–Barriere konstant sein

$$u^j d^{t \quad j} V_0^u \qquad B_0 .$$

Damit ist die erste Voraussetzung erfüllt, wenn eine Finanzierungspolitik verfolgt wird, die zu Insolvenzkriterien führt, für die in allen Zeitpunkten $t = 1, \ldots, T \quad 1$

$$IK_t \;=\; \sum_{s=1}^{t} \chi_s IK_0 \tag{91}$$

gilt.

Wir müssen uns nun überlegen, wie die Tilgungszahlungen zu wählen sind, damit Gleichung (91) erfüllt ist. In Kapitel 3.5 wurde angenommen, dass der Ausfall eines Unternehmens entweder durch Überschuldung oder durch Zahlungsunfähigkeit ausgelöst werden kann. Werden die Insolvenzkriterien zweier aufeinander folgender Zeitpunkte betrachtet, so können Überschuldung und/oder Zahlungsunfähigkeit in vier verschiedenen Kombinationen auftreten, die wir als Fall I – IV bezeichnen wollen. In den Fällen I und II ist Überschuldung beziehungsweise in III und IV Zahlungsunfähigkeit hinreichendes Insolvenzkriterium im ersten Zeitpunkt. Zur Herleitung der Tilgungszahlungen werden die Insolvenzkriterien der Zeitpunkte t und $t + 1$ gleichgesetzt.[226] Tabelle 19 stellt die vier Fälle und die resultierenden Tilgungszahlungen, welche zu Insolvenzkriterien gemäß Gleichung (91) führen, dar.

Soll ein Tilgungsplan mit Hilfe von Tabelle 19 aufgestellt werden, so ist rekursiv vorzugehen. Zunächst wird in den Fällen I und II die Tilgung des Zeitpunktes T beziehungsweise in III und IV die Tilgungen der Zeitpunkte T und $T \quad 1$ vorgegeben. Für die ersten beiden Fälle erhält man dann die Tilgungszahlungen des Zeitpunktes $T \quad 1$, wohingegen sich in den beiden letzten

225. Vgl. Burkhardt (1995, S. 120 .).

226. Die Herleitung der Tilgungszahlungen findet sich in Anhang C.2.

Fällen die Tilgung in $T-2$ ergibt. Zur Ermittlung der Tilgung in den Fällen III und IV werden mehr Informationen benötigt, da zur Berechnung des Kriteriums für Zahlungsunfähigkeit in t auch Informationen über den Zeitpunkt $t-1$ notwendig sind.[227]

Wird eine Verschuldungspolitik verfolgt, deren Rückzahlungsbeträge nach Tabelle 19 ermittelt werden, so verschiebt sich die Knock–In–Barriere der Barrier–Optionen genauso wie der Unternehmenswert. Damit ist die zweite Voraussetzung zur Anwendung des Reflektionsprinzips erfüllt.

4.2.2.3.3. Übereinstimmung von Knock–In–Barriere und Unternehmenswert im letzten Zeitpunkt

Betrachten wir nun die dritten Bedingung zur Anwendung des Reflektionsprinzips. Das Insolvenzkriterium muss zum Ende der Laufzeit der Option mit einem möglichen Wert des Unternehmens übereinstimmen. Ist dies nicht der Fall, so muss das Insolvenzkriterium nach unten verschoben werden. Hierbei ist darauf zu achten, dass die Verschiebung der Barriere keinen Einfluss darauf hat, wann eine Insolvenz eintritt.[228]

Da wir von einem Binomialmodell ausgehen und eine konstante Barriere unterstellen, kann die letzte Insolvenz entweder in $T-2$ oder in $T-1$ stattfinden. Abbildung 11 veranschaulicht den Zusammenhang. Betrachten wir den Unternehmenswert $V^u_{T-3,j}$. Wie der Abbildung zu entnehmen ist, kann der Marktwert des Unternehmens in $T-2$ ($T-1$), nicht aber in $T-1$ ($T-2$) erstmals unter den Wert der Barriere A (B) fallen. Damit das Unternehmen sowohl vor als auch nach Anpassung der Barriere in den gleichen Zeitpunkten und Zuständen Insolvenz anmeldet, muss die Barriere auf A' beziehungsweise B' angepasst werden. Die Verschiebung der Barriere hängt dementsprechend davon ab, wann die letzte Insolvenz eintreten kann.

Wir stellen die Verschiebung der Barriere im Folgenden zunächst für den Fall dar, dass die letzte Insolvenz im Zeitpunkt $T-1$ stattfindet. Zur Verschiebung der Knock–In–Barriere wird die größte Realisation des Unternehmenswertes unterhalb des Insolvenzkriteriums in $T-1$ benötigt. Diese Kursrealisation wird mit B_{T-1} bezeichnet. Für den Wert der Knock–In–Barriere folgt

$$B_{T-1} = \max_j [V^u_{T-1,j}] \leq IK_{T-1}.$$

Sollte die letzte Insolvenz im Zeitpunkt $T-2$ möglich sein, so ergibt sich analog

$$B_{T-2} = \max_j [V^u_{T-2,j}] \leq IK_{T-2}.$$

Mit Hilfe von Gleichung (90) kann nun die Barriere für alle weiteren Zeitpunkte berechnet

[227] Vgl. Term (36) auf Seite 56.

[228] Vgl. Burkhardt (1995, S. 109) sowie Sandmann (2001, S. 217).

	Hinreichendes Insolvenzkriterium		Tilgungszahlungen
	t	$t+1$	
Fall I	id_t	id_{t+1}	$R_{t+1} = \dfrac{\sum_{s=t+2}^{T} \tau k^d \frac{D^{BW,S}_{s-1}}{(1+r_f)^{s-t}}\left(1 - \frac{1+r_f}{\chi_{t+1}}\right) + D^{BW,S}_{t+1}\left(\frac{1}{\chi_{t+1}} - 1 + \frac{\tau k^d}{1+r_f}\right)}{\left(1 - \frac{\tau k^d}{1+r_f}\right)}$
Fall II	id_t	il^{II}_{t+1}	$R_{t+1} = \dfrac{\left(1 - \frac{1+r_f}{(1+dr_{t+1})\chi_{t+1}}\right)\sum_{s=t+2}^{T} \tau k^d \frac{D^{BW,S}_{s-1}}{(1+r_f)^{s-t}}}{\left(1 - \frac{\tau k^d}{1+r_f} - \frac{1+(1-\tau)k^d}{(1+dr_{t+1})\chi_{t+1}}\right)} - D^{BW,S}_{t+1}$
Fall III	il^{II}_t	id_{t+1}	$R_t = \dfrac{\sum_{s=t+1}^{T} \tau k^d \frac{D^{BW,S}_{s-1}}{(1+r_f)^{s-t}}\left(1 - \frac{(1+dr_t)(1+r_f)}{\chi_{t+1}}\right) + D^{BW,S}_{t+1}\frac{1+dr_t}{\chi_{t+1}} - D^{BW,S}_t\left(1+(1-\tau)k^d + \frac{\tau k^d}{1+r_f}\right)}{1+(1-\tau)k^d}$
Fall IV	il^{II}_t	il^{II}_{t+1}	$R_t = \dfrac{\sum_{s=t+1}^{T} \tau k^d \frac{D^{BW,S}_{s-1}}{(1+r_f)^{s-t}}\left(1 - \frac{(1+dr_t)(1+r_f)}{(1+dr_{t+1})\chi_{t+1}}\right)}{1+(1-\tau)k^d} + D^{BW,S}_t\left(\frac{1+dr_t}{(1+dr_{t+1})\chi_{t+1}} + \frac{\tau k^d}{(1+(1-\tau)k^d)(1+r_f)} - 1\right)$

Tabelle 19: Kombinationen verschiedener Insolvenzkriterien und zugehöriger Tilgungszahlungen, welche die Anwendung des Reflektionsprinzips ermöglichen

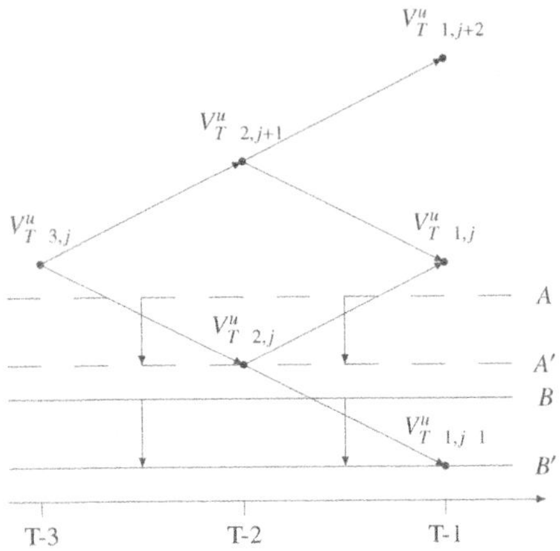

Abbildung 10: Verschiebung der Barriere in Abhängigkeit vom letzten Insolvenzzeitpunkt

werden. Abbildung 11 stellt beispielhaft die Insolvenzkriterien und die hieraus resultierende Knock–In–Barriere dar.

4.2.3. Barrier–Optionen bei marktwertorientierter Finanzierung

Werden die Fremdkapitalquoten bei einer marktwertorientierten Finanzierung unter Beachtung der durch Ungleichung (52) gegebenen Restriktion gewählt, so kann Überschuldung ausgeschlossen werden.[229] Das Unternehmen kann unter diesen Voraussetzungen nur aufgrund von Zahlungsunfähigkeit insolvent werden. Bei marktwertorientierter Finanzierungspolitik ist ein Unternehmen zahlungsunfähig, wenn Ungleichung (54)

$$V^u_{t,j+k} < \frac{(1+(1-\tau)k^d)L_{t-1}V^u_{t-1,j}}{1+dr_t+\frac{\tau k^d}{1+r_f}\left(L_t+\sum_{s=t+1}^{T-1}\frac{L_s}{\prod_{\delta=t+1}^{s}(1+dr_\delta)}\right)} \quad \forall\, k \in \{0,1\}$$

erfüllt ist. Lösen wir den vorstehenden Term nach der Fremdkapitalquote in $t-1$ auf, so ergibt sich

$$L_{t-1} > \underbrace{\frac{1+dr_t+\frac{\tau k^d}{(1+r_f)}\left(L_t+\sum_{s=t+1}^{T-1}\frac{L_s}{\prod_{\delta=t+1}^{s}(1+dr_\delta)}\right)}{(1+(1-\tau)k^d)}}_{\pi_t}\frac{V^u_{t,j+k}}{V^u_{t-1,j}}. \tag{92}$$

[229] Siehe hierzu die Erläuterungen auf Seite 70.

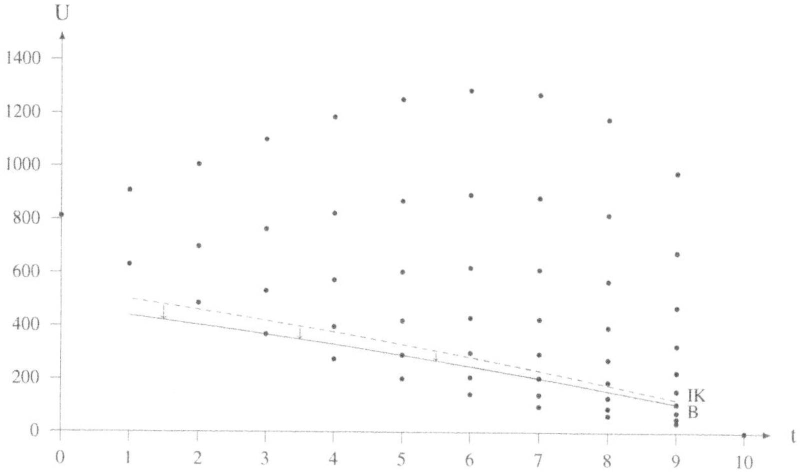

Abbildung 11: Verschiebung der Barriere bei einem verschobenen symmetrischen Biniomialprozess

Auf der rechten Seite der letzten Ungleichung steht das Verhältnis der Unternehmenswerte der Zeitpunkte $t-1$ und t. Wie wir aus dem vorangegangenen Abschnitt wissen, folgt der Unternehmenswert in unserem Modell einem verschobenen Binomialprozess.[230] Mit Gleichung (89) gilt in Abhängigkeit vom eingetretenen Zustand[231]

$$\frac{V^u_{t,j+1}}{V^u_{t-1,j}} = \chi_t u > \frac{V^u_{t,j}}{V^u_{t-1,j}} = \chi_t d\,.$$

Zur weiteren Analyse von Zahlungsunfähigkeit bei marktwertorientierter Finanzierungspolitik werden wir drei Fälle unterscheiden.

Fall I

Im ersten Fall gilt für die Fremdkapitalquote

$$L_{t-1} > \pi_t \chi_t u\,. \tag{93}$$

Wird die Fremdkapitalquote des Zeitpunktes $t-1$ so gewählt, dass die vorangegangene Ungleichung erfüllt ist, so tritt in t mit Sicherheit Zahlungsunfähigkeit ein, da die rechte Seite von Term (92) bei einer Aufwärtsbewegung ein Maximum annimmt. Ungleichung (93) stellt damit,

230. Im Falle eines deterministischen Liquidationserlöses folgt der Unternehmenswert keinem verschobenen Binomialprozess. Aus diesem Grunde sind die nachfolgenden Ausführungen nur gültig, falls kein oder ein stochastischer Liquidationserlös anfällt.

231. Siehe hierzu auch Abbildung 9.

genauso wie (52) im Zusammenhang mit Überschuldung, eine Restriktion für die maximalen Fremdkapitalquoten dar, um Zahlungsunfähigkeit zu verhindern.

Fall II

Der zweite Fall liegt vor, wenn für die Fremdkapitalquote in $t-1$ der Zusammenhang

$$\pi_t \chi_t u > L_{t-1} > \pi_t \chi_t d \tag{94}$$

gegeben ist. Gleichung (94) bedeutet, dass ein Unternehmen im Zeitpunkt t genau dann zahlungsunfähig wird, wenn von $t-1$ bis t eine Abwärtsbewegung eintritt. Bei einer Aufwärtsbewegung hingegen kann das Unternehmen alle vertraglich festgelegten Zahlungen leisten.

Fall III

Sollte die Fremdkapitalquote des Zeitpunktes $t-1$ so festgelegt worden sein, dass

$$L_{t-1} < \pi_t \chi_t d \tag{95}$$

gilt, so kann das Unternehmen seinen Zahlungsverpflichtungen gegenüber den Fremdkapitalgebern in jedem Fall nachkommen. Eine Insolvenz im Zeitpunkt t kann damit ausgeschlossen werden.

Wird davon ausgegangen, dass die Höhe der Fremdkapitalquoten unter Berücksichtigung der Restriktionen (52) und (93) gewählt wird, so kann Insolvenz nur im Fall II eintreten. Alle Zeitpunkte in denen Fall II gilt, werden mit r_s für $s = 1, \ldots, z$ bezeichnet, wobei $z = 1, \ldots, T-1$ den letzten Insolvenzzeitpunkt angibt.

Betrachten wir zunächst die Option $\widetilde{C}^{IK}_t$, welche die indirekten Insolvenzkosten dupliziert. Wir wissen, dass das Unternehmen nur bei einer Abwärtsbewegung Insolvenz anmelden muss. Da wir die Wahrscheinlichkeit für eine Abwärtsbewegung kennen, können wir die Wahrscheinlichkeit einer Insolvenz im Zeitpunkt $f = r_1$ bestimmen. Zur Berechnung des Erwartunsgwertes der Option in r_1 benötigen wir neben der Insolvenzwahrscheinlichkeit auch den Wert der Option im Falle der Ausübung[232]

$$CK^{IK}_{r_1,j} = -V^u_{r_1,j} \,.$$

Die vorstehende Gleichung gilt für ein Szenario mit $j = 0, \ldots, r_1 - 1$ Aufwärtsbewegungen, da von $r_1 - 1$ bis r_1 eine Abwärtsbewegung eintreten muss, damit es in r_1 zu einer Insolvenz kommt. Der Wert der Option in r_1 ist vom Zustand des vorangegangenen Zeitpunktes abhängig, weshalb wir zunächst den Erwartungswert der Insolvenzkosten in $r_1 - 1$ bestimmen

$$E_Q[\widetilde{C}^{IK}_{r_1} | \mathcal{F}_{r_1-1}] = (1-q) d\chi_{r_1} - V^u_{r_1-1,j} \,.$$

232. Die Eigenschaften der Option $\widetilde{C}^{IK}_t$ sind in Tabelle 12 auf Seite 86 beschrieben.

Aus der Sicht des Zeitpunktes $t = 0$ ist der Unternehmenswert in $r_1 \;\; 1$ unsicher, so dass der Erwartungswert durch

$$E_Q[\widetilde{C}^{IK}_{r_1}] = (1 \;\; q) d\chi_{r_1} \;\; E_Q[\widetilde{V}^{u}_{r_1 \;\; 1}]$$

gegeben ist. Für den erwarteten Unternehmenswert im Zeitpunkt $r_1 \;\; 1$ gilt mit Gleichung (77)[233]

$$E_Q[\widetilde{V}^{u}_{r_1 \;\; 1}] = \sum_{j=0}^{r_1 \;\; 1} \binom{r_1 \;\; 1}{j} q^j (1 \;\; q)^{r_1 \;\; 1 \;\; j} u^j d^{r_1 \;\; 1 \;\; j} \frac{FCF^u_0}{dr_{r_1 \;\; 1}}.$$

Setzen wir die letzte Gleichung in den Term für den Erwartungswert der Option im Zeitpunkt r_1 ein, ergibt sich

$$E_Q[\widetilde{C}^{IK}_{r_1}] = \;\; \chi_{r_1} \sum_{j=0}^{r_1 \;\; 1} \binom{r_1 \;\; 1}{j} q^j (1 \;\; q)^{r_1 \;\; j} u^j d^{r_1 \;\; j} \frac{FCF^u_0}{dr_{r_1 \;\; 1}}.$$

Wir berechnen nun den Erwartungswert der Option $\widetilde{C}^{IK}_{r_2}$ für den Fall, dass eine Insolvenz in $f = r_2$ eintritt. Geht man von dem voraussichtlich in $r_2 \;\; 1$ zur Verfügung stehenden Informationsstand aus, so gilt

$$E_Q[\widetilde{C}^{IK}_{r_2} | \mathcal{F}_{r_2 \;\; 1}] = (1 \;\; q) d\chi_{r_2} \;\; V^u_{r_2 \;\; 1, j}.$$

Es kann in r_2 nur dann zu einer Insolvenz kommen, falls vorher noch keine Insolvenz stattgefunden hat. Wenn in r_1 keine Insolvenz eingetreten ist, kann es zwischen den Zeitpunkten 0 und r_1 genau $j = 1, \ldots, r_1$ Aufwärtsbewegungen gegeben haben. Wir erhalten für den auf den Zeitpunkt r_1 bedingten Erwartungswert mit $j = 1, \ldots, r_1$

$$\begin{aligned} E_Q[\widetilde{C}^{IK}_{r_2} | \mathcal{F}_{r_1}] &= (1 \;\; q) d\chi_{r_2} \;\; E[V^u_{r_2 \;\; 1} | \mathcal{F}_{r_1}] \\ &= (1 \;\; q)\, d\chi_{r_2} \sum_{k=0}^{r_2 \;\; 1 \;\; r_1} \binom{r_2 \;\; 1 \;\; r_1}{k} q^k (1 \;\; q)^{r_2 \;\; 1 \;\; r_1 \;\; k} u^k d^{r_2 \;\; 1 \;\; r_1 \;\; k} \frac{\widetilde{FCF}^u_{r_1, j}}{dr_{r_2 \;\; 1}}. \end{aligned}$$

Da die Wahrscheinlichkeit für eine Insolvenz in r_1 q beträgt, ergibt sich für den Erwartungswert in $t = 0$

$$\begin{aligned} E_Q[\widetilde{C}^{IK}_{r_2}] = & \underbrace{\qquad}_{\text{Bezugsverhältnis}} \underbrace{(1 \;\; q)\, \chi_{r_2}\, d}_{\substack{\text{Abwärtsbewegung} \\ \text{von } r_2 \;\; 1 \text{ nach } r_2}} \underbrace{\sum_{j=1}^{r_1} \binom{r_1}{j} q}_{\substack{\text{Zustände und Wahrscheinlichkeit} \\ \text{für keine Insolvenz in } r_1}} \\ & \underbrace{\sum_{k=j}^{r_2 \;\; 1 \;\; r_1} \binom{r_2 \;\; 1 \;\; r_1}{k} q^k (1 \;\; q)^{r_2 \;\; 1 \;\; r_1 \;\; k}}_{\text{Pfade und Wahrscheinlichkeiten von } r_1 \text{ nach } r_2 \;\; 1} \underbrace{u^k d^{r_2 \;\; 1 \;\; r_1 \;\; k} \frac{FCF^u_0}{dr_{r_2 \;\; 1}}}_{\text{Unternehmenswerte}} \\ = & \chi_{r_2} \sum_{j=1}^{r_1} \binom{r_1}{j} \sum_{k=j}^{r_2 \;\; 1 \;\; r_1} \binom{r_2 \;\; 1 \;\; r_1}{k} q^{k+1} (1 \;\; q)^{r_2 \;\; r_1 \;\; k} u^k d^{r_2 \;\; r_1 \;\; k} \frac{FCF^u_0}{dr_{r_2 \;\; 1}}. \end{aligned}$$

233. Vgl. Seite 91.

Für alle weiteren Zeitpunkte r_3 bis r_z, in welchen Insolvenz eintreten kann, sind die Erwartungswerte nach der gleichen Vorgehensweise zu ermitteln.

Die Option $\widetilde{C}_t^{TS}$ kann analog bewertet werden. Nach Gleichung (50) gilt für den Marktwert des Tax Shields im Falle einer marktwertorientierten Finanzierung[234]

$$V_{t,j}^{TS} = V_{t,j}^{u} \frac{\tau k^d}{1 + r_f} \left(L_t + \sum_{s=t+1}^{T-1} \frac{L_s}{\prod_{\delta=t+1}^{s}(1 + dr_\delta)} \right).$$

Damit können wir den Erwartungswert der Option im Zeitpunkt $f = r_1$ durch

$$E_Q[\widetilde{C}_{r_1}^{TS}] = \frac{\chi_{r_1} \tau k^d}{1 + r_f} \left(L_{r_1} + \sum_{s=r_1+1}^{T-1} \frac{L_s}{\prod_{\delta=r_1+1}^{s}(1 + dr_\delta)} \right) \sum_{j=0}^{r_1-1} \binom{r_1-1}{j} q^j (1-q)^{r_1-j} u^j d^{r_1-j} \frac{FCF_0^u}{dr_{r_1-1}}$$

beziehungsweise, falls $f = r_2$ sein sollte, durch

$$E_Q[\widetilde{C}_{r_2}^{TS}] = \frac{\chi_{r_2} \tau k^d}{1 + r_f} \left(L_{r_2} + \sum_{s=r_2+1}^{T-1} \frac{L_s}{\prod_{\delta=r_2+1}^{s}(1 + dr_\delta)} \right) \sum_{j=1}^{r_1} \binom{r_1}{j} \sum_{k=j}^{r_2-1-r_1} \binom{r_2-1-r_1}{k} q^{k+1} (1-q)^{r_2-r_1-k} u^k d^{r_2-r_1-k} \frac{FCF_0^u}{dr_{r_2-1}}$$

berechnen. Auch hier ist für alle Zeitpunkte r_3 bis r_z analog vorzugehen.

Da wir uns auf einem arbitragefreien Kapitalmarkt befinden, ergibt sich der Wert der Option C_0^{IK}, indem wir die Summe der mit dem risikolosen Zinssatz diskontierten Erwartungswerte für alle Zeitpunkte r_s bilden

$$C_0^{IK} = \sum_{s=1}^{z} \frac{E_Q[\widetilde{C}_{r_s}^{IK}]}{(1 + r_f)^{r_s}}. \tag{96}$$

Der Marktwert der Option C_0^{TS} kann, analog zu vorstehender Gleichung, durch

$$C_0^{TS} = \sum_{s=1}^{z} \frac{E_Q[\widetilde{C}_{r_s}^{TS}]}{(1 + r_f)^{r_s}} \tag{97}$$

berechnet werden.

234. Vgl. Seite 69.

5. Numerische Analyse

In diesem Kapitel werden die Eigenschaften der Marktwerte des verschuldeten Unternehmens, des Tax Shields sowie der Insolvenzkosten an einem Zahlenbeispiel analysiert. Zu Beginn wird das zugrunde liegende Szenario beschrieben und die Entwicklung des unverschuldeten Unternehmens dargestellt. Im Anschluss hieran wird das verschuldete Unternehmen betrachtet, wobei alle in Abschnitt 3.5.4 behandelten Finanzierungspolitiken einzeln untersucht werden. Insbesondere wird analysiert, welchen Einfluss eine Veränderung des Fremdkapitalbestandes auf den Marktwert des verschuldeten Unternehmens hat.

5.1. Unverschuldetes Unternehmen

Wir betrachten ein unverschuldetes Unternehmen, das in den kommenden zehn Zeitpunkten freie Cashflows generiert. Es gelten die in Kapitel 3 getro enen Annahmen bezüglich des Kapitalmarktes sowie das in Kapitel 4 beschriebene Binomialmodell für die Entwicklung des freien Cashflows. Es werden zwei Szenarien unterschieden. Im ersten Szenario wird ein deterministischer Liquidationserlös unterstellt, wohingegen im zweiten von einem stochastischen Liquidationserlös nach Annahme 22 ausgegangen wird. Die Inputparameter sind in Tabelle 20 zusammengefasst.

Freier Cashflow	
Freier Cashflow in $t = 0$	$FCF_0^u = 100$
Aufwärtsbewegung	$u = 1,2$
Reale Wahrscheinlichkeit für eine Aufwärtsbewegung	$p = 70\%$
Wachstumsrate	$g = 9\%$
Kapitalmarkt	
Risikofreier Zinssatz	$r_f = 10\%$
Eigenkapitalkosten des unverschuldeten Unternehmens	$k^u = 15\%$
Liquidationserlös	
Deterministischer Liquidationserlös	$LQ = 188$
Stochastischer Liquidationserlös	$\beta = 79,3\%$

Tabelle 20: Inputparameter der numerischen Analyse

Die Entwicklung der Unternehmenswerte für beide Szenarien ist in Abbildung 12 dargestellt. Der Marktwert des unverschuldeten Unternehmens im Zeitpunkt $t = 0$ beträgt in beiden Fällen $V_0^u = 800$. Wie zu erkennen ist, sind die Unterschiede zwischen den Ausprägungen der Unternehmenswerte in einem Zeitpunkt bei einem deterministischen Liquidationserlös geringer als bei einem stochastischen Liquidationserlös.

5.2. Verschuldetes Unternehmen

Um zu untersuchen, welchen Einfluss eine zunehmende Verschuldung auf den Unternehmenswert hat, wird der Fremdkapitalbestand im Beispiel so weit erhöht, bis es mindestens noch ein Szenario gibt, in welchem das Unternehmen von 0 bis T keine Insolvenz anmelden muss. Wie in Abschnitt 3.3 beschrieben wurde, bestimmen die Kreditgeber den Nominalzins so, dass Markt– und Buchwert des Fremdkapitals in $t = 0$ übereinstimmen. Da diese Voraussetzung nicht für beliebige Fremdkapitalbestände erfüllt ist, werden im Rahmen der Analyse nur Fremdkapitalbestände berücksichtigt, für welche ein k^d existiert, für das Gleichung (21) gilt.

Der Marktwert des Tax Shields hängt neben der Finanzierungspolitik und dem Nominalzinssatz von der Höhe des Steuersatzes ab. Aus diesem Grund werden im Beispiel Steuersätze von 10%, 25% und 40% untersucht.[235] Um eine getrennte Analyse von Finanzierungs– und Investitionsentscheidungen durchzuführen, wird vereinfachend angenommen, dass sich die Cashflows des unverschuldeten Unternehmens bei Variation des Steuersatzes nicht verändern. Diese Annahme bewirkt, dass die zusätzlichen Steuerzahlungen bei einer Steuererhöhung in vollem Umfang an die Kunden weitergegeben werden können.[236] Der Marktwert der Insolvenzkosten hängt insbesondere vom Parameter ab. Wie in Abschnitt 3.4.3 gezeigt wurde, ermitteln empirische Studien, die sich auf Marktwerte beziehen, indirekte Insolvenzkosten zwischen 10% und 30% des Unternehmenswertes.[237] Für werden deshalb Werte von 10% und 30% betrachtet.

Die Analyse der verschiedenen Finanzierungspolitiken erfolgt in derselben Reihenfolge wie in Abschnitt 3.5.4. Mit Ausnahme einer marktwertorientierten Finanzierung wird immer von einem deterministischen Liquidationserlös ausgegangen. Für eine marktwertorientierte Finanzierungspolitik wird angenommen, dass ein stochastischer Liquidationserlös realisiert wird, um die Ergebnisse aus Abschnitt 4.2.3 anwenden zu können.

---

235. KPMG (2006) ermittelt für die durchschnittliche Steuerbelastung auf Unternehmensebene des Jahres 2006 Steuersätze von 25, 04% für EU–Staaten, 28, 25% für Staaten aus Lateinamerika und 29, 99% für Staaten aus der Region Asien–Pazifik. Weltweit beträgt der niedrigste Steuersatz 0% (Cayman Islands) und der höchste 40, 69% (Japan). In der EU hat Zypern mit 10% den geringsten und Deutschland mit 38, 34% den höchsten Unternehmenssteuersatz.

236. Zum Thema Steuerüberwälzung siehe Homburg (2005, S. 99 .).

237. Siehe hierzu Tabelle 3 auf Seite 43.

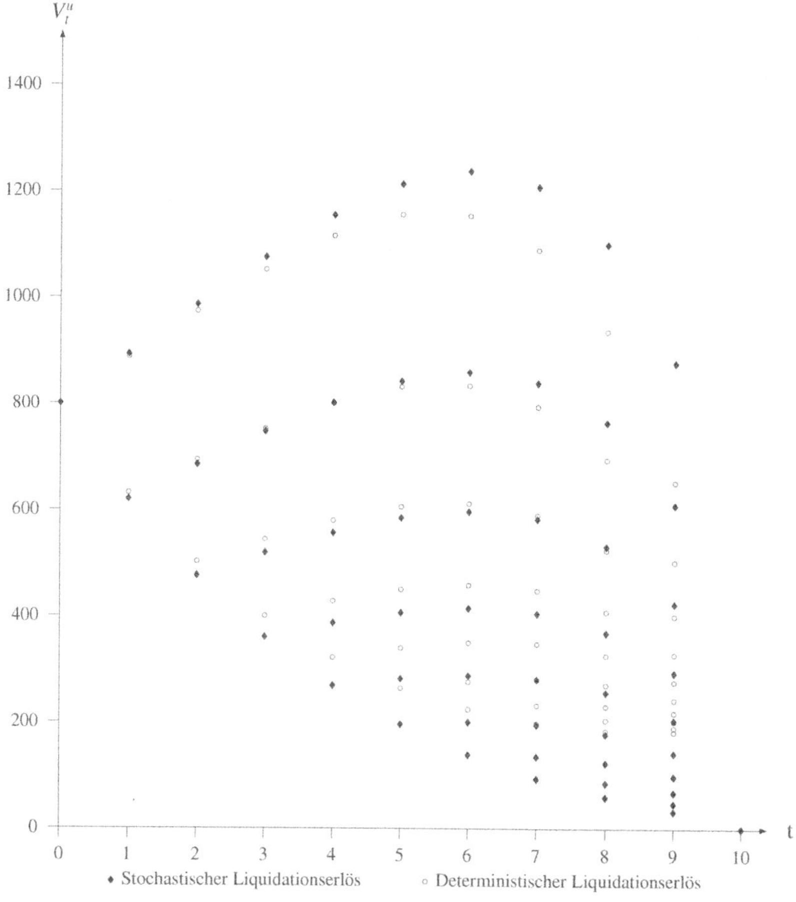

Abbildung 12: Entwicklung des Marktwertes des unverschuldeten Unternehmens

5.2.1. Autonome Finanzierung

5.2.1.1. Konstantes Fremdkapital

Bei konstantem Fremdkapital erfolgt die Tilgung des Kredits im letzten Zeitpunkt. Da während der Laufzeit Zinszahlungen zu leisten sind, kann ein Unternehmen bei dieser Finanzierungspolitik sowohl wegen Überschuldung als auch aufgrund von Zahlungsunfähigkeit ausfallen. Im hier betrachteten Beispiel ist in allen Fällen Überschuldung hinreichendes Insolvenzkriterium.

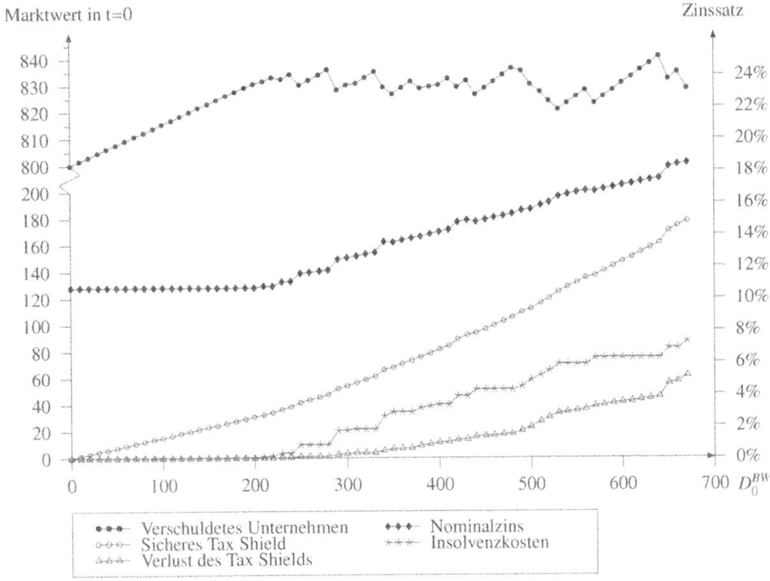

Abbildung 13: Unternehmenswerte bei konstantem Fremdkapital, einem Steuersatz von τ = 25% und Insolvenzkosten von = 30%

In Abbildung 13 ist der Marktwert des verschuldeten Unternehmens bei konstantem Fremdkapital in Abhängigkeit vom Kreditbetrag im Zeitpunkt $t = 0$ bei einem Steuersatz von $\tau = 25\%$ und Insolvenzkosten von = 30% dargestellt. Wird die Verschuldung erhöht, so steigt der Unternehmenswert zunächst bis zu einem Fremdkapitalbestand von $D_0^{BW,S} = 240$ an. Bei einer weiteren Erhöhung des Kredits schwankt V_0^l zwischen 820 und dem Maximum von 840. Um den Unternehmenswert zu maximieren, müssen Fremdmittel in Höhe von 640 aufgenommen werden. In diesem Fall beträgt die Wahrscheinlichkeit für das Eintreten einer Insolvenz 90%. Für die in Abbildung 13 betrachtete Kombination von Steuersatz und Insolvenzkosten zeigt sich, dass eine Erhöhung des Fremdkapitalbestandes über $D_0^{BW,S} = 240$ nur einen geringen Einfluss auf den Unternehmenswert hat, da sich die Marktwerte des Tax Shields und der Insolvenzkosten mit zunehmender Verschuldung ähnlich entwickeln.

Tabelle 21 enthält Maxima und Minima des Unternehmenswertes, die zugehörigen Marktwerte des Tax Shields und der Insolvenzkosten sowie die Nominalzinssätze für verschiedene Steuersätze und Insolvenzkosten.

	Maximum						Minimum					
τ	V_0^l	C_0^{IK}	$V_0^{Tax,S}$	C_0^{TS}	$D_0^{BW,S}$	k^d	V_0^l	C_0^{IK}	$V_0^{Tax,S}$	C_0^{TS}	$D_0^{BW,S}$	k^d
= 10%												
10%	814	7	23	2	330	11,3%	796	36	60	27	660	14,8%
25%	873	32	156	61	670	15,2%	800	0	0	0	0	10%
40%	960	25	258	73	690	15,2%	800	0	0	0	0	10%
= 30%												
10%	813	1	14	0	220	10,1%	732	109	75	34	660	33,9%
25%	841	75	161	46	640	16,4%	800	0	0	0	0	10%
40%	930	75	286	81	690	16,9%	800	0	0	0	0	10%

Tabelle 21: Maxima und Minima des Marktwertes des verschuldeten Unternehmens bei konstantem Fremdkapital

Bei einem hohen Steuersatz von $\tau = 40\%$ sollte sich ein Unternehmen zur Maximierung seines Marktwertes so hoch wie möglich verschulden. Auch bei einem Steuersatz von $\tau = 25\%$ sind hohe Fremdkapitalbestände lohnend. Für $\tau = 10\%$ hingegen nimmt der Unternehmenswert bei höchst möglicher Verschuldung ein Minimum an. In nahezu allen Fällen übersteigt der Marktwert der Insolvenzkosten den des Tax Shields. Nur für einen geringen Steuersatz ($\tau = 10\%$) ist es möglich, dass das verschuldete Unternehmen weniger wert ist als das unverschuldete. Für Steuersätze von $\tau = 25\%$ und 40% haben Insolvenzrisiken bei konstantem Fremdkapital nur einen geringen Einfluss auf die Wahl des Kreditbetrages. Bei einem niedrigen Steuersatz von $\tau = 10\%$ hingegen ist es wichtig, Insolvenzrisiken bei der Finanzierungsentscheidung zu berücksichtigen. Die Ergebnisse der Analyse sind unabhängig von der Höhe des Parameters .

5.2.1.2. Ratentilgung

Wird der Kreditbetrag in gleich bleibenden Raten zurückbezahlt, so kann sowohl Überschuldung als auch Zahlungsunfähigkeit als Insolvenzauslöser auftreten. Im hier betrachteten Beispiel kommt es immer aufgrund von Zahlungsunfähigkeit zu einer Insolvenz.

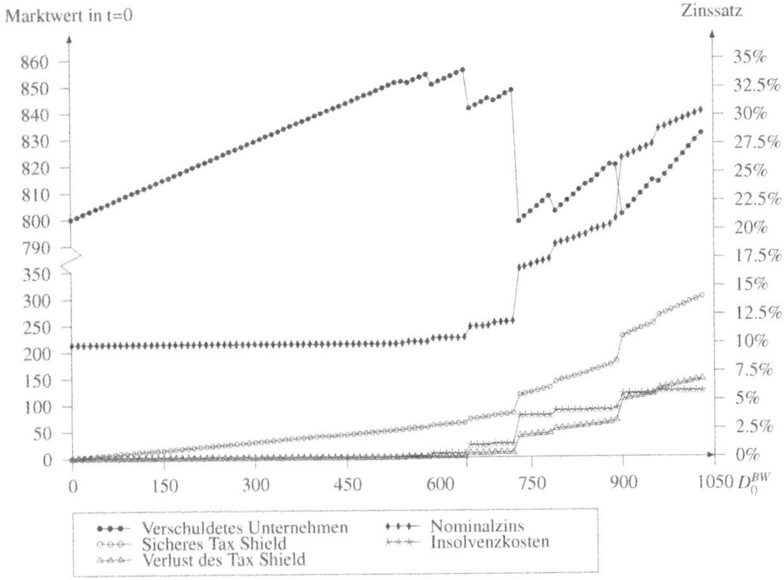

Abbildung 14: Unternehmenswerte bei Ratentilgung, einem Steuersatz von τ = 25% und Insolvenzkosten von = 30%

In Abbildung 14 ist zu erkennen, dass der Unternehmenswert bei einem Kreditbetrag von $D_0^{BW,S} = 640$ maximiert wird. Bei diesem Fremdkapitalbestand beträgt die Wahrscheinlichkeit für das Eintreten einer Insolvenz weniger als 3%, weshalb der Marktwert der Insolvenzkosten gering ist. Die sprunghafte Entwicklung des Unternehmenswertes ist dadurch zu erklären, dass an den Sprungstellen neue Insolvenzszenarien hinzukommen, bei denen bereits sehr früh ein Ausfall eintreten kann.[238] Wird beispielsweise ein Kredit von 720 aufgenommen, so ist eine Insolvenz erstmals in $t = 2$ möglich. Bei einer Erhöhung des Fremdkapitalbestandes auf 730 kann das Unternehmen jedoch bereits in $t = 1$ zahlungsunfähig sein. Die Aufnahme einer geringen Menge zusätzlichen Fremdkapitals führt in diesem Fall dazu, dass die Insolvenzwahrscheinlichkeit von 17% auf 38% ansteigt und sich der Marktwert der Insolvenzkosten verdreifacht.

Die Ergebnisse der Analyse für unterschiedliche Steuersätze und Insolvenzkosten sind in Tabelle 22 zusammengefasst.

	Maximum						Minimum					
τ	V_0^l	C_0^{IK}	$V_0^{Tax,S}$	C_0^{TS}	$D_0^{BW,S}$	k^d	V_0^l	C_0^{IK}	$V_0^{Tax,S}$	C_0^{TS}	$D_0^{BW,S}$	k^d
= 10%												
10%	821	2	24	1	600	10,3%	793	39	60	28	820	19%
25%	889	41	249	119	1030	25,1%	800	0	0	0	0	10%
40%	1067	47	665	351	1310	32,9%	800	0	0	0	0	10%
= 30%												
10%	819	0	19	0	500	10%	723	123	89	43	850	27,3%
25%	856	7	65	2	640	10,5%	799	78	117	40	731	16,6%
40%	1065	144	875	466	1410	40,2%	800	0	0	0	0	10%

Tabelle 22: Maxima und Minima des Marktwertes des verschuldeten Unternehmens bei Ratentilgung

Wie Tabelle 22 zu entnehmen ist, sollte ein Unternehmen bei Ratentilgung und einem Steuersatz von 40% eine hohe Verschuldung anstreben, um seinen Marktwert zu maximieren. Wird ein Steuersatz von $\tau = 25\%$ untersucht, so ergibt sich für Insolvenzkosten von = 10% ebenfalls bei einem hohen Fremdkapitalbestand ein maximaler Unternehmenswert. Für Insolvenzkosten von = 30% ist bei $\tau = 25\%$ ein Kreditbetrag optimal, der zu einer geringen Insolvenzwahrscheinlichkeit führt, um Insolvenzkosten zu vermeiden. Dieser Zusammenhang lässt sich auch bei einem niedrigen Steuersatz von $\tau = 10\%$ beobachten. Für Ratentilgung ergibt sich im Beispiel, dass Insolvenzrisiken bei der Maximierung des Unternehmenswertes für hohe Steuersätze vernachlässigt werden können. Es ist in diesem Fall für das Unternehmen immer lohnend sich

238. Kraus & Litzenberger (1973, S. 916) beobachten bei der numerischen Analyse ihres Modells den gleichen Zusammenhang.

maximal zu verschulden. Bei Steuersätzen von 10% beziehungsweise 25% sollten Insolvenzrisiken jedoch bei der Wahl des Fremdkapitalbestandes berücksichtigt werden.

5.2.1.3. Zerobond

Bei der Finanzierung über einen Zerobond wird der Nominalbetrag des Kredits zuzüglich aller Zinsen im Zeitpunkt T zurückgezahlt. Da in den Zeitpunkten $t = 1, \ldots, T \quad 1$ keine Zahlungen zwischen Kreditgeber und Kreditnehmer fließen, kann eine Insolvenz nur durch Überschuldung ausgelöst werden.

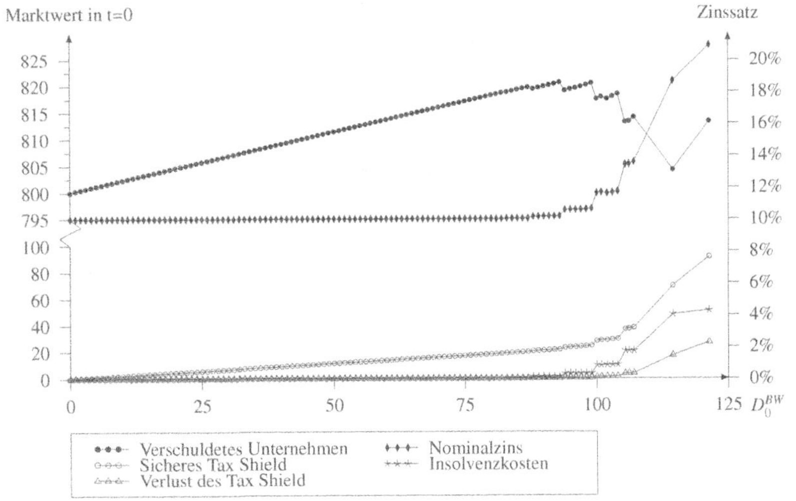

Abbildung 15: Unternehmenswerte bei Finanzierung über einen Zerobond, einem Steuersatz von τ = 25% und Insolvenzkosten von = 30%

In Abbildung 15 ist zu erkennen, dass bei einem Zerobond nur geringe Kreditbeträge aufgenommen werden können. Dies liegt daran, dass der Rückzahlungsbetrag des Zerobonds insbesondere bei hohen Nominalzinsen aufgrund des Zinse ektes stark ansteigt. Es existieren nur wenige Lösungen, die Gleichung (21) erfüllen. Der höchste Unternehmenswert von $V_0^l = 821$ wird bei einem Fremdkapitalbestand von $D_0^{BW} = 93$ erreicht. Aufgrund des niedrigen Kreditbetrages sind in diesem Fall die Marktwerte der Insolvenzkosten und des Tax Shields gering.

In Tabelle 23 sind maximale und minimale Unternehmenswerte für verschiedene Steuersätze und Insolvenzkosten angegeben.

	Maximum						Minimum					
τ	V_0^l	C_0^{IK}	$V_0^{Tax,S}$	C_0^{TS}	$D_0^{BW,S}$	k^d	V_0^l	C_0^{IK}	$V_0^{Tax,S}$	C_0^{TS}	$D_0^{BW,S}$	k^d
= 10%												
10%	808	1	10	0	100	10,3%	800	0	0	0	0	10%
25%	830	10	46	10	121	14,1%	800	0	0	0	0	10%
40%	857	10	77	9	122	14,4%	800	0	0	0	0	10%
= 30%												
10%	808	0	8	0	85	10%	769	51	27	7	121	17,8%
25%	821	1	22	0	93	10,2%	800	0	0	0	0	10%
40%	860	48	148	40	115	21,6%	800	0	0	0	0	10%

Tabelle 23: Maxima und Minima des Marktwertes des verschuldeten Unternehmens bei Finanzierung über einen Zerobond

Aus Tabelle 23 geht hervor, dass für einen Steuersatz von $\tau = 40\%$ sowie im Fall = 30% und $\tau = 25\%$ möglichst viel Fremdkapital aufgenommen werden sollte, um den Unternehmenswert zu maximieren. In allen anderen Fällen sollte der Kreditbetrag so gewählt werden, dass die Insolvenzwahrscheinlichkeit klein ist, da der Marktwert der Insolvenzkosten bei zunehmendem Fremdkapitalbestand stärker ansteigt als der des Tax Shields. Für alle betrachteten Fälle gilt, dass nur geringe Kreditbeträge aufgenommen werden können, ohne Gleichung (21) zu verletzen. Aus diesem Grund ist die Finanzierung über einen Zerobond im Beispiel nur begrenzt möglich.

5.2.2. Wertorientierte Finanzierung

5.2.2.1. Marktwertorientierte Finanzierung

Um zu untersuchen, wie sich eine zunehmende Verschuldung im Falle einer marktwertorientierten Finanzierungspolitik auswirkt, wird von einer konstanten Fremdkapitalquote ausgegangen. Da sich die Interpretation der Ergebnisse für verschiedene Steuersätze und Insolvenzkosten nicht verändert, wird nur der Fall $\tau = 25\%$ und = 30% untersucht. Wie in Abschnitt 3.5.4.2.1 beschrieben wurde, kann ein Unternehmen bei der betrachteten Finanzierungspolitik nur durch Zahlungsunfähigkeit ausfallen, wenn die Fremdkapitalquoten unter Beachtung von Ungleichung (52) gewählt werden.

In Abbildung 16 ist dargestellt, dass der Unternehmenswert bis zu einer Fremdkapitalquote von $L = 81\%$ linear ansteigt. Bei $L = 82\%$ und einem Fremdkapitalzinssatz von $k^d = 10,5\%$ ergibt sich der maximale Unternehmenswert in Höhe von $V_0^l = 884$. Trotz des über dem risikolosen Zinssatz liegenden Nominalzinssatzes ist der Marktwert der Insolvenzkosten in diesem Fall

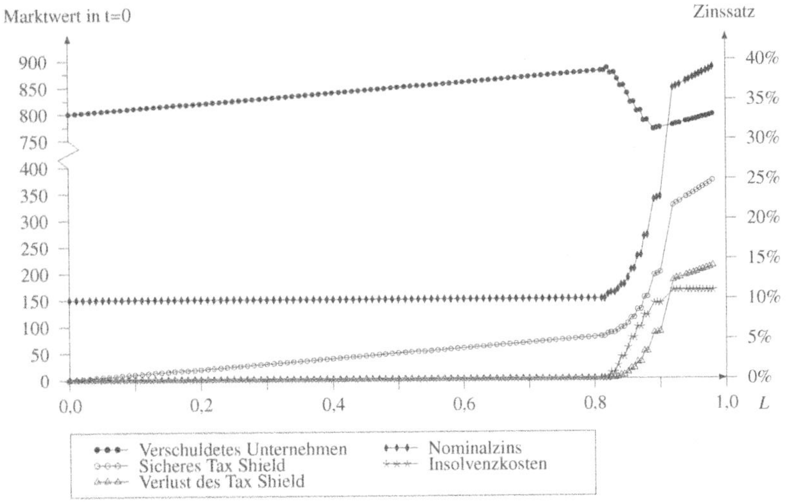

Abbildung 16: Unternehmenswerte bei marktwertorientierter Finanzierungspolitik, einem Steuersatz von $\tau = 25\%$ und Insolvenzkosten von $\quad = 30\%$

gleich Null. Dies liegt daran, dass es nur im letzten Zeitpunkt $f = T$ zu einer Insolvenz kommen kann. Da durch eine Insolvenz nur zukünftige Cashflows und Steuervorteile betro en sind, entstehen im letzten Zeitpunkt keine Insolvenzkosten. Im Intervall [82%,89%] tritt der in Abschnitt 4.2.3 beschriebene zweite Fall ein. Das Unternehmen muss Insolvenz anmelden, wenn es zu einer Abwärtsbewegung des Cashflows kommt. Bei einer Quote von $L = 89\%$ ist dies in allen Zeitpunkten $t > 2$ der Fall. Die in Ungleichung (52) vorgegebenen maximalen Fremdkapitalquoten sind im Beispiel nicht relevant, da für diese Quoten mit Sicherheit Insolvenz eintritt. Wie sich zeigt, sollte sich ein Unternehmen bei einer marktwertorientierten Finanzierungspolitik im Beispiel gerade so weit verschulden, dass es in den Zeitpunkten $t = 1, \ldots, T \quad 1$ nicht ausfallen kann. Dieses Ergebnis ist unabhängig vom Wert des Parameters sowie der Höhe des Steuersatzes.

5.2.2.2. Buchwertorientierte Finanzierung

Bei einer buchwertorientierten Finanzierungspolitik wird der Fremdkapitalbestand in Abhängigkeit des Buchwertes des verschuldeten Unternehmens festgesetzt. Es wird angenommen, dass der Buchwert des Eigenkapitals $E_0^{l,BW,S} = 200$ beträgt, das Unternehmen eine Dividende in Höhe des Gewinns nach Steuern ausschüttet und der Verschuldungsgrad zu Buchwerten konstant ist.[239]

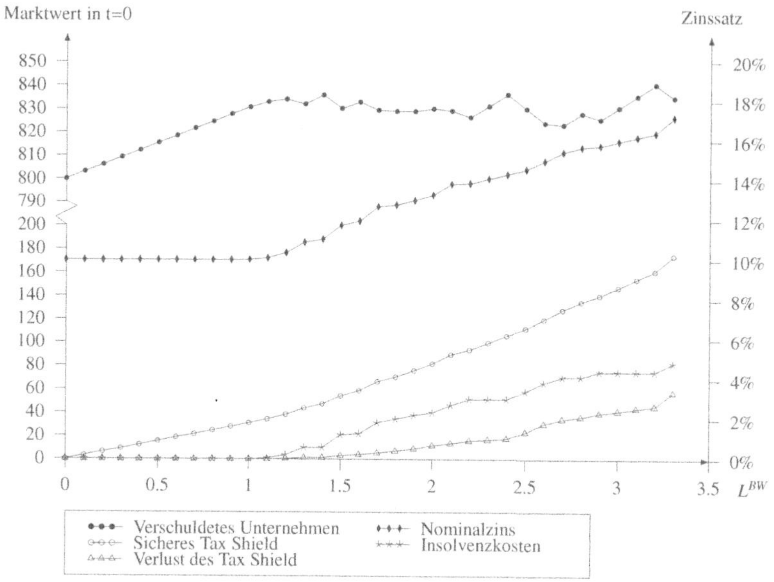

Abbildung 17: Unternehmenswerte bei buchwertorientierter Finanzierungspolitik, einem Steuersatz von $\tau = 25\%$ und Insolvenzkosten von $= 30\%$

Wie aus Abbildung 17 hervorgeht, kann es ab einem Verschuldungsgrad von $L^{BW} = 110\%$ erstmals zu einer Insolvenz kommen. Für höhere Verschuldungsgrade schwankt der Unternehmenswert zwischen 823 und 841, da sich die Marktwerte der Insolvenzkosten und des Tax Shields ähnlich entwickeln. Der maximale Unternehmenswert ergibt sich bei einem Verschuldungsgrad von $L^{BW} = 310\%$, was einem Kreditbetrag von $D_0^{BW} = 640$ entspricht. In diesem Fall ist die Insolvenzwahrscheinlichkeit mit 96% sehr hoch. Wird ein Verschuldungsgrad von $L^{BW} = 140\%$ gewählt, so kann mit einer Insolvenzwahrscheinlichkeit von 12% bereits ein Unternehmenswert von $V_0^l = 836$ erreicht werden.

Tabelle 24 enthält Maxima und Minima der Marktwerte des verschuldeten Unternehmens für verschiedene Steuersätze.

239. Vgl. Annahme 19 auf Seite 74.

	Maximum						Minimum					
τ	V_0^l	C_0^{IK}	$V_0^{Tax,S}$	C_0^{TS}	L^{BW}	k^d	V_0^l	C_0^{IK}	$V_0^{Tax,S}$	C_0^{TS}	L^{BW}	k^d
= 10%												
10%	813	1	15	0	120%	10,2%	797	36	60	27	330%	14,8%
25%	873	25	137	39	310%	14,4%	800	0	0	0	0%	10%
40%	956	25	252	71	340%	15,1%	800	0	0	0	0%	10%
= 30%												
10%	813	1	14	0	110%	10,1%	732	109	75	34	330%	18,5%
25%	841	75	161	46	320%	16,4%	800	0	0	0	0%	10%
40%	926	75	280	79	340%	16,8%	800	0	0	0	0%	10%

Tabelle 24: Maxima und Minima des Marktwertes des verschuldeten Unternehmens bei buchwertorientierter Finanzierung

Die Analyse der Ergebnisse aus Tabelle 24 ergibt, dass ein Unternehmen bei buchwertorientierter Finanzierung und hohem Steuersatz (τ = 40%) den höchstmöglichen Verschuldungsgrad wählen sollte, um den Unternehmenswert zu maximieren. Auch bei einem Steuersatz von τ = 25% wird der Unternehmenswert bei sehr hohen Verschuldungsgraden maximal. Wird jedoch von einem geringen Steuersatz (τ = 10%) ausgegangen, so nimmt der Unternehmenswert bei maximaler Verschuldung ein Minimum an. In diesem Fall sind Verschuldungsgrade optimal, die zu einer kleinen Insolvenzwahrscheinlichkeit führen. Bei buchwertorientierter Finanzierung sind Insolvenzrisiken für einen Steuersatz von τ = 10% relevant bei der Wahl des Verschuldungsgrades. Bei Steuersätzen von τ = 25% und 40% hingegen können Insolvenzrisiken vernachlässigt werden.

5.2.3. Cashfloworientierte Finanzierung

Wird die Rückzahlung des Fremdkapitals in Abhängigkeit von den Cashflows vorgenommen, so verfolgt die Unternehmensleitung eine cashfloworientierte Finanzierung. Zur Untersuchung dieser Verschuldungspolitik wird davon ausgegangen, dass ein Viertel des Cashflows nach Zinsen zur Tilgung des Kredits verwendet wird (θ = 25%). Um zu verhindern, dass die Fremdkapitalbestände negativ werden können, darf der Kredit im Beispiel bei = 10% den Betrag D_0^{BW} = 540, beziehungsweise bei = 30% den Betrag D_0^{BW} = 530, nicht unterschreiten.[240]

Bei einem Steuersatz von τ = 25% und Insolvenzkosten von = 30% sollte ein möglichst hoher Kreditbetrag aufgenommen werden, um den Unternehmenswert zu maximieren. Grund hierfür ist, dass sich bei cashfloworientierter Finanzierung sehr hohe Nominalzinsen ergeben,

240. Siehe hierzu Annahme 20 auf Seite 79.

woraus ein hoher Marktwert für das Tax Shield folgt. Insbesondere ab einem Fremdkapitalbestand von $D_0^{BW} = 730$, steigt der Marktwert des Tax Shields wesentlich stärker an als der Marktwert der Insolvenzkosten. Dies liegt daran, dass sich bei einer guten Entwicklung des Cashflows hohe Tilgungsbeträge und dementsprechend geringe Insolvenzwahrscheinlichkeiten ergeben. Damit es in Szenarien mit vielen Aufwärtsbewegungen zu einer Insolvenz kommen kann, muss der Kredit um einen größeren Betrag angehoben werden als in Szenarien mit vielen Abwärtsbewegungen. In guten Szenarien sind deshalb höhere Steuervorteile realisierbar.

	Maximum						Minimum					
τ	V_0^l	C_0^{IK}	$V_0^{Tax,S}$	C_0^{TS}	$D_0^{BW,S}$	k^d	V_0^l	C_0^{IK}	$V_0^{Tax,S}$	C_0^{TS}	$D_0^{BW,S}$	k^d
= 10%												
10%	810	19	36	8	540	12,1%	782	49	89	57	755	18,6%
25%	896	39	254	120	850	18,6%	857	18	92	18	540	12,3%
40%	1038	41	545	265	980	20,8%	911	14	149	23	540	12,3%
= 30%												
10%	775	57	41	9	530	13,8%	682	166	177	129	810	30,4%
25%	856	122	350	172	910	22,7%	810	115	234	109	740	19,8%
40%	996	117	587	274	955	22,6%	894	61	201	46	586	14,8%

Tabelle 25: Maxima und Minima des Marktwertes des verschuldeten Unternehmens bei cashfloworientierter Finanzierung

Wie aus Tabelle 25 zu erkennen ist, führt bei Steuersätzen von $\tau = 25\%$ oder 40% ein hoher Fremdkapitalbestand zum maximalen Unternehmenswert. Für einen geringeren Steuersatz von $\tau = 10\%$ wird der Marktwert des verschuldeten Unternehmens beim minimalen Kreditbetrag maximiert. Werden für $\tau = 10\%$ hohe Insolvenzkosten von $= 30\%$ unterstellt, so sollte ganz auf eine Verschuldung verzichtet werden, da der Marktwert des verschuldeten Unternehmens immer geringer ist als der des unverschuldeten. Insolvenzrisiken müssen bei der Wahl des Kreditbetrages, der zu einem maximalen Unternehmenswert führt, dementsprechend nur für Steuersätze von $\tau = 10\%$ berücksichtigt werden.

5.3. Zusammenfassung der numerischen Analyse

Trotz des diskreten Modellrahmens lässt sich für die meisten Finanzierungspolitiken, in Übereinstimmung mit Gleichung (21), problemlos ein Fremdkapitalzins ermitteln. Dies gilt jedoch nicht für den Fall, dass sich ein Unternehmen über einen Zerobond finanziert. Bei dieser Finanzierungspolitik ist es dem Unternehmen nur für geringe Fremdkapitalbestände möglich, einen Kreditvertrag mit den Finanziers auszuhandeln.

Die Analyse des Beispiels hat gezeigt, dass Insolvenzrisiken insbesondere bei geringen Steuersätzen relevant für die Finanzierungsentscheidung sind. Wird ein Steuersatz von $\tau = 40\%$ angenommen so führt mit Ausnahme einer marktwertorientierten Finanzierung immer der höchst mögliche Fremdkapitalbestand zum maximalen Unternehmenswert. Fremdfinanzierung hat einen negativen Einfluss auf den Unternehmenswert, wenn der Marktwert des Tax Shields den der Insolvenzkosten übersteigt. Diese Konstellation kann vor allem bei einem Steuersatz von $\tau = 10\%$ beobachtet werden.

Eine Veränderung der Höhe der Insolvenzkosten hat zwar einen Einfluss auf den Marktwert des verschuldeten Unternehmens, ist aber für die Finanzierungsentscheidung lediglich bei einem Steuersatz von $\tau = 25\%$ von Bedeutung. Für Steuersätze von $\tau = 10\%$ beziehungsweise $\tau = 40\%$ hat der Parameter hingegen nur einen geringen Einfluss auf den optimalen Fremdkapitalbestand.

6. Zusammenfassung

- In dieser Arbeit wird untersucht, wie ein verschuldetes Unternehmen bei riskantem Fremdkapital bewertet werden kann. Ziel ist es, die durch eine Insolvenz verursachten Kosten bei der Bewertung zu berücksichtigen. Bisher gibt es nur wenige auf der DCF–Theorie basierende Arbeiten, die Insolvenzkosten auf modelltheoretischem Wege berücksichtigen. Die vorliegende Arbeit trägt dazu bei, diese Lücke zu schließen, indem aufbauend auf der DCF–Theorie gezeigt wird, wie Insolvenzkosten durch Barrier–Optionen dupliziert werden können.

- Als Ausgangspunkt der Analyse wird zunächst ein klassisches DCF–Modell ohne Insolvenzrisiken dargestellt. Um Insolvenzkosten in das Modell zu integrieren, werden ihre Eigenschaften untersucht. Hierzu werden empirische Arbeiten diskutiert. Die Auswertung der Literatur legt nahe, dass direkte Insolvenzkosten vernachlässigt werden können, wohingegen die indirekten Insolvenzkosten einen hohen Einfluss auf den Unternehmenswert haben. Neben indirekten Insolvenzkosten wird auch der, durch eine Insolvenz verursachte, Verlust der Steuervorteile modelliert.

- In Anlehnung an die Insolvenzordnung werden im Modell Überschuldung und Zahlungsunfähigkeit als Insolvenzauslöser berücksichtigt. Drohende Zahlungsunfähigkeit kann vernachlässigt werden. Die Insolvenzauslöser werden so modelliert, dass Insolvenz eintritt, sobald der Marktwert des unverschuldeten Unternehmens eine exogen vorgegebene Barriere erstmals unterschreitet. Es wird für verschiedene Finanzierungspolitiken gezeigt, wie ein hinreichendes Insolvenzkriterium zu ermitteln ist.

- Aufbauend auf den vorangegangen Überlegungen wird ein Portfolio aus am Kapitalmarkt gehandelten Wertpapieren zusammengestellt, das in Zukunft die gleichen Zahlungen erzeugt wie ein verschuldetes Unternehmen. Zur Duplikation der Insolvenzkosten und des Verlustes der Steuervorteile sind Barrier–Optionen auf das unverschuldete Unternehmen zu verwenden. Das Duplikationsportfolio des verschuldeten Unternehmens besteht aus Anteilen des unverschuldeten Unternehmens, Wertpapieren zur Duplikation der nicht ausfallbedrohten Steuervorteile sowie zwei Shortpositionen in Down–and–In–Calls auf das unverschuldete Unternehmen.

- Es wird gezeigt, wie das Duplikationsportfolio in einem Binomialmodell zu bewerten ist. Die Barrier–Optionen lassen sich durch einen rekursiven Algorithmus sowie mittels geschlossener Gleichungen bewerten. Da es nur unter restriktiven Bedingungen möglich ist, geschlossene Gleichungen anzuwenden, wird untersucht, welche Eigenschaften eine Finanzierungspolitik aufweisen muss, damit diese Bedingungen erfüllt sind. Weiterhin werden Bewertungsgleichungen für die Barrier–Optionen im Falle einer marktwertorientierten Finanzierungspolitik hergeleitet.

- Die numerische Analyse des Modells zeigt für verschiedene Finanzierungspolitiken, wie sich Insolvenzrisiken bei Variation des Fremdkapitalbestandes auf den Marktwert des verschuldeten Unternehmens auswirken. In der überwiegenden Zahl der betrachteten Konstellationen haben die Steuervorteile einen größeren Einfluss auf den Unternehmenswert als die Insolvenzkosten. Insbesondere bei geringen Steuersätzen ist es jedoch notwendig, Insolvenzrisiken bei der Finanzierungsentscheidung zu berücksichtigen.

Anhang

A. Buch– und Marktwert des Fremdkapitals ohne Insolvenzrisiko

Um zu zeigen, dass sich Buch– und Marktwert des Fremdkapitals unter Vernachlässigung von Ausfallrisiken in allen Zeitpunkte $t > 0$ entsprechen, begeben wir uns in den Zeitpunkt $T - 1$ und berechnen den Marktwert des Fremdkapitals nach Gleichung (13)

$$\widetilde{D}_{T-1}^{MW,S} = \frac{E_Q[\widetilde{I}_T^S + \widetilde{R}_T^S | \mathcal{F}_{T-1}]}{1 + r_f}.$$

Da der Kredit zum Ende der Laufzeit vollständig getilgt werden soll, gilt

$$\widetilde{D}_{T-1}^{BW,S} = \widetilde{R}_T.$$

Die Zinsen werden auf die vertraglich vereinbarte Restschuld und damit auf den Buchwert der Vorperiode gezahlt. Da wir Insolvenzrisiken vernachlässigen, entspricht die von den Fremdkapitalgebern geforderte Verzinsung dem risikolosen Zinssatz, so dass wir

$$\widetilde{D}_{T-1}^{MW,S} = \frac{E_Q[r_f \widetilde{D}_{T-1}^{BW,S} + \widetilde{D}_{T-1}^{BW,S} | \mathcal{F}_{T-1}]}{1 + r_f}$$

schreiben können. Der Buchwert $\widetilde{D}_{T-1}^{BW,S}$ ist $\mathcal{F}_{T-1}$ messbar, weshalb nach den Rechenregeln bedingter Erwartungen[241]

$$\begin{aligned}\widetilde{D}_{T-1}^{MW,S} &= \frac{(1 + r_f)\widetilde{D}_{T-1}^{BW,S}}{1 + r_f} \\ &= \widetilde{D}_{T-1}^{BW,S}\end{aligned}$$

resultiert. Im Zeitpunkt $T - 2$ gilt wiederum

$$\widetilde{D}_{T-2}^{MW,S} = \frac{E_Q[\widetilde{I}_{T-1}^S + \widetilde{R}_{T-1}^S + \widetilde{D}_{T-1}^{MW,S} | \mathcal{F}_{T-2}]}{1 + r_f}.$$

Mit den vertraglich vereinbarten Tilgungszahlungen

$$\widetilde{R}_t = \widetilde{D}_{t-1}^{BW,S} - \widetilde{D}_t^{BW,S}$$

[241]. Vgl. hierzu Williams (1991, S. 88).

und dem Zusammenhang zwischen Markt– und Buchwert für $T-1$ ergibt sich

$$\widetilde{D}^{MW,S}_{T-2} = \frac{E_Q[r_f \widetilde{D}^{BW,S}_{T-2} + \widetilde{D}^{BW,S}_{T-2} - \widetilde{D}^{BW,S}_{T-1} + \widetilde{D}^{BW,S}_{T-1} | \mathcal{F}_{T-2}]}{1 + r_f} = \widetilde{D}^{BW,S}_{T-2} .$$

Dieses Vorgehen kann rekursiv bis zum Zeitpunkt $t = 0$ wiederholt werden. Unter Vernachlässigung von Ausfallrisiken sind Buch– und Marktwert des Fremdkapitals somit in allen Zeitpunkten $t = 0, \ldots, T$ identisch

$$\widetilde{D}^{MW,S}_t = \widetilde{D}^{BW,S}_t .$$

B. Herleitung der Insolvenzkriterien

B.1. Ratentilgung

Zur Ermittlung des Überschuldungskriteriums setzen wir die Fremdkapitalbestände bei Ratentilgung

$$D^{BW,S}_t = D^{BW,S}_0 \left(1 - \frac{t}{T}\right)$$

in Gleichung (29) ein

$$\begin{aligned} \widetilde{id}_t &= \widetilde{D}^{BW,S}_t - \tau k^d \sum_{s=t+1}^{T} \frac{E_Q[\widetilde{D}^{BW,S}_{s-1} | \mathcal{F}_t]}{(1 + r_f)^{s-t}} \\ &= D^{BW,S}_0 \left(1 - \frac{t}{T} - \tau k^d \sum_{s=t+1}^{T} \frac{1 - \frac{s-1}{T}}{(1 + r_f)^{s-t}}\right) . \end{aligned}$$

Um das Summenzeichen aus der vorstehenden Gleichung zu beseitigen, wird das Tax Shield wie folgt umgeformt

$$\begin{aligned} \sum_{s=t+1}^{T} \frac{1 - \frac{s-1}{T}}{(1 + r_f)^{s-t}} &= \sum_{s=1}^{T-t} \frac{1 - \frac{s+t-1}{T}}{(1 + r_f)^{s}} \\ &= \frac{1}{T} \left(\underbrace{\sum_{s=1}^{T-t} \frac{T-t}{(1 + r_f)^{s}}}_{\text{Term 1}} - \underbrace{\sum_{s=1}^{T-t} \frac{s-1}{(1 + r_f)^{s}}}_{\text{Term 2}} \right) . \end{aligned}$$

Die beiden Summenterme werden gesondert analysiert. Unter Verwendung einer geometrischen Reihe folgt für Term 1

$$\sum_{s=1}^{T-t} \frac{T-t}{(1 + r_f)^{s}} = \frac{T-t}{r_f} \left(1 - \frac{1}{(1 + r_f)^{T-t}}\right) .$$

Zur Umformung von Term 2 schreiben wir zunächst die einzelnen Summanden aus

$$\sum_{s=1}^{T\ \ t\ \ 1} \frac{s}{(1+r_f)^{s+1}} = \frac{1}{(1+r_f)^2} + \frac{2}{(1+r_f)^3} + \ldots + \frac{T\ \ t\ \ 1}{(1+r_f)^{T\ \ t}}\,.$$

Multipliziert man beide Seiten mit $(1 + r_f)$ erhält man

$$(1+r_f)\sum_{s=1}^{T\ \ t\ \ 1} \frac{s}{(1+r_f)^{s+1}} = \frac{1}{(1+r_f)} + \frac{2}{(1+r_f)^2} + \ldots + \frac{T\ \ t\ \ 1}{(1+r_f)^{T\ \ t\ \ 1}}\,.$$

Zieht man von der vorstehenden die vorletzte Gleichung ab, so ergibt sich

$$r_f \sum_{s=1}^{T\ \ t\ \ 1} \frac{s}{(1+r_f)^{s+1}} = \underbrace{\frac{1}{(1+r_f)} + \frac{1}{(1+r_f)^2} + \ldots + \frac{1}{(1+r_f)^{T\ \ t\ \ 1}}}_{\sum_{u=1}^{T\ \ t\ \ 1} \frac{1}{(1+r_f)^u}} \quad \frac{T\ \ t\ \ 1}{(1+r_f)^{T\ \ t}}\,.$$

Dies können wir nun mittels einer geometrischen Reihe auch in der Form

$$\sum_{s=1}^{T\ \ t\ \ 1} \frac{s}{(1+r_f)^{s+1}} = \frac{1 \quad (1+r_f)^{t+1\ \ T}}{r_f^2} \quad \frac{T\ \ t\ \ 1}{r_f(1+r_f)^{T\ \ t}}$$

schreiben. Nun setzen wir Term 1 und 2 in die Gleichung für das Ausfallkriterium ein und erhalten

$$\begin{aligned}
\widetilde{id}_t &= D_0^{BW,S}\left(1 \quad \frac{t}{T} \quad \frac{\tau k^d}{T r_f}\left((T \quad t)\left(1 \quad \frac{1}{(1+r_f)^{T\ \ t}}\right) \quad \frac{1}{r_f} + \frac{T \quad t \quad 1 + \frac{1+r_f}{r_f}}{(1+r_f)^{T\ \ t}}\right)\right) \\
&= D_0^{BW,S}\left(1 \quad \frac{t}{T} \quad \frac{\tau k^d}{T r_f}\left(T \quad t \quad \frac{1}{r_f}\left(1 \quad \frac{1}{(1+r_f)^{T\ \ t}}\right)\right)\right).
\end{aligned}$$

Um das hinreichende Insolvenzkriterium gemäß Abschnitt 3.5.3 zu ermitteln, wird untersucht für welche Steuersätze das Überschuldungskriterium negativ werden kann. Hierzu muss

$$\begin{aligned}
0 &< 1 \quad \frac{t}{T} \quad \frac{\tau k^d}{T r_f}\left(T \quad t \quad \frac{1}{r_f}\left(1 \quad \frac{1}{(1+r_f)^{T\ \ t}}\right)\right) \\
t \quad T &< \frac{\tau k^d}{r_f}\left(T \quad t \quad \frac{1}{r_f}\left(1 \quad \frac{1}{(1+r_f)^{T\ \ t}}\right)\right) \\
\frac{(T \quad t) r_f}{k^d} &> \tau\left(T \quad t \quad \frac{1}{r_f}\left(1 \quad \frac{1}{(1+r_f)^{T\ \ t}}\right)\right)
\end{aligned}$$

betrachtet werden. Um nach dem Steuersatz auflösen zu können, muss das Vorzeichen des Klammerterms der rechten Seite bekannt sein. Wie untersuchen zunächst, ob die Ungleichung

$$0 < T \quad t \quad \frac{1}{r_f}\left(1 \quad \frac{1}{(1+r_f)^{T\ \ t}}\right) \tag{98}$$

erfüllt ist. Betrachten wir, wie sich die Funktion

$$f(T) = T - t - \frac{1}{r_f}\left(1 - \frac{1}{(1+r_f)^{T-t}}\right)$$

mit zunehmender Restlaufzeit $(T-t)$ verändert. Für die erste Ableitung nach der Laufzeit T folgt

$$f'(T) = 1 + \frac{1}{r_f}\ln\left(\frac{1}{1+r_f}\right)\frac{1}{(1+r_f)^{T-t}} > 0\,.$$

Damit sinkt der Betrag der rechten Seite von Ungleichung (98) mit abnehmender Restlaufzeit. Wir untersuchen deshalb, ob (98) bei einer minimalen Restlaufzeit von $T - t = 1$ erfüllt ist

$$\begin{aligned} 0 &< 1 - \frac{1}{r_f}\left(1 - \frac{1}{1+r_f}\right) \\ r_f &< \frac{r_f}{1+r_f} \\ 1 + r_f &> 1\,. \end{aligned}$$

Wird von einem positiven risikolosen Zinssatz ausgegangen, so gilt die letzte Ungleichung immer. Aus diesem Grund ist für $t = 0, \ldots, T$ auch immer

$$0 < T - t - \frac{1}{r_f}\left(1 - \frac{1}{(1+r_f)^{T-t}}\right)$$

erfüllt. Das Überschuldungskriterium hat somit ein positives Vorzeichen, wenn für den Steuersatz

$$\tau < \frac{(T-t)r_f}{k^d\left(T - t - \frac{1}{r_f}\left(1 - \frac{1}{(1+r_f)^{T-t}}\right)\right)}$$

gilt.

B.2. Zerobond

Bei der Finanzierung über einen Zerobond gilt für Überschuldung mit Gleichung (29) und (47)

$$\begin{aligned} \widetilde{id}_t &= D_0^{BW,S}(1+k^d)^t - \sum_{s=t+1}^{T} \frac{\tau k^d D_0^{BW,S}(1+k^d)^{s-1}}{(1+r_f)^{s-t}} \\ &= D_0^{BW,S}(1+k^d)^t - \tau k^d D_0^{BW,S}(1+k^d)^t \sum_{s=t+1}^{T} \frac{(1+k^d)^{s-1-t}}{(1+r_f)^{s-t}} \\ &= D_0^{BW,S}(1+k^d)^t\left(1 - \frac{\tau k^d}{1+k^d}\sum_{s=1}^{T-t}\left(\frac{1+k^d}{1+r_f}\right)^s\right)\,. \end{aligned}$$

Mit der Gleichung für eine geometrische Reihe lässt sich der letzte Term zu

$$\widetilde{id}_t = D_0^{BW,S}(1+k^d)^t\left(1 - \frac{\tau k^d}{k^d - r_f}\left(\left(\frac{1+k^d}{1+r_f}\right)^{T-t} - 1\right)\right)$$

vereinfachen.

B.3. Marktwertorientierte Finanzierung

Im Folgenden wird das Kriterium für Zahlungsunfähigkeit bei einer marktwertorientierten Finanzierungspolitik hergeleitet. Da die Steuervorteile in diesem Fall demselben Risiko unterliegen wie der Marktwert des unverschuldeten Unternehmens, kann zur Ermittlung ihres Wertes auf das reale Wahrscheinlichkeitsmaß **P** und die Eigenkapitalkosten des unverschuldeten Unternehmens zurückgegriffen werden.[242] Aus Sicht des Zeitpunktes t ist der Steuervorteil des Zeitpunktes $t+1$ wegen der Annahmen 10 (Steuern) und 13 (Steuervorteil bei Insolvenz) sicher.[243] Für die Diskontierung der letzten Periode ist deshalb für alle Steuervorteile der risikolose Zinssatz zu verwenden. Aufgrund von Term (3) sowie (5) folgt

$$\sum_{s=t+1}^{T} \frac{L_{s-1} E_Q[\widetilde{V}^u_{s-1}|\mathcal{F}_t]}{1+r_f^{s-t}} = \frac{L_t \widetilde{V}^u_t}{(1+r_f)} + \sum_{s=t+2}^{T} \frac{L_{s-1} E[\widetilde{V}^u_{s-1}|\mathcal{F}_t]}{(1+r_f)(1+k^u)^{s-t-1}}. \tag{99}$$

Wir benötigen einen Zusammenhang zwischen dem Marktwert des unverschuldeten Unternehmens in t und dessen Erwartungswert in $t+1$. Nach Gleichung (3) gilt

$$\widetilde{V}^u_t = \frac{E[\widetilde{FCF}^u_{t+1} + \widetilde{V}^u_{t+1}|\mathcal{F}_t]}{1+k^u}.$$

Dies kann mit Gleichung (11) auch in der From

$$\widetilde{V}^u_t = \frac{1+dr_{t+1}}{1+k^u} E[\widetilde{V}^u_{t+1}|\mathcal{F}_t]$$

geschrieben werden. Da die letzte Gleichung auch für $t+1$ erfüllt ist und somit

$$\begin{aligned}\widetilde{V}^u_t &= \frac{1+dr_{t+1}}{1+k^u} E\left[\frac{1+dr_{t+2}}{1+k^u}\widetilde{V}^u_{t+2}|\mathcal{F}_t\right] \\ &= \frac{(1+dr_{t+1})(1+dr_{t+2})}{(1+k^u)^2} E[\widetilde{V}^u_{t+2}|\mathcal{F}_t]\end{aligned}$$

gilt, ergibt sich allgemein

$$\widetilde{V}^u_t = \frac{\prod_{\delta=t+1}^{t+s}(1+dr_\delta)}{(1+k^u)^{s-t}} E[\widetilde{V}^u_{t+s}|\mathcal{F}_t].$$

242. Siehe hierzu die Arbeit von Miles & Ezzell (1980) für eine konstante Fremdkapitalquote beziehungsweise Löffler (2004) für eine deterministische, aber im Zeitablauf veränderliche Fremdkapitalquote.

243. Vgl. Löffler (2004, S. 937).

Einsetzen in (99) führt auf

$$\frac{L_t\widetilde{V}^u_t}{1+r_f} + \sum_{s=t+2}^{T} \frac{L_{s-1}E[\widetilde{V}^u_{s-1}|\mathcal{F}_t]}{(1+r_f)(1+k^u)^{s-t-1}} = \frac{\widetilde{V}^u_t}{1+r_f}\left(L_t + \sum_{s=t+1}^{T-1} \frac{L_s}{\prod_{\delta=t+1}^{s}(1+dr_\delta)}\right).$$

Wird die vorstehende Gleichung zur Bestimmung des durch (36) gegebenen Kriteriums für Zahlungsunfähigkeit verwendet, so ergibt sich

$$\widetilde{V}^u_t < \frac{(1+(1-\tau)k^d)L_{t-1}\widetilde{V}^u_{t-1} - \widetilde{V}^u_t\frac{\tau k^d}{1+r_f}\left(L_t + \sum_{s=t+1}^{T-1}\frac{L_s}{\prod_{\delta=t+1}^{s}(1+dr_\delta)}\right)}{1+dr}$$

$$\widetilde{V}^u_t < \frac{(1+(1-\tau)k^d)L_{t-1}\widetilde{V}^u_{t-1}}{1+dr_t + \frac{\tau k^d}{1+r_f}\left(L_t + \sum_{s=t+1}^{T-1}\frac{L_s}{\prod_{\delta=t+1}^{s}(1+dr_\delta)}\right)}.$$

B.4. Cashfloworientierte Finanzierung

Es wird zunächst gezeigt wie $D_0^{BW,S}$ gewählt werden muss, um zu verhindern, dass es während der Laufzeit des Kreditvertrages zu negativen Fremdkapitalbeständen kommen kann. Damit der Fremdkapitalbestand in jedem Zeitpunkt positiv ist, muss

$$\widetilde{D}_t^{BW,S} \geq \theta(\widetilde{FCF}_t^u - (1-\tau)k^d\widetilde{D}_{t-1}^{BW,S})$$

gelten. Mit (65) wird dies zu

$$\gamma^t\left(D_0^{BW,S} - \theta\sum_{s=1}^{t}\frac{\widetilde{FCF}_s^u}{\gamma^s}\right) \geq \theta\left(\widetilde{FCF}_t^u - (1-\tau)k^d\gamma^{t-1}\left(D_0^{BW,S} - \theta\sum_{s=1}^{t-1}\frac{\widetilde{FCF}_s^u}{\gamma^s}\right)\right).$$

Durch Umformung lässt sich weiter vereinfachen

$$\frac{D_0^{BW,S}}{\theta} - \sum_{s=1}^{t}\frac{\widetilde{FCF}_s^u}{\gamma^s} \geq \frac{\widetilde{FCF}_t^u}{\gamma^t} - \frac{(1-\tau)k^d}{\gamma}\left(D_0^{BW,S} - \theta\sum_{s=1}^{t-1}\frac{\widetilde{FCF}_s^u}{\gamma^s}\right)$$

$$D_0^{BW,S}\left(\frac{1}{\theta} + \frac{(1-\tau)k^d}{\gamma}\right) \geq \frac{\widetilde{FCF}_t^u}{\gamma^t}\left(1 + \frac{(1-\tau)k^d\theta}{\gamma}\right) + \left(1 + \frac{(1-\tau)k^d\theta}{\gamma}\right)\sum_{s=1}^{t}\frac{\widetilde{FCF}_s^u}{\gamma^s}$$

$$D_0^{BW,S}\frac{1}{\theta} \geq \frac{\widetilde{FCF}_t^u}{\gamma^t} + \sum_{s=1}^{t}(2\gamma-1)\frac{\widetilde{FCF}_s^u}{\gamma^s}$$

$$D_0^{BW,S} \geq \theta\left(\frac{\widetilde{FCF}_t^u}{\gamma^t} + \sum_{s=1}^{t}\frac{(2\gamma-1)\widetilde{FCF}_s^u}{\gamma^s}\right).$$

Im nächsten Schritt wird eine Gleichung zur Berechnung des Marktwertes des Tax Shields bei cashfloworientierter Finanzierung hergeleitet. Durch Einsetzen von Gleichung (65) in Term (17) folgt

$$\widetilde{V}_t^{Tax,S} = \sum_{s=t+1}^{T} \frac{\tau k^d E_Q[\widetilde{D}_{s-1}^{BW,S}|\mathcal{F}_t]}{(1+r_f)^{s-t}}$$
$$= \sum_{s=t+1}^{T} \frac{\tau k^d E_Q\left[\gamma^{s-1}\left(D_0^{BW,S} - \theta \sum_{k=1}^{s-1} \frac{\widetilde{FCF}_k^u}{\gamma^k}\right)|\mathcal{F}_t\right]}{(1+r_f)^{s-t}}.$$

Berücksichtigen wir, dass mit dem Informationsstand des Zeitpunktes t die Cashflows der Zeitpunkte $k = 1, \ldots, t$ keine Zufallsvariablen sind, können wir auch

$$\widetilde{V}_t^{Tax,S} = \frac{\tau k^d}{\gamma}\left(D_0^{BW,S}\gamma^t \sum_{s=1}^{T-t}\left(\frac{\gamma}{1+r_f}\right)^s - \sum_{s=t+1}^{T} \frac{\gamma^s\theta\left(\sum_{k=1}^{t} \frac{\widetilde{FCF}_k^u}{\gamma^k} + \sum_{k=t+1}^{s} \frac{E_Q[\widetilde{FCF}_k^u|\mathcal{F}_t]}{\gamma^k}\right)}{(1+r_f)^{s-t}}\right)$$

schreiben. Mit Gleichung (8) und (9) gilt

$$E_Q[\widetilde{FCF}_{t+1}^u|\mathcal{F}_t] = E[\widetilde{FCF}_{t+1}^u|\mathcal{F}_t]\frac{1+r_f}{1+k^u}.$$

Mit der letzten Gleichung kann der Marktwert des Tax Shields auch durch

$$\widetilde{V}_t^{Tax,S} = \frac{\tau k^d}{\gamma}\left(D_0^{BW,S}\gamma^t \sum_{s=1}^{T-t}\left(\frac{\gamma}{1+r_f}\right)^s - \sum_{s=t+1}^{T} \frac{\gamma^s\theta\left(\sum_{k=1}^{t} \frac{\widetilde{FCF}_k^u}{\gamma^k} + \frac{1+r_f}{1+k^u}\sum_{k=t+1}^{s} \frac{E[\widetilde{FCF}_k^u|\mathcal{F}_t]}{\gamma^k}\right)}{(1+r_f)^{s-t}}\right)$$

dargestellt werden. Mit Annahme (7) und unter Verwendung der Dividendenrendite aus Gleichung (11) erhält man

$$\widetilde{V}_t^{Tax,S} = \frac{\tau k^d}{\gamma}\left(D_0^{BW,S}\gamma^t \sum_{s=1}^{T-t}\left(\frac{\gamma}{1+r_f}\right)^s - \sum_{s=t+1}^{T} \frac{\gamma^s\theta\left(\sum_{k=1}^{t} \frac{\widetilde{FCF}_k^u}{\gamma^k} + \widetilde{V}_t^u dr_t \frac{1+r_f}{1+k^u}\sum_{k=t+1}^{s} \frac{\prod_{\delta=t}^{k-1}(1+g_\delta)}{\gamma^k}\right)}{(1+r_f)^{s-t}}\right).$$

Wenden wir uns den Insolvenzkriterien zu. Betrachten wir zunächst das Kriterium für Überschuldung. Unter Rückgri auf Ungleichung (29) und (66) ist das Unternehmen überschuldet, wenn

$$\widetilde{D}_t^{BW,S} > \widetilde{V}_t^u + \frac{\tau k^d}{\gamma}\left(D_0^{BW,S}\gamma^t \sum_{s=1}^{T-t}\left(\frac{\gamma}{1+r_f}\right)^s - \sum_{s=t+1}^{T}\frac{\gamma^s\theta\left(\sum_{k=1}^t \frac{\widetilde{FCF}_k^u}{\gamma^k} + \widetilde{V}_t^u dr_t \frac{1+r_f}{1+k^u}\sum_{k=t+1}^s \frac{\prod_{\delta=t}^{k-1}(1+g_\delta)}{\gamma^k}\right)}{(1+r_f)^{s-t}}\right)$$

erfüllt ist. Durch Umformung erhalten wir

$$\begin{aligned} D_0^{BW,S}\gamma^t\left(1-\frac{\tau k^d}{\gamma}\sum_{s=1}^{T-t}\left(\frac{\gamma}{1+r_f}\right)^s\right) &> \widetilde{V}_t^u\left(1-\frac{\tau k^d\theta dr_t}{1+k^u}\sum_{s=t}^{T-1}\frac{\gamma^s}{(1+r_f)^{s-t}}\sum_{k=t+1}^s\frac{\prod_{\delta=t}^{k-1}(1+g_\delta)}{\gamma^k}\right) \\ &\quad - \tau k^d\theta\sum_{s=t+1}^T\frac{\gamma^{s-1}}{(1+r_f)^{s-t}}\sum_{k=1}^t\frac{\widetilde{FCF}_k^u}{\gamma^k} + \theta\sum_{s=1}^t\frac{\widetilde{FCF}_s^u}{\gamma^{s-t}} \\ &> \widetilde{V}_t^u\left(1-\frac{\tau k^d\theta dr_t}{1+k^u}\sum_{s=t}^{T-1}\frac{\gamma^s}{(1+r_f)^{s-t}}\sum_{k=t+1}^s\frac{\prod_{\delta=t}^{k-1}(1+g_\delta)}{\gamma^k}\right) \\ &\quad - \left(\tau k^d\sum_{s=t+1}^T\frac{\gamma^{s-1}}{(1+r_f)^{s-t}}+\gamma^t\right)\theta\sum_{s=1}^t\frac{\widetilde{FCF}_s^u}{\gamma^{s-t}}. \end{aligned}$$

Lösen wir nach dem Unternehmenswert auf, so kann das Überschuldungskriterium durch

$$\widetilde{id}_t = \frac{D_0^{BW,S}\gamma^t\left(1-\frac{\tau k^d}{\gamma}\sum_{s=1}^{T-t}\left(\frac{\gamma}{1+r_f}\right)^s\right)+\left(\tau k^d\sum_{s=t+1}^T\frac{\gamma^{s-1}}{(1+r_f)^{s-t}}+\gamma^t\right)\theta\sum_{s=1}^t\frac{\widetilde{FCF}_s^u}{\gamma^{s-t}}}{1-\frac{\tau k^d\theta dr_t}{1+k^u}\sum_{s=t}^{T-1}\frac{\gamma^s}{(1+r_f)^{s-t}}\sum_{k=t+1}^s\frac{\prod_{\delta=t}^{k-1}(1+g_\delta)}{\gamma^k}}$$

berechnet werden.

C. Anwendung des Reflektionsprinzips

C.1. Verschobener symmetrischer Binomialprozess

Nachfolgend wird eine mathematische Beziehung für die Dividendenrenditen verschiedener Zeitpunkte hergeleitet. Die Dividendenrendite im Zeitpunkt t kann mit Gleichung (10) durch

$$\frac{1}{dr_t} = \sum_{s=t+1}^T \frac{\prod_{\delta=t}^{s-1}(1+g_\delta)}{(1+k^u)^{s-t}}$$

berechnet werden. Da wir im Binomialmodell von konstanten Auf– und Abwärtsbewegungen sowie konstanten Wahrscheinlichkeiten ausgehen, ist mit Term (74)

$$g = p(u-d) + d - 1$$

auch die Wachstumsrate konstant. Der Zeitindex der Wachstumsrate kann somit vernachlässigt werden. Umformen der Dividendenrendite führt auf

$$\begin{aligned}\frac{1}{dr_t} &= \frac{1+g}{1+k^u} + \sum_{s=t+2}^{T}\left(\frac{1+g}{1+k^u}\right)^{s-t} \\ &= \frac{1+g}{1+k^u} + \frac{1+g}{1+k^u}\sum_{s=t+2}^{T}\left(\frac{1+g}{1+k^u}\right)^{s-(t+1)} \\ &= \frac{1+g}{1+k^u}\left(1+\frac{1}{dr_{t+1}}\right).\end{aligned}$$

Wir lösen die vorstehende Gleichung nach dr_{t+1} auf

$$\frac{1}{dr_{t+1}} = \frac{1}{dr_t}\underbrace{\left(\frac{1+k^u}{1+g} - dr_t\right)}_{=\chi_{t+1}}.$$

Mit der Hilfsvariablen χ_t kann der Zusammenhang zwischen zwei Dividendenrenditen für alle Zeitpunkte $t = 0, \ldots, T-2$ allgemein durch

$$\frac{1}{dr_{t+v}} = \frac{1}{dr_t}\sum_{s=1}^{v}\chi_{t+s} \ \forall\ v = 1, \ldots, T-t-1$$

angegeben werden.

C.2. Tilgungszahlungen für verschobene Insolvenzkriterien

Es soll gezeigt werden, wie die Tilgung zu wählen ist, damit für die Insolvenzkriterien Gleichung (91)

$$IK_t = \sum_{s=1}^{t}\chi_s IK_0$$

erfüllt ist. Da es bei der betrachteten Finanzierungspolitik nicht eindeutig ist, ob Zahlungsunfähigkeit oder Überschuldung in einem Zeitpunkt hinreichendes Insolvenzkriterium ist, werden vier Kombinationen betrachtet.

C.2.1. Überschuldung in zwei aufeinander folgenden Zeitpunkten

Ist Überschuldung hinreichendes Insolvenzkriterium in t und $t+1$, so muss für zwei aufeinander folgende Zeitpunkte

$$\widetilde{id}_t\,\chi_{t+1} = \widetilde{id}_{t+1}$$

$$\left(\widetilde{D}_t^{BW,S} - \tau k^d \sum_{s=t+1}^{T}\frac{E_Q[\widetilde{D}_{s-1}^{BW,S}|\mathcal{F}_t]}{(1+r_f)^{s-t}}\right)\chi_{t+1} = \widetilde{D}_{t+1}^{BW,S} - \tau k^d \sum_{s=t+2}^{T}\frac{E_Q[\widetilde{D}_{s-1}^{BW,S}|\mathcal{F}_t]}{(1+r_f)^{s-t-1}}$$

gelten. Da die Fremdkapitalbeständen sicher sind, folgt

$$\left(D_t^{BW,S} - \tau k^d \sum_{s=t+1}^{T} \frac{D_{s-1}^{BW,S}}{(1+r_f)^{s-t}}\right)\chi_{t+1} = D_{t+1}^{BW,S} - \tau k^d \sum_{s=t+2}^{T} \frac{D_{s-1}^{BW,S}}{(1+r_f)^{s-t-1}}$$

$$\left(D_t^{BW,S}\left(1-\frac{\tau k^d}{1+r_f}\right) - \tau k^d \sum_{s=t+2}^{T} \frac{D_{s-1}^{BW,S}}{(1+r_f)^{s-t}}\right)\chi_{t+1} = D_{t+1}^{BW,S} - \tau k^d \sum_{s=t+2}^{T} \frac{D_{s-1}^{BW,S}}{(1+r_f)^{s-t-1}}.$$

Mit Hilfe der vorstehenden Gleichung wollen wir auf die zugrunde liegende Finanzierungspolitik schließen. Gesucht sind dementsprechend die Tilgungszahlungen. Hierzu setzen wir $D_t^{BW,S} = R_{t+1} + D_{t+1}^{BW,S}$ ein

$$\left((R_{t+1} + D_{t+1}^{BW,S})\left(1-\frac{\tau k^d}{1+r_f}\right) - \tau k^d \sum_{s=t+2}^{T} \frac{D_{s-1}^{BW,S}}{(1+r_f)^{s-t}}\right)\chi_{t+1} = D_{t+1}^{BW,S} - \tau k^d \sum_{s=t+2}^{T} \frac{D_{s-1}^{BW,S}}{(1+r_f)^{s-t-1}}$$

und lösen nach R_{t+1} auf

$$(R_{t+1} + D_{t+1}^{BW,S})\left(1-\frac{\tau k^d}{1+r_f}\right) - \tau k^d \sum_{s=t+2}^{T} \frac{D_{s-1}^{BW,S}}{(1+r_f)^{s-t}} = \frac{D_{t+1}^{BW,S}}{\chi_{t+1}} - \tau k^d \sum_{s=t+2}^{T} \frac{D_{s-1}^{BW,S}}{(1+r_f)^{s-t}} \frac{1+r_f}{\chi_{t+1}}$$

$$(R_{t+1} + D_{t+1}^{BW,S})\left(1-\frac{\tau k^d}{1+r_f}\right) = \tau k^d \sum_{s=t+2}^{T} \frac{D_{s-1}^{BW,S}}{(1+r_f)^{s-t}}\left(1-\frac{1+r_f}{\chi_{t+1}}\right) + \frac{D_{t+1}^{BW,S}}{\chi_{t+1}}$$

$$R_{t+1}\left(1-\frac{\tau k^d}{1+r_f}\right) = \tau k^d \sum_{s=t+2}^{T} \frac{D_{s-1}^{BW,S}}{(1+r_f)^{s-t}}\left(1-\frac{1+r_f}{\chi_{t+1}}\right) + D_{t+1}^{BW,S}\left(\frac{1}{\chi_{t+1}} - 1 + \frac{\tau k^d}{1+r_f}\right).$$

Sind die Fremdkapitalbestände der Zeitpunkte $t+1$ bis T bekannt, kann mit

$$R_{t+1} = \frac{\tau k^d \sum_{s=t+2}^{T} \frac{D_{s-1}^{BW,S}}{(1+r_f)^{s-t}}\left(1-\frac{1+r_f}{\chi_{t+1}}\right) + D_{t+1}^{BW,S}\left(\frac{1}{\chi_{t+1}} - 1 + \frac{\tau k^d}{1+r_f}\right)}{\left(1-\frac{\tau k^d}{1+r_f}\right)}$$

die Tilgung des Zeitpunktes $t+1$ berechnet werden.

C.2.2. Zahlungsunfähigkeit folgt auf Überschuldung

Für den Fall, dass Überschuldung im Zeitpunkt t und Zahlungsunfähigkeit im Zeitpunkt $t+1$ hinreichendes Insolvenzkriterium ist, kann mit dem Reflektionsprinzip gearbeitet werden, wenn

$$id_t \chi_{t+1} = \widetilde{il}_{t+1}^{II}$$

$$\left(\widetilde{D}_t^{BW,S} - \tau k^d \sum_{s=t+1}^{T} \frac{E_Q[\widetilde{D}_{s-1}^{BW,S}|\mathcal{F}_t]}{(1+r_f)^{s-t}}\right)\chi_{t+1} = \frac{(1+(1-\tau)k^d)\widetilde{D}_t^{BW,S} - \tau k^d \sum_{s=t+2}^{T} \frac{E_Q[\widetilde{D}_{s-1}^{BW,S}|\mathcal{F}_t]}{(1+r_f)^{s-t-1}}}{1+dr_{t+1}}$$

erfüllt ist. Es wird eine autonome Finanzierungspolitik betrachtet, so dass

$$\left(D_t^{BW,S} - \tau k^d \sum_{s=t+1}^{T} \frac{D_{s-1}^{BW,S}}{(1+r_f)^{s-t}}\right)\chi_{t+1} = \frac{(1+(1-\tau)k^d)D_t^{BW,S} - \tau k^d \sum_{s=t+2}^{T} \frac{D_{s-1}^{BW,S}}{(1+r_f)^{s-t-1}}}{1+dr_{t+1}}$$

$$D_t^{BW,S}\left(1 - \frac{\tau k^d}{1+r_f}\right) - \tau k^d \sum_{s=t+2}^{T} \frac{D_{s-1}^{BW,S}}{(1+r_f)^{s-t}} = D_t^{BW,S} \frac{1+(1-\tau)k^d}{(1+dr_{t+1})\chi_{t+1}}$$
$$- \tau k^d \sum_{s=t+2}^{T} \frac{D_{s-1}^{BW,S}}{(1+r_f)^{s-t}} \frac{1+r_f}{(1+dr_{t+1})\chi_{t+1}}$$

gilt. Weiteres Umformen führt auf

$$D_t^{BW,S}\left(1 - \frac{\tau k^d}{1+r_f} - \frac{1+(1-\tau)k^d}{(1+dr_{t+1})\chi_{t+1}}\right) = \left(1 - \frac{1+r_f}{(1+dr_{t+1})\chi_{t+1}}\right)\tau k^d \sum_{s=t+2}^{T} \frac{D_{s-1}^{BW,S}}{(1+r_f)^{s-t}}.$$

Zur Berechnung der Tilgung in $t+1$ setzen wir $D_t^{BW,S} = R_{t+1} + D_{t+1}^{BW,S}$ ein

$$(R_{t+1} + D_{t+1}^{BW,S})\left(1 - \frac{\tau k^d}{1+r_f} - \frac{1+(1-\tau)k^d}{(1+dr_{t+1})\chi_{t+1}}\right) = \left(1 - \frac{1+r_f}{(1+dr_{t+1})\chi_{t+1}}\right)\tau k^d \sum_{s=t+2}^{T} \frac{D_{s-1}^{BW,S}}{(1+r_f)^{s-t}}.$$

Mittels der Fremdkapitalbestände der Zeitpunkten $t+1$ bis T ergibt sich für die Tilgungszahlung

$$R_{t+1} = \frac{\left(1 - \frac{1+r_f}{(1+dr_{t+1})\chi_{t+1}}\right)\tau k^d \sum_{s=t+2}^{T} \frac{D_{s-1}^{BW,S}}{(1+r_f)^{s-t}}}{\left(1 - \frac{\tau k^d}{1+r_f} - \frac{1+(1-\tau)k^d}{(1+dr_{t+1})\chi_{t+1}}\right)} - D_{t+1}^{BW,S}.$$

C.2.3. Überschuldung folgt auf Zahlungsunfähigkeit

Ist im Zeitpunkt t Zahlungsunfähigkeit und im Zeitpunkt $t+1$ Überschuldung hinreichendes Insolvenzkriterium, so ist Gleichung (91) erfüllt, wenn

$$\widetilde{il}_t^{II}\,\chi_{t+1} = \widetilde{id}_{t+1}$$

$$\left(\frac{(1+(1-\tau)k^d)\widetilde{D}_{t-1}^{BW,S} - \tau k^d \sum_{s=t+1}^{T} \frac{E_Q[\widetilde{D}_{s-1}^{BW,S}|\mathcal{F}_t]}{(1+r_f)^{s-t}}}{1+dr_t}\right)\chi_{t+1} = \widetilde{D}_{t+1}^{BW,S} - \tau k^d \sum_{s=t+2}^{T} \frac{E_Q[\widetilde{D}_{s-1}^{BW,S}|\mathcal{F}_t]}{(1+r_f)^{s-t-1}}$$

gilt. Die Fremdkapitalbestände sind deterministisch, weshalb wir auch

$$\left(\frac{(1+(1-\tau)k^d)D_{t-1}^{BW,S} - \tau k^d \sum_{s=t+1}^{T} \frac{D_{s-1}^{BW,S}}{(1+r_f)^{s-t}}}{1+dr_t}\right)\chi_{t+1} = D_{t+1}^{BW,S} - \tau k^d \sum_{s=t+2}^{T} \frac{D_{s-1}^{BW,S}}{(1+r_f)^{s-t-1}}$$

schreiben können. Einsetzen der Tilgungszahlung $D_{t-1}^{BW,S} = R_t + D_t^{BW,S}$ führt zu

$$\left(\frac{(1+(1-\tau)k^d)(R_t+D_t^{BW,S}) - \tau k^d \sum_{s=t+1}^{T} \frac{D_{s-1}^{BW,S}}{(1+r_f)^{s-t}}}{1+dr_t}\right)\chi_{t+1} = D_{t+1}^{BW,S} - \tau k^d \sum_{s=t+2}^{T} \frac{D_{s-1}^{BW,S}}{(1+r_f)^{s-t-1}}.$$

Wir lösen nach R_t auf

$$\begin{aligned}
(1+(1-\tau)k^d)(R_t+D_t^{BW,S}) - \tau k^d \sum_{s=t+1}^{T} \frac{D_{s-1}^{BW,S}}{(1+r_f)^{s-t}} &= D_{t+1}^{BW,S}\frac{1+dr_t}{\chi_{t+1}} \\
&\quad - \tau k^d \sum_{s=t+2}^{T} \frac{D_{s-1}^{BW,S}}{(1+r_f)^{s-t}} \frac{(1+dr_t)(1+r_f)}{\chi_{t+1}} \\
R_t(1+(1-\tau)k^d) + \left(1+(1-\tau)k^d - \frac{\tau k^d}{1+r_f}\right)D_t^{BW,S} &= \sum_{s=t+1}^{T} \frac{\tau k^d D_{s-1}^{BW,S}}{(1+r_f)^{s-t}}\left(1 - \frac{(1+dr_t)(1+r_f)}{\chi_{t+1}}\right) \\
&\quad + D_{t+1}^{BW,S}\frac{1+dr_t}{\chi_{t+1}} \\
R_t(1+(1-\tau)k^d) &= \sum_{s=t+1}^{T} \frac{\tau k^d D_{s-1}^{BW,S}}{(1+r_f)^{s-t}}\left(1 - \frac{(1+dr_t)(1+r_f)}{\chi_{t+1}}\right) \\
&\quad + D_{t+1}^{BW,S}\frac{1+dr_t}{\chi_{t+1}} \\
&\quad - D_t^{BW,S}\left(1+(1-\tau)k^d + \frac{\tau k^d}{1+r_f}\right).
\end{aligned}$$

Für die Tilgung im Zeitpunkt t folgt

$$R_t = \frac{\tau k^d \sum_{s=t+1}^{T} \frac{D_{s-1}^{BW,S}}{(1+r_f)^{s-t}}\left(1 - \frac{(1+dr_t)(1+r_f)}{\chi_{t+1}}\right) + D_{t+1}^{BW,S}\frac{1+dr_t}{\chi_{t+1}} - D_t^{BW,S}\left(1+(1-\tau)k^d + \frac{\tau k^d}{1+r_f}\right)}{1+(1-\tau)k^d}.$$

C.2.4. Zahlungsunfähigkeit in zwei aufeinander folgenden Zeitpunkten

Gilt für zwei Zeitpunkte t und $t+1$, dass Zahlungsunfähigkeit hinreichendes Insolvenzkriterium ist, so muss

$$\widetilde{il}_t^{II}\chi_{t+1} = \widetilde{il}_{t+1}^{II}$$

$$\left(\frac{(1+(1-\tau)k^d)\widetilde{D}_{t-1}^{BW,S} - \sum_{s=t+1}^{T} \frac{\tau k^d E_Q[\widetilde{D}_{s-1}^{BW,S}|\mathcal{F}_t]}{(1+r_f)^{s-t}}}{1+dr_t}\right)\chi_{t+1} = \frac{(1+(1-\tau)k^d)\widetilde{D}_t^{BW,S} - \sum_{s=t+2}^{T} \frac{\tau k^d E_Q[\widetilde{D}_{s-1}^{BW,S}|\mathcal{F}_t]}{(1+r_f)^{s-t-1}}}{1+dr_{t+1}}$$

gelten, damit Gleichung (91) erfüllt ist. Bei deterministischen Fremdkapitalbeständen wird der letzte Term zu

$$\left(\frac{(1+(1-\tau)k^d)D_{t-1}^{BW,S} - \sum_{s=t+1}^{T} \frac{\tau k^d D_{s-1}^{BW,S}}{(1+r_f)^{s-t}}}{1+dr_t}\right)\chi_{t+1} = \frac{(1+(1-\tau)k^d)D_t^{BW,S} - \sum_{s=t+2}^{T} \frac{\tau k^d D_{s-1}^{BW,S}}{(1+r_f)^{s-t-1}}}{1+dr_{t+1}}.$$

Im nächsten Schritt wird der Fremdkapitalbestand in $t-1$ durch $D_{t-1}^{BW,S} = R_t + D_t^{BW,S}$ ersetzt

$$\left(\frac{(1+(1-\tau)k^d)(R_t + D_t^{BW,S}) - \sum_{s=t+1}^{T} \frac{\tau k^d D_{s-1}^{BW,S}}{(1+r_f)^{s-t}}}{1+dr_t}\right)\chi_{t+1} = \frac{(1+(1-\tau)k^d)D_t^{BW,S} - \sum_{s=t+2}^{T} \frac{\tau k^d D_{s-1}^{BW,S}}{(1+r_f)^{s-t-1}}}{1+dr_{t+1}}.$$

Abschließend lösen wir nach R_t auf

$$\begin{aligned}
(1+(1-\tau)k^d)(R_t + D_t^{BW,S}) - \sum_{s=t+1}^{T} \frac{\tau k^d D_{s-1}^{BW,S}}{(1+r_f)^{s-t}} &= \frac{(1+(1-\tau)k^d)D_t^{BW,S}(1+dr_t)}{(1+dr_{t+1})\chi_{t+1}} \\
&\quad - \sum_{s=t+2}^{T} \frac{\tau k^d D_{s-1}^{BW,S}}{(1+r_f)^{s-t}} \frac{(1+dr_t)(1+r_f)}{(1+dr_{t+1})\chi_{t+1}} \\
R_t(1+(1-\tau)k^d) + \left(1+(1-\tau)k^d - \frac{\tau k^d}{1+r_f}\right) D_t^{BW,S} &= \sum_{s=t+1}^{T} \frac{\tau k^d D_{s-1}^{BW,S}}{(1+r_f)^{s-t}}\left(1 - \frac{(1+dr_t)(1+r_f)}{(1+dr_{t+1})\chi_{t+1}}\right) \\
&\quad + D_t^{BW,S}\frac{(1+(1-\tau)k^d)(1+dr_t)}{(1+dr_{t+1})\chi_{t+1}} \\
R_t(1+(1-\tau)k^d) &= \sum_{s=t+1}^{T} \frac{\tau k^d D_{s-1}^{BW,S}}{(1+r_f)^{s-t}}\left(1 - \frac{(1+dr_t)(1+r_f)}{(1+dr_{t+1})\chi_{t+1}}\right) \\
&\quad + D_t^{BW,S}(1+(1-\tau)k^d)\left(\frac{1+dr_t}{(1+dr_{t+1})\chi_{t+1}} - 1\right) \\
&\quad + \frac{\tau k^d}{1+r_f} D_t^{BW,S}.
\end{aligned}$$

Bei Kenntnis der Fremdkapitalbestände der Zeitpunkte t bis T muss die Tilgung durch

$$R_t = \frac{\sum_{s=t+1}^{T} \frac{\tau k^d D_{s-1}^{BW,S}}{(1+r_f)^{s-t}}\left(1 - \frac{(1+dr_t)(1+r_f)}{(1+dr_{t+1})\chi_{t+1}}\right)}{1+(1-\tau)k^d} + D_t^{BW,S}\left(\frac{1+dr_t}{(1+dr_{t+1})\chi_{t+1}} + \frac{\tau k^d}{(1+(1-\tau)k^d)(1+r_f)} - 1\right)$$

ermittelt werden, damit Gleichung (91) erfüllt ist.

Literatur

Almeida, H. & Philippon, T. (2005), The Risk–adjusted Cost of Financial Distress. available on www.nber.org, Working Paper 11685.

Altman, E. I. (1984), 'A further empirical investigation of the bankruptcy cost question', *The Journal of Finance* **39**, 1067–1089.

Altman, E. I. (1993), *Corporate Financial Distress and Bankruptcy*, 2. edn, John Wiley & Sons.

Ammann, M. & Genser, M. (2004), A testable credit risk framework with optimal bankruptcy, taxes, and a complex capital structure.

Andrade, G. & Kaplan, S. N. (1998), 'How Costly is Financial (Not Economic) Distress? Evidence from Highly Leveraged Transactions that Became Distressed', *Journal of Finance* **53**(5), 1443–1493.

Ang, J. S., Chua, J. H. & McConnell, J. J. (1982), 'The admistrative costs of corporate bankruptcy: A note', *The Journal of Finance* **37**, 219–226.

Arzac, E. R. (1996), 'Valuation of Highly Leveraged Firms', *Financial Analysts Journal* **52**(4), 42–50.

Back, K. & Pliska, S. R. (1991), 'On the fundamental theorem of asset pricing with an infinite state space', *Journal of Mathematical Economics* **20**, 1–18.

Beja, A. (1971), 'The structure of the cost of capital under uncertainty', *Review of Economic Studies* **38**, 359–368.

Betker, B. L. (1997), 'The administrative costs of debt restructurings: Some recent evidence', *Financial Management* **26**, 56–68.

Bhagat, S., Moyen, N. & Suh, I. (2005), 'Investment and internal funds of distressed firms', *Journal of Corporate Finance* **11**, 449–472.

Bigus, J. & Eger, T. (2004), 'Insolvenzrecht zwischen privatautonomer Gestaltung und ö entlicher Regulierung', *Perspektiven der Wirtschaftspolitik* **5**, 193–209.

Bitz, M., Schneeloch, D. & Wittstock, W. (2003), *Der Jahresabschluß:* Rechtsvorschriften, Analyse, Politik, 4. edn, Vahlen, München.

Black, F. & Cox, J. C. (1976), 'Valuing corporate securities: some e ects of bond indenture provisions', *The Journal of Finance* **31**, 351–367.

Blaufus, K. (2002), 'Unternehmensbewertung und Probleme mit der Unendlichkeit? Anmerkungen zu den Beiträgen von Kruschwitz/Löffler, Matschke/Hering und Siegel', *Der Betrieb* **55**, 1517–1519.

Branch, B. (2002), 'The Costs of Bancruptcy - A Review', *International Review of Financial Analysis* **11**, 39–57.

Brennan, M. J. & Schwartz, E. S. (1978), 'Corporate income taxes, valuation, and the problem of optimal capital structure', *Journal of Business* **51**, 103–114.

Bris, A., Welch, I. & Zhu, N. (2006), 'The cost of bankruptcy: Chapter 7 liquidation versus chapter 11 reorganization', *Journal of Finance* **61**(3), 1253–1303.

Burkhardt, T. (1995), *Down–and–Out Optionen:* Eigenschaften, vereinfachte Bewertung und Anwendung in Kapitalstrukturmodellen, Deutscher Universitäts–Verlag, Wiesbaden.

Cays, S. E. (2001), A Study on the Measurement and Prediction of the Indirect Costs of Bankruptcy. Glucksman Institute for Research in Securities Markets. available on www.stern.nyu.edu/glucksman.

Chen, G. & Merville, L. (1999), 'An analysis of the underreported magnitude of the total indirect costs of financial distress', *Review of Quantitative Finance and Accounting* **13**, 277–293.

Cheng, L. T. & McDonald, J. E. (1996), 'Industry Structure and Ripple E ects of Bankruptcy Announcements', *The Financial Review* **31**, 783–807.

Coenenberg, A. G. (2005), *Jahresabschluss und Jahresabschlussanalyse:* Betriebswirtschaftliche, handelsrechtliche, steuerrechtliche und internationale Grundsätze – HGB, IFRS und US–GAAP, 20. edn, Schä er–Poeschel, Stuttgart.

Cohen, R. D. (2004), 'An analytical process for generating the wacc curve and locating the optimal capital structure', *Willmott Magazine November Issue* .

Cohen, R. D. (2005), 'A generalised procedure for locating the optimal capital structure', *Willmott Magazine November Issue* .

Copeland, T. E., Weston, J. F. & Shastri, K. (2005), *Financial Theory and Corporate Policy*, 4. edn, Addison–Wesley, Boston, Mass.

Cox, J. C., Ross, S. A. & Rubinstein, M. (1979), 'Option pricing: a simplified approach', *Journal of Financial Economics* **7**, 229–263.

Cutler, D. M. & Summers, L. H. (1988), 'The cost of conflict resolution and financial distress: evidence from the taxaco-pennzoil litigation', *Journal of Economics* **19**(2), 157–172.

Damodaran, A. (2006), The cost of Distress; Survival, Truncation Risk and Valuation. available on www.stern.nyu.edu/ adamodar.

Dangl, T. & Zechner, J. (2004), 'Credit Risk and Dynamic Capital Structure Choice', *Journal of Financial Intermediation* **2**, 183–204.

Davydenko, S. A. & Franks, J. R. (2006), Do Bankruptcy Codes Matter? A Study of Defaults in France, Germany and the UK. available on www.ssrn.com, paper–ID 647861.

De Angelo, H. & Masulis, R. W. (1980), 'Optimal capital structure under corporate and personal taxation', *Journal of Financial Economics* **8**, 3–29.

Drukarczyk, J. (1981), 'Zum Problem der Auslösung insolvenzrechtlicher Verfahren', *Zeitschrift für Betriebswirtschaft* **51**, 235–257.

Drukarczyk, J. (1993), *Theorie und Politik der Finanzierung*, 2. edn, Vahlen, München.

Drukarczyk, J. (1998), Insolvenzplan und Obstruktionsverbot, Regensburger Diskussionsbeiträge zur Wirtschaftswissenschaft Nr. 282, Universität Regensburg, Regensburg.

Drukarczyk, J. (2002), Die Insolvenzordnung als Versuch der Anreizentfaltung und -dämpfung, *in* W. Auer-Rizzi, E. Szabo & C. Innreiter-Moser, eds, 'Management in einer Welt der Globalisierung und Diversität: Festschrift für Gerhard Reber zum 65. Geburtstag', Schä er–Poeschel, Stuttgart, pp. 443–482.

Drukarczyk, J. (2003*a*), *Finanzierung:* Eine Einführung, 9. edn, Lucius & Lucius, Stuttgart.

Drukarczyk, J. (2003*b*), *Unternehmensbewertung*, 4. edn, Vahlen, München.

Drukarczyk, J. (2003*c*), Unternehmensbewertung und Rückstellungen, *in* M. Heintzen & L. Kruschwitz, eds, 'Unternehmen bewerten: Ringvorlesung der Fachbereiche Rechts- und Wirtschaftswissenschaft der Freien Universität Berlin im Sommersemester 2002', Duncker & Humblot, Berlin, pp. 31–52.

Drukarczyk, J. (2004), Probleme des Reorganisationsverfahrens: Bewertung, best interest test und Verlustvorträge, *in* M. Heintzen & L. Kruschwitz, eds, 'Unternehmen in der Krise: Ringvorlesung der Fachbereiche Rechts- und Wirtschaftswissenschaft der Freien Universität Berlin im Sommersemester 2003', Duncker & Humblot, Berlin, pp. 129–148.

Drukarczyk, J. & Schüler, A. (2000), *Die Erö nungsgründe der InsO: Zahlungsunfähigkeit, drohende Zahlungsunfähigkeit und Überschuldung*, 2. edn, Arbeitrskreis für Insolvenz- und Schiedsgerichtswesen e.V. Köln (Hrsg.), Herne/Berlin, pp. 95–139.

Drukarczyk, J. & Schüler, A. (2003), 'Insolvenztatbestände, prognostische Elemente und ihre gesetzeskonforme Handhabung: zugleich Entgegnung auf den Beitrag von Groß/Amen', *Die Wirtschaftsprüfung* **56**, 56–67.

Drukarczyk, J. & Schüler, A. (2006), Bewertung sanierungsbedütfiger Kapitalgesellschaften, *in* H. Wohlenberg, ed., 'Handbuch Unternehmensrestrukturierung', Gabler, Wiesbaden, pp. 709–737.

Eickmann, D., Flessner, A., Irschlinger, F., Kirchhof, H.-P., Kreft, G., Landfermann, H.-G., Wolfgang, M. & Stephan, G. (2005), *Heidelberger Kommentar zur Insolvenzordnung*, 4. edn, C.F. Müller, Heidelberg.

Essler, W., Kruschwitz, L. & Löffler, A. (2004), 'Zur Anwendung des WACC–Verfahrens bei vorgegebener bilanzieller Verschuldung', *Betriebswirtschaftliche Forschung und Praxis* **56**, 134–147.

Feller, W. (1968), *An Introduction to Probability Theory and its Applications*, Vol. 1, 3. edn, John Wiley & Sons, New York.

Feltham, G. A. & Ohlson, J. A. (1995), 'Valuation and clean surplus accounting for operating and financial activities', *Contemporary Accounting Research* **11**, 689–731.

Fischer, E. O. (1988), *Dynamische Kapitalstrukturoptimierung unter Unsicherheit:* Theorie und Empirie, Verband der wissenschaftlichen Gesellschaften Österreichs, Wien.

Fischer, E. O., Heinkel, R. & Zechner, J. (1989), 'Dynamic capital structure choice: Theory and tests', *The Journal of Finance* **44**, 19–40.

Gessner, V., Rhode, B., Strate, G. & Ziegert, K. A. (1978), *Die Praxis der Konkursabwicklung in der Bundesrepublik Deutschland*, Bundesanzeiger Verlagsgesellschaft, Köln.

Gläser, I. & Löffler, A. (2005), Zum Zusammenhang von Buchwert und Marktwert eines Unternehemens.

Goldstein, R., Ju, N. & Leland, H. E. (2001), 'An ebit-based model of dynamic capital structure', *Journal of Business* **74**, 483–512.

Gordon, M. J. & Shapiro, E. (1956), 'Capital equipment analysis: The required rate of profit', *Management Science* **3**, 102–110.

Graham, J. R. (2000), 'How big are the tax benefits of debt?', *The Journal of Finance* **55**, 1901–1941.

Güttler, A. & Wahrenburg, M. (2005), The adjustment of credit ratings of defaulted issuers.

Hachmeister, D. (1996), 'Die Abbildung der Finanzierung im Rahmen verschiedener Discounted Cash Flow–Verfahren', *Zeitschrift für betriebswirtschaftliche Forschung* **48**, 251–277.

Harrison, J. M. & Kreps, D. M. (1979), 'Martingales and arbitrage in multiperiod securities markets', *Journal of Economic Theory* **20**, 381–408.

Haugen, R. A. & Senbet, L. W. (1978), 'The insignificance of bankruptcy costs to the theory of optimal capital structure', *The Journal of Finance* **33**, 383–393.

Homburg, C., Stephan, J. & Weiß, M. (2004), 'Unternehmensbewertung bei atmender Finanzierung und Insolvenzrisiko', *Die Betriebswirtschaft* **64**, 276–295.

Homburg, S. (2005), *Allgemeine Steuerlehre*, 6. edn, Vahlen, München.

Hull, J. C. (2006), *Options, Futures und andere Derivate*, 6. edn, Pearson, München, Boston, San Francisco.

Hundsdoerfer, J., Kruschwitz, L. & Lorenz, D. (2006), Investitionsbewertung bei steuerlicher Optimierung der Unterlassungsalternative und der Finanzierung.

Husmann, S., Kruschwitz, L. & Löffler, A. (2002), 'Unternehmensbewertung unter deutschen Steuern', *Die Betriebswirtschaft* **62**, 24–43.

Inselbag, I. & Kaufold, H. (1997), 'Two dcf approaches for valuing companies under alternative financing strategies (and how to choose between them)', *Journal of Applied Corporate Finance* **10**, 114–122.

Jarrow, R. A. & Turnbull, S. M. (2000), *Derivative Securities*, 2. edn, South Western, Chicago.

Jensen, M. C. (1986), 'Agency costs of free cash flow, corporate finance, and takeovers', *American Economic Review* **76**, 323–329.

Jensen, M. C. & Meckling, W. H. (1976), 'Theory of the firm: managerial behavior, agency costs and ownership structure', *Journal of Financial Economics* **3**, 305–360.

Jevons, W. S. (1871), *The Theory of Political Economy*, Macmillan, London, New York.

Johansson, S. E. (1969), 'Income taxes and investment decisions', *Swedish Journal of Economics* **71**, 103–110.

Kim, I. J., Ramaswamy, K. & Sundaresan, S. (1993), 'Does Default Risk in Corporate A ect the Valuation of Corporate Bonds?: A Contingent Claims Model', *Financial Management* **22**(3), 117–131.

Koller, T., Goedhart, M. & Wessels, D. (2005), *Valuation:* Measuring and Managing the Value of Companies, 4. edn, John Wiley & Sons, New York.

KPMG (2006), KPMG's Corporate Tax Rate Survey.

Kraus, A. & Litzenberger, R. H. (1973), 'A state-preference model of optimal financial leverage', *The Journal of Finance* **28**, 911–922.

Kruschwitz, L. (2004), *Finanzierung und Investition*, 4. edn, Oldenbourg, München, Wien.

Kruschwitz, L. (2006), *Finanzmathematik:* Lehrbuch der Zins–, Renten–, Tilgungs–, Kurs– und Renditerechnung, 4. edn, Vahlen, München.

Kruschwitz, L., Lodowicks, A. & Löffler, A. (2005), 'Zur Bewertung insolvenzbedrohter Unternehmen', *Die Betriebswirtschaft* **65**, 221–236.

Kruschwitz, L. & Löffler, A. (1998), 'Unendliche Probleme bei der Unternehmensbewertung', *Der Betrieb* **51**, 1041–1043.

Kruschwitz, L. & Löffler, A. (2003*a*), DCF = APV + (FTE & TCF & WACC)?, *in* F. Richter, A. Schüler & B. Schwetzler, eds, 'Kapitalgeberansprüche, Marktwertorientierung und Unternehmenswert: Festschrift für Jochen Drukarczyk zum 65. Geburtstag', Vahlen, München, pp. 235–253.

Kruschwitz, L. & Löffler, A. (2003*b*), 'Zur Bewertung ewig lebender Unternehmen mit Hilfe von DCF–Verfahren', *Der Betrieb* **56**, 1401–1402.

Kruschwitz, L. & Löffler, A. (2006), *Discounted Cash Flow:* A Theory of the Valuation of Firms, John Wiley & Sons, Chichester.

Kruschwitz, L., Löffler, A. & Scholze, A. (2006), Passivierungsgrundsätze und Discounted Cashflow-Verfahren.

Laitenberger, J. (2005), 'Die Wirkung von Liquidität auf die Kapitalkosten von Unternehmen: Die Kapitalkosten von Liquiditätsreserven', *Zeitschrift für Bankrecht und Bankwirtschaft* **17**, 309–316.

Laitenberger, J. (2006), 'Rendite und Kapitalkosten', *Zeitschrift für Betriebswirtschaft* **76**, 79–101.

Laitenberger, J. & Lodowicks, A. (2005), 'Das Modigliani–Miller–Theorem mit ausfallgefährdetem Fremdkapital', *Wirtschaftswissenschaftliches Studium* **34**, 145–149.

Laitenberger, J. & Löffler, A. (2006), 'The structure of the distributions of cash flows and discount rates in multiperiod valuation problems', *OR Spektrum* **28**, 289–299.

Lang, L. H. P. & Stulz, R. M. (1992), 'Contagion and competitive intra-industy e ects of bankruptcy announcements', *Journal of Financial Economics* **32**, 45–60.

Langenkämper, C. (2000), *Unternehmensbewertung:* DCF–Methoden und simulativer VOFI–Ansatz, Deutscher Universitäts–Verlag, Wiesbaden.

Leland, H. E. (1994), 'Coporate debt value, bond covenants, and optimal capital structure', *The Journal of Finance* **49**, 1213–1252.

Leland, H. E. & Toft, K. B. (1996), 'Optimal capital structure, endogenous bankruptcy, and the term structure of credit spreads', *The Journal of Finance* **51**, 987–1019.

Lobe, S. (2006), *Unternehmensbewertung und Terminal Value*, Lang, Frankfurt am Main.

Löffler, A. (2000), Tax Shields in an LBO, Diskussionspapier 2000/2, Fachbereich Wirtschaftswissenschaft der Freien Universität Berlin.

Löffler, A. (2002), 'Gewichtete Kapitalkosten (WACC) in der Unternehmensbewertung', *FinanzBetrieb* **4**, 296–300.

Löffler, A. (2004), 'Zwei Anmerkungen zu WACC', *Zeitschrift für Betriebswirtschaft* **74**, 933–942.

Longsta , F. A. & Schwartz, E. S. (1995), 'A simple approach to value risky fixed and floating rate debt', *The Journal of Finance* **50**, 789–819.

Lubben, S. J. (2000), 'The direct costs of corporate reorganization: An empirical examination of professional fees in large chapter 11 cases', *The American Bankruptcy Law Journal* **74**, 509–552.

Matschke, M. J. & Hering, T. (1999), 'Unendliche Probleme bei der Unternehmensbewertung? Erwiderung zu Kruschwitz/Löffler', *Der Betrieb* **52**, 920–922.

Mella-Barral, P. (1999), 'The Dynamics of Default and Debt Reorganization', *Review of Financial Studies* **12**, 535–578.

Mella-Barral, P. & Perraudin, W. R. (1997), 'Strategic Debt Service', *Journal of Finance* **52**, 531–556.

Merton, R. C. (1974), 'On the pricing of corporate debt: the risk structure of interest rates', *The Journal of Finance* **29**, 449–470.

Merton, R. C. (1977), 'On the pricing of contingent claims and the Modigliani–Miller theorem', *Journal of Financial Economics* **5**, 241–249.

Michel, P. (1982), 'On the transversality condition in infinite-horizon problems', *Econometrica* **50**, 975–985.

Michel, P. (1990), 'Some clarifications on the transversality conditions', *Econometrica* **58**, 705–723.

Miles, J. A. & Ezzell, J. R. (1980), 'The weighted average cost of capital, perfect capital markets, and project life: a clarification', *Journal of Financial and Quantitative Analysis* **15**, 719–730.

Miller, M. H. & Modigliani, F. (1961), 'Dividend policy, growth and the valuation of shares', *Journal of Business* **34**, 411–433.

Modigliani, F. & Miller, M. H. (1958), 'The cost of capital, corporation finance, and the theory of investment', *American Economic Review* **48**, 261–297.

Modigliani, F. & Miller, M. H. (1963), 'Corporate income taxes and the cost of capital: a correction', *American Economic Review* **53**, 433–443.

Myers, S. C. (1974), 'Interactions of corporate financing and investment decisions: implications for capital budgeting', *The Journal of Finance* **32**, 211–220.

Myers, S. C. (1977), 'Determinants of corporate borrowing', *Journal of Financial Economics* **5**, 147–175.

Newbould, G. D., Chatfield, R. E. & Anderson, R. F. (1992), 'Leveraged Buyouts and Tax Incentives', *Financial Management* **21**, 50–57.

Opler, T. C. & Titman, S. (1994), 'Financial distress and corporate performance', *The Journal of Finance* **49**, 1015–1040.

Pulvino, T. C. (1998), 'Do Asset Fire Sales Exist? An Empirical Investigation of Commercial Aircraft Transactions', *Journal of Finance* **53**(3), 939–978.

Rapp, M.-S. (2005), Arbitragefreie Bewertung von Investitionsprojekten: Ein Brückenschlag zwischen No–Arbitrage–Theorie und DCF–Verfahren mittels stochastischer Diskontierungssätze. available on www.ssrn.com, paper–ID 520962.

Rapp, M.-S. (2006), 'Die arbitragefreie Adjustierung von Diskontierungssätzen bei einfacher Gewinnsteuer', *Zeitschrift für betriebswirtschaftliche Forschung* **58**, 771–806.

Rathgeber, A. & Wallmeier, M. (2005), 'Die Eigenmittelunterlegung nach Basel II aus Sicht der Kapitalstrukturtheorie', *Die Unternehmung* (6), 519–534.

Reimer, M. & Sandmann, K. (1995), A Discrete Time Approach for European and American Barrier Options, Discussion paper b–272, Universität Bonn, Bonn.

Reimund, C., Schwetzler, B. & Zainhofer, F. (2004), Costs of financial distress: The german evidence.

Richter, F. (1997), 'DCF–Methoden und Unternehmensbewertung: Analyse der systematischen Abweichungen der Bewertungsergebnisse', *Zeitschrift für Bankrecht und Bankwirtschaft* **9**, 226–237.

Richter, F. (1998), 'Unternehmensbewertung bei variablem Verschuldungsgrad', *Zeitschrift für Bankrecht und Bankwirtschaft* **10**, 379–389.

Richter, F. (2004), 'Valuation with or without personal income taxes', *Schmalenbach Business Review* **56**, 20–45.

Richter, F. & Drukarczyk, J. (2001), 'Wachstum, Kapitalkosten und Finanzierungse ekte', *Die Betriebswirtschaft* **61**, 627–639.

Robichek, A. A. & Myers, S. C. (1966), 'Problems in the Theory of Optimal Capital Strucutre', *Journal of Financial and Quantitative Analysis* **1**, 1–35.

Rosarius, S. (2004), Anmerkungen und Erweiterungen zu Tax Shields in an LBO von Andreas Löffler.

Ross, S. A. (2005), 'Capital structure and the cost of capital', *Journal of Applied Finance* **15**(1), 5–23.

Ross, S. A., Westerfield, R. W. & Ja e, J. F. (2002), *Corporate Finance*, 6. edn, Irwin, Chicago.

Rubinstein, M. & Reiner, E. (1991), 'Breaking Down the Barriers', *Risk* **4**(8), 28–35.

Sandmann, K. (2001), *Einführung in die Stochastik der Finanzmärkte*, 2. edn, Springer, Berlin.

Schmid Klein, L., O'Brien, T. J. & Peters, S. R. (2002), 'Debt vs. equity and asymmetric information: A review', *The Financial Review* **37**, 317–350.

Schöbel, R. (1999), 'A note on the valuation of risky corporate bonds', *OR Spektrum* **21**, 35–47.

Scholze, A. (2006), Buchwertorientierte Finanzierungspolitik in der Unternehmensbewertung.

Schönbucher, P. J. (1996), Valuation of securities subject to credit risk.

Schüler, A. (2003), Zur Bewertung ertrags– und liquiditätsschwacher Unternehmen, *in* F. Richter, A. Schüler & B. Schwetzler, eds, 'Kapitalgeberansprüche, Marktwertorientierung und Unternehmenswert: Festschrift für Jochen Drukarczyk zum 65. Geburtstag', Vahlen, München, pp. 361–382.

Schultze, W. (2003), 'Kombinationsverfahren und Residualgewinnmethode: Konzeptioneller Zusammenhang', *Zeitschrift für kapitalmarktorientierte Rechnungslegung* **3**, 458–464.

Schwetzler, B. (1998), Gespaltene Besteuerung, Ausschüttungssperrvorschriften und bewertungsrelevante Überschüsse bei der Unternehmensbewertung, *in* L. Kruschwitz & A. Lö - ler, eds, 'Ergebnisse des Berliner Workshops "Unternehmenbewertung" vom 7. Februar 1998', Diskussionsbeiträge des Fachbereiches Wirtschaftswissenschaft der Freien Universität Berlin, Freie Universität Berlin, pp. 91–108.

Schwetzler, B. (2004), Mittelverwendungsannahme, Bewertungsmodell und Unternehmensbewertung bei Rückstellungen, Arbeitspapier Nr. 65, Handelshochschule Leipzig, Leipzig.

Shreve, S. E. (2004*a*), *Stochastic Calculus for Finance I:* The Binomial Asset Pricing Model, Springer, New York, Berlin, Heidelberg.

Shreve, S. E. (2004*b*), *Stochastic Calculus for Finance II:* Continuous–Time Models, Springer, New York, Berlin, Heidelberg.

Sick, G. A. (1990), 'Tax–adjusted discount rates', *Management Science* **36**, 1432–1450.

Siegel, T. (2000), Paradoxa in der Unternehmensbewertung und ihre Erklärung, *in* J. Poll, ed., 'Bilanzierung und Besteuerung der Unternehmen: Das Handels– und Steuerrecht auf dem Weg ins 21. Jahrhundert, Festschrift für Herbert Brönner', Schä er–Poeschel, Stuttgart, pp. 391–411.

Spremann, K. (2004), *Valuation:* Grundlagen moderner Unternehmensbewertung, Oldenbourg, München, Wien.

Stiglitz, J. E. (1969), 'A re-examination of the modigliani–miller theorem', *American Economic Review* **59**, 784–793.

Streitferdt, F. (2004), 'Ertragsteuerliche Verlustvorträge in den DCF–Verfahren zur Unternehmensbewertung', *Zeitschrift für Betriebswirtschaft* **74**, 669–693.

Tashjian, E., Lease, R. C. & McConnell, J. J. (1996), 'Prepacks: An empirical analysis of prepacked bankruptcies', *Journal of Financial Economics* **40**, 135–162.

Tham, J. (2002), Weighted Average Cost of Capital (WACC) with Risky Debt: A Simple Exposition (I). available on www.ssrn.com, paper–ID 340100.

Tham, J. & Wonder, N. X. (2001), The non–conventional wacc with risky debt and risky tax shield. available on www.ssrn.com, paper–ID 647861.

Thießen, F. (1996), 'Covenants in Kreditverträgen: Alternative oder Ergänzung zum Insolvenzrecht?', *Zeitschrift für Bankrecht und Betriebswirtschaft* **1**, 19–37.

Thorburn, K. S. (2000), 'Bankruptcy auctions: costs, debt recovery, and firm survival', *Journal of Financial Economics* **58**, 337–368.

Uhrig-Homburg, M. (2001), *Fremdkapitalkosten, Bonitätsrisiken und optimale Kapitalstruktur*, Deutscher Universitäts–Verlag, Wiesbaden.

Uhrig-Homburg, M. (2002), 'Valuation of defaultable claims: a survey', *Schmalenbach Business Review* **54**, 24–57.

Vila, A. F. & Schary, M. A. (1995), Default risk in the contingent claims model of debt, *in* L. Trigeorgis, ed., 'Real Options in Capital Investment, Models, Strategies, and Applications', Praeger Publishers, Westport, CT, chapter 17, pp. 303–321.

Wallmeier, M. (1999), 'Kapitalkosten und Finanzierungsprämissen', *Zeitschrift für Betriebswirtschaft* **69**, 1473–1490.

Warner, J. B. (1977), 'Bankruptcy costs: Some evidence', *The Journal of Finance* **32**, 337–347.

Weckbach, S. (2004), *Corporate Financial Distress: Unternehmensbewertung bei finanzieller Enge*, Difo–Druck, Bamberg.

Weiss, L. A. (1990), 'Bancruptcy resolution - Direct Costs and violation of priority of claims', *Journal of Financial Economics* **27**, 285–314.

White, M. J. (1983), 'The Behavior of Firms in Financial Distress', *Journal of Finance* **38**(2), 477–488.

Wiese, J. (2006), Die Modigliani/Miller-Theoreme und Ausschüttungspolitik, Münchner Betriebswirtschaftliche Beiträge 2006–22, Ludwig-Maximilians-Universität München, München.

Wilhelm, J. (2004), Unternehmensbewertung bei persönlicher Einkommensteuer: Sind die Kapitalkosten ein fruchtbares Konzept?, *in* H. Wildemann, ed., 'Organisation und Personal: Festschrift für Rolf Bühner', TCW Transfer–Centrum, München [korrigierte Fassung], pp. 941–961.

Wilhelm, J. (2005*a*), 'Replik zu Kruschwitz und Löffler', *Zeitschrift für Betriebswirtschaft* **75**, 1021–1024.

Wilhelm, J. (2005*b*), 'Unternehmensbewertung: eine finanzmarkttheoretische Untersuchung', *Zeitschrift für Betriebswirtschaft* **75**, 631–665.

Williams, D. (1991), *Probability with Martingales*, Cambridge University Press, Cambridge.

Williams, J. B. (1964), *The Theory of Investment Value*, 3. edn, Harvard University Press, Cambridge, Mass.

Wilmott, P. (2001), *Paul Wilmott Introduces Quantitative Finance*, John Wiley & Sons, Chichester.

Wimmer, K. (2006), *Frankfurter Kommentar zur Insolvenzordnung*, 3. edn, Luchterhand, Neuwied.

Zhang, P. G. (2002), *Exotic Options,* A Guide to Second Generation Options, 2. edn, World Scientific Publishing, Singapore, New Jersey, London, Hong Kong.

The manufacturer's authorised representative in the EU is Springer Nature Customer Service Centre GmbH, Europaplatz 3, 69115 Heidelberg, Germany. If you have any concerns regarding our products, please contact ProductSafety@springernature.com

Printed and bound by CPI Group (UK) Ltd, Croydon, CR0 4YY
21/10/2026
02237165-0013